法華經講義

——第十九輯

——平實導師　述

ISBN 978-986-95830-9-1

執著離念靈知心爲實相心而不肯捨棄者，即是畏懼解脫境界者，即是畏懼無我境界者，即是凡夫之人。謂離念靈知心正是意識心故，若離**俱有依**（意根、法塵、五色根），即不能現起故；若離**因緣**（如來藏所執持之覺知心種子），即不能現起故；復於眠熟位、滅盡定位、無想定位（含無想天中）、正死位、悶絕位等五位中，必定斷滅故。夜夜眠熟斷滅已，必須依於**因**緣、**俱有依**緣等法，方能再於次晨重新現起故；夜夜斷滅後，已無離念靈知心存在，成爲無法，無法則不能再自己現起故；由是故言**離念靈知心是緣起法**、**是生滅法**。不能現觀離念靈知心是緣起法者，即是未斷我見之凡夫；不願斷除**離念靈知心常住不壞之見解**者，即是恐懼解脫無我境界者，當知即是凡夫。

——**平實導師**——

一切誤計**意識心為常**者，皆是佛門中之常見外道，皆是凡夫之屬。意識心境界，依層次高低，可略分爲十：一、處於欲界中，常與五欲相觸之離念靈知；二、未到初禪地之未到地定中，暗無覺知而不與欲界五塵相觸之離念靈知，常處於不明白一切境界之暗昧狀態中之離念靈知；三、住於初禪等至定境中，不與香塵、味塵相觸之離念靈知；四、住於二禪等至定境中，不與五塵相觸之離念靈知；五、住於三禪等至定境中，不與五塵相觸之離念靈知；六、住於四禪等至定境中，不與五塵相觸之離念靈知；七、住於空無邊處等至定境中，不與五塵相觸之離念靈知；八、住於識無邊處等至定境中，不與五塵相觸之離念靈知；九、住於無所有處等至定境中，不與五塵相觸之離念靈知；十、住於非想非非想處等至定境中，不與五塵相觸之離念靈知。如是十種境界相中之覺知心，皆是意識心，計此爲常者，皆屬常見外道所知所見，名爲佛門中之常見外道，不因出家、在家而有不同。

—**平實導師**—

如《解深密經》、《楞伽經》等聖教所言，成佛之道以親證阿賴耶識心體（如來藏）爲因，《華嚴經》亦說**證得阿賴耶識者獲得本覺智**，則可證實：證得阿賴耶識者方是大乘宗門之開悟者，方是大乘佛菩提之眞見道者。經中、論中又說：證得阿賴耶識而轉依**識上所顯真實性**、**如如性**，能安忍而不退失者即是**證真如**、即是大乘賢聖，在二乘法解脫道中至少爲初果聖人。由此聖教，當知親證阿賴耶識而確認不疑時即是開悟眞見道也；除此以外，別無大乘宗門之眞見道。若別以他法作爲大乘見道者，或堅執**離念靈知**亦是實相心者（堅持意識覺知心離念時亦可作爲明心見道者），則成爲實相般若之見道內涵有多種，則成爲實相有多種，則違實相絕待之聖教也！故知宗門之悟唯有一種：親證第八識如來藏而轉依如來藏所顯眞如性，除此別無悟處。此理正眞，放諸往世、後世亦皆準，無人能否定之，則堅持離念靈知意識心是眞心者，其言誠屬妄語也。

——**平實導師**——

目次

第九輯：

第十輯：

第十一輯：

第十二輯：

第十八輯：

第十九輯：

第二十輯：

第二十一輯：

第二十二輯：

第二十三輯：

第二十四輯：

第二十五輯：

自序

大乘佛法勝妙極勝妙，深奧極深奧，廣大極廣大，富麗極富麗，謂此唯一佛乘妙法，意識思惟研究之所不解，非意識境界故，佛說為不可思議之大乘解脫境界，名為大乘菩提一切種智，函蓋大圓鏡智、成所作智、妙觀察智、平等性智；然而此等極勝妙乃至極富麗之佛果境界，要從因地之大乘眞見道始證，次第進修方得。然大乘見道依序有三個層次：眞見道、相見道、通達位。眞見道者位在第七住；相見道位始從第七住位之住心開始，終於第十迴向位滿心；通達位則是圓滿相見道位智慧與福德後，進修大乘慧解脫果，再依十無盡願的增上意樂而圓滿，名為初地入地心菩薩。眾生對佛、法、僧等三寶修習信心，十信位滿心後進入初住位中，始修菩薩六度萬行，皆屬外門六度之行；逮至開悟明心證眞如時，方入眞見道位中；次第進修相見道位諸法以後，直到通達而得入地時，歷時一大阿僧祇劫，故說大乘見道之難，難可思議。

大乘眞見道之實證，即是證得第八識如來藏，能現觀其眞實而如如之自性，名爲證眞如；此際始生根本無分別智，同時證得本來自性清淨涅槃。乃至證悟般若不退而繼續進修之第七住位始住菩薩，轉入相見道位中，歷經第一大阿僧祇劫中三十分之二十有四的長劫修行，同時觀行三界萬法悉由此如來藏之妙眞如性所生所顯，證實《華嚴經》所說「三界唯心、萬法唯識」正理；如是進修眞如後得無分別智，終能具足現觀非安立諦三品心而至十迴向位滿心，方始具足眞如後得無分別智，相見道位功德至此圓滿，然猶未入地。

此時思求入地而欲進階於大乘見道之通達位中，仍必須進修大乘四聖諦，現觀四諦十六品心及九品心後，要有本已修得之初禪或二禪定力作支持，方得相應於慧解脫果；或於此安立諦具足觀行之後發起初禪爲驗，證實已經成就慧解脫果；此時已能取證有餘、無餘涅槃，方得與初地心相應，而猶未名初地。而後再依十大願起惑潤生，發起繼續受生於人間自度度他之無盡願，不畏後世長劫生死眾苦，於此十大無盡願生起增上意樂而得入地，方得名爲大乘見道之通達位，眞入初地之入地心中，完成大乘見道位所應有之一切修證。此時已通達大乘見道位應證之眞如全部內涵，圓滿大乘見道通達位應有之無生法忍智慧，及慧解脫果與增上意樂，方證通達位之無生法忍果，方得名爲始入初地心之菩薩。

然而觀乎如是大乘見道之初證眞如，發起眞如根本無分別智，得入第七住位，成爲眞見道菩薩摩訶薩；隨後轉入相見道位中繼續現觀眞如，實證非安立諦三品心而歷經十住、十行、十迴向位之長劫修行，具足眞如後得無分別智，生起初地無生法忍之初分，配合解脫果、廣大福德、增上意樂，名爲通達見道位眞如而得入地。如是諸多位階所證眞如，莫非第八識如來藏之眞實與如如二種自性，同屬證眞如者。依如是正理，故說未證眞如者，皆非大乘見道之人；證眞如者謂現觀如來藏運行中所顯示之眞實與如如自性故，實相般若智慧依如來藏之眞如法性建立故，萬法悉依如來藏之妙眞如性而生而顯故，本來自性清淨涅槃亦依如來藏之眞如法性建立故。

如是證眞如事，於眞藏傳佛教覺囊巴被達賴五世藉政治勢力消滅以後，由於時局紛亂不宜弘法故，善知識不得出世弘法，三百年間已經不行於人世。及至時局昇平人民安樂之現代，方又重新出現人間，得以繼續利樂有緣學人。然而，縱使末法時世受學此法而有實證之人，欲求入地實亦匪易，蓋因眞見道之證眞如已經極難親證，後再論及相見道位非安立諦三品心之久劫修行，而能一一教授弟子四眾者，更無其類；何況入地前所作加行之教授，而得具足實證大乘四聖諦等安立諦十六品心、九品心者？眞可謂：「善知識者出興世難，至其所難，得值遇難，得見知難，得親近難，得共住難，得其意難，得隨順難。」如是八難，具載於《華嚴經》中；徵之於末法時世之現代佛教，可謂誠言，眞實不虛。

縱使親值如是善知識已，長時一心受學之後，是否即得圓滿非安立諦三品心及安立諦十六品心、九品心而得入地？觀乎平實二十餘年度人所見，誠屬難事；殆因大乘見道實相智慧極難實證，何況通達？復因大乘慧解脫果並非隱居深山自修而可得者，如是證明初始見道證眞如已屬極難，更何況入地進修之後所應親證之初地滿心猶如鏡像現觀，解脫於三界六塵之繫縛；二地滿心猶如光影之現觀，能依己意自定時程及範圍而轉變自己之內相分，令習氣種子隨於自己施設之進程而分分斷除；三地滿心前之無生法忍智慧，能轉變他人之內相分；以及滿心位之猶如谷響現觀，能觀見自己之意生身分處他方世界廣度眾生，而使無生法忍及福德更快速增長。至於四地心後之諸種現觀境界，更難令三賢位菩薩了知，何況未證謂證、未悟言悟之假名善知識，連第七住菩薩眞見道所證眞如都只能想像者？

雖然如此，縱使已得入地，而欲了知佛地究竟解脫、究竟智慧境界，亦仍無法望其項背，實因初地菩薩於諸如來不可思議解脫及智慧仍無能力臆測故。縱使已至第三大阿僧祇劫之修行——已得八地初心者，亦無法全部了知諸佛的境界，則無法了知佛法之全貌，如是而欲了知十方三世諸佛世界之關聯者，即無無其分。以是緣故，世尊欲令佛子四眾如實了知三世佛教之亙古久遠、未來無盡，以及十方虛空諸佛世界等佛教之廣袤無垠；亦欲令弟子眾了知世間萬法、出世間法及實相般若、一切種智無生法忍等智慧，悉皆歸於第八識如來藏妙眞如性者，則必於最後演述《妙法蓮華經》而圓滿一代時教；是故 世尊最後演述《法華經》時，一仍舊貫而如《金剛經》稱此第八識心爲「**此經**」，冀諸佛子醒悟此理而捨世間心、聲聞心，願意求證眞如之理，久後終能確實進入絕妙難思之大乘法中。斯則 世尊顧念吾人之大慈大悲所行，非諸凡愚之所能知。

然而法末之世，竟有身披大乘法衣之凡夫亦兼愚人，隨諸日本歐美專作學問之學者謬言，提倡六識論之邪見，以雷同常見、斷見外道之邪見主張，公開否定大乘諸經，謂非佛說，公然反佛聖教而宣稱「**大乘非佛說**」。甚且公然否定最原始結集之四大部阿含諸經中之聖教，妄判為六識論之解脫道經典，公然貶抑四阿含諸經中之八識論正教，令同於常見外道之六識論邪見；全違 世尊依八識論而解說聲聞解脫道之本意，亦令聲聞解脫道同於斷見、常見外道所說之解脫，則無餘涅槃之境界即成為斷滅空而無人能知、無人能證。如是住如來家，著如來衣，食如來食，藉其弘揚如來法之表相，極力推廣相似像法而取代聲聞解脫道正法，最後終究不免推翻如來正法；如斯之輩至今依然寄身佛門破壞佛法，而佛教界諸方大師仍多心存鄉愿，不願面對如是破壞佛教正法之嚴重事實，仍多託詞高唱和諧，而欲繼續與諸多破壞佛教正法者**和平共存**，以互相標榜而**維護名聞利養**。吾人若繼續坐令如是現象存在，則中國佛教復興，以及中國佛教文化之推廣，勢必阻力重重，難以達成；眼見如是怪象，平實不得不詳解《法華經》之眞實義，冀能藉此而挽狂瀾於萬一。

如今承蒙會中多位同修共同努力整理，已得成書，總有二十五輯，詳述《法華經》中 世尊宣示之眞實義，因名《法華經講義》，梓行於世，冀求廣大佛門四眾捐棄邪見，回歸大乘絕妙而廣大無垠之正法妙理，努力求證，共為復興中國佛教文化、抵禦外國宗教文化之侵略而努力，則佛門四眾今世、後世幸甚，中國夢在文化層面即得實現。乃至繼續推廣弘傳數十年後，終能使中國成爲全球最高階層文化人士的歸依聖地、精神祖國；流風所及，百年之後遍於歐美社會各層面中廣爲弘傳，則中國不唯民富國強，更是全球唯一的文化大國。如是復興中國佛教文化之舉，盼能獲得廣大佛弟子四眾之普遍認同，乃至廣有眾人付諸實證終得廣爲弘傳，廣利人天，其樂何如。今以分輯梓行流通在即，因述如斯感慨及眞實義如上，即以爲序。

佛子　**平實**　謹序

公元二〇一五年初春　謹誌於竹桂山居

第十九輯：

《妙法蓮華經》

〈法師功德品〉第十九（承續前一輯〈法師功德品〉未完內容）

但是從六根入手，不論悟前聞熏或悟後起修，都得要先選擇其一，才好下手實修；或者說，你應該要怎麼修學佛法？也得要從聞熏開始，因此說「根選擇圓通」。這時你從六根之中去選擇哪一根，要先看哪一根的功德是最具足圓滿的？而且是可以使你圓滿通達的。結果 佛陀示意 文殊師利告訴我們說，應該像 觀世音菩薩教我們的那樣，要選擇耳根圓通法門來入手。

但耳根圓通法門，並不是清海那個女人講的耳根圓通，她那個方法是外道錫克教的「聲論之法」；學到後來只要不產生幻覺、不發瘋，就算是好下場的了，那完全不是《楞嚴經》中說的耳根圓通法門。至於南懷瑾老師講的耳根圓通也是胡扯，因爲他說的並不是耳根圓通，只是一種想像的修定方法，與佛法的實修無關。

文殊師利爲大家評斷二十五種圓通法門中，最好的法門是耳根圓通法門，佛陀加以認同；爲什麼呢？因爲耳根圓通可以讓你具足「聞法思惟」的功德，你才有辦法「入流亡所」。若沒有藉耳根與耳識和合運作，來聽聞佛法正知正見的功德，聽聞了以後都在心裡面打成更多的結，沒有辦法「流」而只能「入」，逐漸累積到最後是打了無數的死結，自己全都解不開，法身慧命如何能活轉過來呢？那些說法的人自己也解不開，因爲說法的人自己的結比學人更多，根本就解不開。所以你必須選擇眞善知識修行，然後要藉耳根；你用眼鼻舌身來修行都不好修行，用意根入手更沒辦法。可是耳根，我們在這個娑婆世界可以用耳根來聽聞正法，聽聞正法之後加以思惟，就可以把以前聞熏在心中不應當留下來的邪知邪見流失；邪知邪見從心中流失之後不存在了，這叫作「入流」；也就是經由所聽聞的正法，把邪知邪見流亡掉——正見進入心中以後就流掉邪見。

以前老是聽大師說：「我們要當自己、把握自己，要時時刻刻活在眼前、活在當下。」有沒有？有啊！聽太多啦！這些都只是不斷地爲自己打更多死結，讓自己不斷地落在五蘊裡面去執著自我。結果是聽得越多，所聞的邪見進入心中越多，結也就越多，都沒有辦法「流、亡」。可是你聽聞到正法的時候，選擇了耳根圓通修學正法去聽聞，從耳根聽進心中以後就把「五蘊眞實——包括我所眞實」的邪見全部「流、亡」。流、亡以後你當然不會把它追回來，就讓它亡失了；「因爲那不是我要的」，應作如是觀。

你把那一些邪知邪見流亡了，流亡到最後已經沒有「我」存在了，就是「入流亡所」了，不承認我的存在；沒有我存在的時候，還能有我的所在嗎？就沒有自己所在的處所了！那麼全部都流、亡以後，我不存在、我所也不存在時，剩下的就是如來藏啊！這時你一證如來藏就不退轉了，從此只看到祂的妙眞如性，就是眞正的覺悟，所以叫作「入流成正覺」。

這告訴我們說，來正覺同修會學法，皮要繃緊一點，眞的不輕鬆，很辛苦啊！這是因爲在外面的道場都說：「只要一破參，大事已畢。」諸位也聽多了！可是在正覺，破參之後才正準備要開始修行。所以要奉勸諸位：來正覺學法不容易，但是能遇到正覺這個教團，又能在正覺學法的機會也不多。

也許有人想說：「欸！蕭老師！我過去世好歹也跟過您吧！」可是過去世並不是正覺，過去世跟著我修行，輕鬆不輕鬆？也不輕鬆。你們過去世跟著我作什麼事情，我就不談那麼多；可以談的是已經公開的三、四百年前在西藏被殺、被砍的事，有沒有？你們有好多人常常夢見這種事情，一直到進了正覺學法以後，那個夢才消失掉，不然就是開悟以後才消失掉，對不對？哦！終於想起來了！所以每一世跟著我都不輕鬆，被打、被殺可不是妙事。

這一世還算是好，沒有被打、被殺、被砍，因爲我們逮到這個好時機，這是個法治的國家；既然有這麼一個好機會遇見了，而且我們這一世說的法，是因爲在這樣的環境下，可以把函蓋面擴大，把所有的佛法都加以演說出來；所有每一個部分的佛法，我們都可以把它深入地加以演繹，並且還能出書廣爲流通，讓大家都獲得最大的利益。但這個機會不是常常有，因此勸諸位悟後要常精進，繼續聞修我所說的更多更妙的法；常精進久了就會變成大精進，成佛就會快！

修行的過程首先是常精進，「常精進」是誰過去世的名號？是 釋迦如來過去世無量劫以前的名號，當時就叫作「常精進」；常精進久了以後就變成

「大精進」，世尊往昔也曾經用過這個名號。可是在這之前先要尊重弟子、尊重一切菩薩，所以叫作「常不輕」。但是諸位先別急，我還不準備進入下一品；我說悟後眞的要常精進，最後才能成爲「大精進菩薩」；世尊之所以比別人更快成佛，原因正在於此。我們要遵循著 世尊在《解深密經》所說的化長劫入短劫，就得精進修行，千萬不要像那一些凡夫大師們一樣——化短劫入長劫。

諸位想想看，他們搞名聞、搞利養、搞大山頭，各自蓋了個金鑾寶殿住在裡面；就像一個小王國，他們住在裡面當皇帝，叫作「比丘皇帝」。可是這麼一弄的結果，耗掉了多少眾生的福德？諸位想想看，他們未來世要還給多少信眾此世的護持？（此時導師伸出雙手比出一個長度來說：）所以也許本來是這麼長的劫，他們往世間法名聞利養裡這麼一弄，長度就變成從那邊牆壁到對面另一邊牆壁去了，這就是化中劫入長劫。可是我們在正覺不這樣修行，要把「長劫化入短劫」。

諸位想想看，這一世你讀了正覺的書以後，建立了信心——對三寶具足信心，對聖戒具足信心而有了四不壞信；然後進了禪淨班，親教師教導你從布施開始修學，然後是持戒、忍辱……等，兩年半以內你要把六度完成，確實很辛苦！但是你只要把六度完成了，雖然還只是外門廣修六度，這六度你只要如實完成，就表示第一大阿僧祇劫的時程，你已經過完了三十分之六。可是對於一般學佛人而言，這一大阿僧祇劫的三十分之六，他們要修過幾世才能完成？眞不曉得要再修幾世，無法計算。但你們這一世要把它完成，就進入第七住位，這才是「化長劫入短劫」啊！

這樣的修行方法才是最快速的方法，只是很辛苦。但是再怎麼苦也要咬牙撐下去，因爲這是可以實證的，不是每一世都遇得著的；而且又是確實可以化長劫入短劫，所以機會確實不多。既然這一世遇見了，而且又破參了，那更應該努力啊！所以說應該要常精進，悟後如果不能常精進，那就永遠留在見地上面，事修完全沒有去作，福德完全沒有增長，就只是原地踏步。頭頂上有個證悟者的光環，可是那個光環並不能放光，因爲那個光環永遠都保持在剛剛充了一點點電的狀況；那你如果把電不斷地充飽，那個光環的光就越來越亮，你就可以照耀很多有情，就是開始攝受佛土了。所以說，一定要繼續努力，才有辦法讓六根全部清淨。

那麼六根清淨，區分為見地上的清淨，以及事修上的清淨。見地上的清淨，你到通達位時就完成了，再也不必羨慕說：「唉呀！我哪一天可以像蕭老師這樣說法？」我告訴你：我過去世也是像諸位這樣羨慕人家，但是因為精進努力，漸漸地也就作到了。你如果願意精進努力，化長劫入短劫，那你幾世之後也可以作到，並不是不可能。那麼這樣子在見地上六根都清淨了，接著就是事修上的六根清淨，你就從初地、二地、三地次第進修，繼續努力把長劫化入短劫，以很快的時間去完成它，最後就可以眞的在事修上達到六根清淨位——進入等覺位中。

可是話說回來，我總是要拉回頭來說：當你悟後精進修行時，可不能當自了漢，不能只顧自己的利益，反而要照顧你身邊的人，要看誰跟你有緣。特別是你將來出世當法主的時候，不能老想著說：「都是徒眾們拖累我，否則我早進入第五地去了。」而是應該在自己努力快速突飛猛進一段時間之後，回頭來拉大眾一把；一把不夠就兩把、三把、十把，要一直抓住大家一起前進。

一定要拉拔大家，因為從無量劫以來到現在，乃至到未來無量劫之後，永遠都沒有誰是可以獨自成佛的；每一個人成佛時，一定都有兩大妙覺或等覺菩薩幫忙，也要有十地、九地、八地乃至凡夫位的菩薩，要全部都具足圓滿；並且還要有一位一生補處菩薩跟你出家，專門幫忙攝受出家眾，有這些條件時你才能成佛。沒有一個人可以單獨成佛的，當你努力在清淨六根時，只要有一點突破，你就要回頭再拉大眾一把，甚至好幾把，然後大家跟著你次第往前走，這樣才是最快的成佛之道。因此一個人努力走，到了妙覺位以後，還得要回來重新拉拔大家；那麼大家要什麼時候才能達到十地、八地、九地呢？你即將成佛之時也得要在這上面費心才行。得要大家都有那樣的證量，你才能成佛，那你還要等多久？這樣想一想就明白了。所以話說回來，還是要有大悲之心，常常存念於有緣的人，不該是自了漢一樣獨自前行。

但是在說到清淨六根的這些事相時，還是要告訴大家：你要清淨意根之前，得要先清淨意識；這可不能捨識用根哦！因爲意根自己不懂修行的，你得要用意識來修行，意根配合著，才能讓意根清淨。所以意根如何清淨呢？要靠意識。意識不斷地思索分別而去加以取捨：下劣的法要捨棄，世間法的貪著要捨棄，欲界法的貪著要捨棄……等；而出世間法要加以攝受，世出世間的第一義諦更要加以攝受；成佛之道所必須伴隨著的各個階位應有的功德，以及應有的福德同樣必須加以攝受、加以修集。要這樣全面的修行，才能夠說是眞正的佛菩提道。

至於宗喀巴講的「菩提道」，那叫作「外道的假菩提」，叫作外道的覺悟之道；覺悟什麼道？淪墮欲界之道。因爲宗喀巴既主張意識常住而不能斷我見，連聲聞初果都證不得；又主張要樂空雙運，他在《菩提道次第廣論》中講的止觀內容，全部都是樂空雙運的雙身法！只是講得隱諱而已。那就是淪墮欲界之道，那就是外道的覺悟，不離欲界識陰的境界；所以覺悟的內涵是世間法，那就是外道法，與佛法根本不相干。

因此說，你要覺悟實相法，也就是悟得「妙法蓮花」；這一朵「妙法蓮花」如來藏，爲什麼 世尊稱之爲「妙法蓮花」？因爲祂能生萬法，祂是世出世間最妙之法；雖然祂出現於眾生污泥之中，但祂自體卻是本來清淨的；然後現觀一切法不離「此經妙法蓮花」，就這樣子次第進修。可是這個進修的過程全都要用意識來修，而意根在背後配合著；意識是修學諸法的根本，當意識清淨了，意根自然就清淨，所以還得要從意識下手。不要妄想說「有一個方法讓我直接就把意根清淨了」，佛法中沒這回事！

因爲 佛在無上密的經典《楞嚴經》中已經告訴大家：沒有辦法把六個結單用右手甩一甩就打開，也沒有辦法單用左手甩一甩就打開，必須要兩手合作去把它解開；而且要一個結解開以後，再次第解開其他的結。所以沒有一個方法可以讓你突然一念就把事修完成，這是牽涉到如來藏中所含藏種子的改變與清淨，屬於事修而不是理上的頓悟；因此假使有人妄想說：「我找到如來藏之後，那一定有一個方法：我只要起一個念頭，或者我只要修某一個法，就可以證得佛地眞如，我就是一悟成佛了。那時我的如來藏可以跟五個別境心所法相應，也可以跟善十一心所法相應。」然後就錯將意識離念靈知當作是佛地眞如，就誇口說：「我證佛地眞如以後，這手不小心被刀割了，我叫它不痛，它就不痛；我叫它不流血，它就不流血。」說這樣叫作「佛地眞如」，原來是誤會而回頭落入意識、識陰的境界中了，又退墮成爲凡夫了！

因爲 佛早就說過：「理則頓悟，乘悟併銷；事非頓除，因次第盡。」成佛沒有一步登天的事，悟得正理以後，還得要次第進修漸漸成就，否則爲何需要三大阿僧祇劫？你想要蓋摩天大樓，得先從地基打起，地基打好了才能蓋一樓，一樓蓋好才能蓋二樓，乃至九十九樓蓋好才能蓋一百樓、才能蓋一百零一樓，否則一定會倒塌。

所以要記得這一點：一定要腳踏實地，不要妄想什麼「即生成佛」、「即身成佛」，那都是戲論、言不及義，而且會導致死後下墮三塗；因爲那是欲界中最粗重的惡法，連聲聞初果都證不到，遑論佛菩提道的見道呢？而竟然依於那樣的理論去寫出所謂的《菩提道次第廣論》，我說它根本就是外道論，不是菩提道，也沒有所謂佛法的次第。因爲那個次第根本是顚倒，也是依外道欲界法而對佛法產生的錯誤想像，更不能說是「廣論」，因爲宗喀巴所謂的成佛之道，全書都圍繞在五陰的範圍裏面貪求欲界法，連色界法、無色界法等世間法都還談不上，哪有佛法上的廣論？連「狹論」都還談不上，只能說是「外道論」。所以這是在六根清淨的法爲大家說明以後，特地要吩咐大家的。啊！時間到了，〈常不輕菩薩品〉只好留到下週來講。

《妙法蓮華經》

〈常不輕菩薩品〉第二十

經文：【爾時佛告得大勢菩薩摩訶薩：「汝今當知！若比丘、比丘尼、優婆塞、優婆夷持《法華經》者，若有惡口、罵詈、誹謗，獲大罪報，如前所說；其所得功德，如向所說，眼、耳、鼻、舌、身、意清淨。」】

語譯：【這個時候佛告訴大勢至菩薩摩訶薩說：「你如今應當知道，如果比丘、比丘尼、優婆塞、優婆夷之中，有人是受持《法華經》的，假使有人對他惡心大聲講話、以粗鄙言語辱罵、編造事情誹謗他，就會獲得很大的罪報，如前所說死後流轉於三塗；這位受持《法華經》的佛弟子所得到的功德，猶如我前面所說，可以得到眼、耳、鼻、舌、身、意等六根的清淨。」】

講義：這一段經文很短。第二十品是〈常不輕菩薩品〉，從這一品開始，會向大家介紹跟我們娑婆世界的大乘佛法有關的一些事情，也會介紹跟我們娑婆世界學佛人有關的一些大菩薩們。這一品是講我們這個娑婆世界佛教的由來，而這個由來不是講現在的由來，是講過去的因——無量無邊劫之前佛教出現於人間的因，也就是〈常不輕菩薩品〉中要說的事情。

這時　世尊告訴　得大勢菩薩摩訶薩說：「你現在應當要知道，如果比丘、比丘尼、優婆塞、優婆夷受持《妙法蓮華經》的時候，假使有人對這位菩薩以憤怒的聲音來對他說話，或者用語言文字來斥罵這位受持《法華經》的菩薩，或者是公開、私下誹謗這位受持《法華經》的菩薩，他會獲得很大的罪報；」世尊說：「就如同前面所說的那樣，」也就是死後將會下墮三塗，從地獄中受苦之後漸次歷經餓鬼道、畜生道，才能回來人間，生而爲人以後又是盲聾瘖瘂而無法學佛。然而受持《法華經》的這位菩薩，世尊說：「他所得到的功德，就如同前面一向所說的獲得眼根清淨的功德，乃至耳、鼻、舌、身、意根清淨的功德。」

這一段經文是世尊不請而說的，直接告訴　得大勢菩薩摩訶薩；得大勢菩薩摩訶薩就是淨土三經裡面所說，極樂世界的　大勢至菩薩摩訶薩。爲什麼稱爲「得大勢」呢？是因爲他行走時，十方諸佛世界悉皆震動，顯示出他的威德勢力非常之大，所以稱他爲「得大勢」。在極樂世界西方三聖這三尊，阿彌陀佛是法主，兩大脅侍一位是 觀世音菩薩，一位是 得大勢菩薩；將來無數劫之後，阿彌陀佛一樣會示現入涅槃，然後由 觀世音菩薩繼任爲極樂世界的法主；未來再過無量數劫之後，觀世音菩薩也會示現入涅槃，然後由得大勢菩薩繼位成爲極樂世界的法主。

這是告訴大家說，極樂世界是永遠不會壞滅的，那是一個淨土世界。不像我們這個娑婆世界一個大劫之後就消失了，然後再等過一段時間再形成這個娑婆世界，然後才又有眾生可以安住的時節，才會再有佛來示現。但極樂世界永遠不毀壞，那個世界的一天等於我們娑婆世界一個大劫；這是諸位要記住的地方，因爲你如果求生極樂世界，一定要想盡辦法上品上生，如果是上品中生，往生到那裏去，在蓮苞裡面要住一個晚上——經過極樂世界的一個晚上，天亮了、蓮花開敷，才能見到 阿彌陀佛，聞佛說法；那麼如果你現在往生去極樂世界，剛好那邊晚上剛開始，換句話說，你在那蓮花寶宮裡面享受，聽聞「八功德水」尋樹上下，開演五陰無我、無常、四聖諦、十二因緣、六波羅蜜等等，要聽整整一個晚上，等於在娑婆世界整整聽上半個大劫。如果現在往生去那邊，剛好是那裡的中午，那麼你在蓮苞裡面要待多久？等於娑婆世界的四分之三大劫；因爲上品中生的人，往生去那邊一定要等到第二天才能開花見佛，這是大家要記住的地方。

那麼極樂世界永遠不壞，這三尊成佛之後也全部都會示現入涅槃，還會有繼起的菩薩，紹繼佛位繼續住持，所以極樂世界永不毀壞。那麼極樂世界的佛位，紹繼的順序是 觀世音菩薩先，得大勢菩薩隨後；這當然是在告訴我們說，觀世音菩薩的證境遠超過 得大勢菩薩；但也告訴我們說，由於福德莊嚴的差別，所以 觀世音菩薩一定先紹繼佛位。你們如果讀過《佛說觀無量壽佛經》，應該還會記得 觀世音菩薩舉足下足是如何的莊嚴，那是已經修得 大勢至菩薩的大勢威德以後，再修集無量福德才能成就的。

如果你忘了或者沒有讀過，回去可以再請出來讀一讀，是淨土三經裡面說的。經中說到 觀世音菩薩舉足下足的莊嚴，人類無法想像；因此而顯示出 觀世音菩薩的福德是 得大勢菩薩之所不如的，因此一定是 觀世音菩薩先紹繼極樂世界法主的佛位，然後再由 得大勢菩薩紹繼他示現入涅槃以後的佛位。這是因爲談到了 得大勢菩薩，這一點就要讓諸位瞭解。

當然，從另一方面來說，觀世音菩薩要比 得大勢菩薩早日紹繼極樂世界法主之位，因爲他本來就是 正法明如來倒駕慈航，爲了憐憫極樂世界與娑婆世界的有情，特地回來示現爲菩薩，大慈大悲來接引大眾。既然是 正法明如來倒駕慈航，當然他發願要護持極樂世界，要在那一邊繼 阿彌陀佛之後住持極樂世界，當然一定在 得大勢菩薩之前紹繼佛位，因爲他本來就是佛了，這個道理先給大家瞭解。

那麼說明去那邊在蓮花裡面待一個晚上等於這裡半個大劫，目的是在告訴諸位娑婆世界固然眾生惡劣、具足五濁，但是修集福德非常快速；快速的原因是因爲這裡的眾生具足五濁，很惡劣的緣故；假使娑婆世界的眾生沒有五濁，那你想要常常作法布施，你能施給誰呢？假使這裡的眾生不是福德欠缺，那你作財物布施、無畏布施，要布施給誰呢？所以你如果在極樂世界蓮花開了以後，你說要去布施，沒有人會接受你的布施，因爲那裡的菩薩們什麼都有。假使是下品往生的人，他們大部分在蓮苞裡面要很久、很久、很久……，我這句「很久」應該要講上一個小時、兩個小時，那到底是多久？

然後他才會花開見佛。

可是，不管他是在花苞裡面，或者花開見佛了，那下品生人大部分都很貪吃；如果他是從臺灣往生過去的，他想一想說：「唉呀！我好久沒有吃到永和豆漿啦！我現在想要喝一杯永和豆漿。」那時應念即有，就是永和豆漿；想要燒餅也有，要什麼都有。所以你要布施給他什麼呢？根本不必要；而且他在蓮苞裡面，你也不可能布施給他什麼。其他所有已經花開見佛而不住在蓮苞裡面的人，又因爲住在那裡想要什麼就有什麼，所以你無從布施。

正因爲這個緣故，阿彌陀佛才需要施設一個慈悲方便，每天早上 阿彌陀佛變現無量無邊的勝妙蓮花，你在那邊當菩薩修福德的方法就只有一個，依賴 阿彌陀佛的功德去修；例如用你的衣襟，也就是衣服的下襬拉起來，裝滿了 阿彌陀佛給的蓮花，憑仗 阿彌陀佛的功德力，飛往十方世界進謁所有淨土諸佛，用蓮花去供養，問候諸佛世尊、禮拜諸佛世尊，一一供養完了，回來極樂世界已是中午了；整整一個早上到十方世界去供養諸佛，相當於娑婆世界多久？四分之一大劫。就這樣子讓你去修集福德。

可是我們現在住在娑婆這裡修福德很方便，路上看見一條癩痢狗餓得不得了，買個肉包子給牠；看見有人在行乞，即使他是個騙子也沒關係，十塊錢、五十塊錢、一百塊錢就布施給他；你在他身上種了福田，你又得到一分福德，隨時都可以修集福德。來到講堂，看見這裡好像少擺一個位子，就去櫃子裡把墊子蒲團拿出來擺上去，這也是福德，隨處可修。

在這裡修行一天跟極樂世界修行一百年來作比較：菩薩自覺根器不佳，不敢求證三乘菩提，發願往生極樂世界，在那裡花開見佛之後修行一百年，還不如在這裡受持八關戒齋修行一天。那裡一百年等於這裡多久？你們自己想想看。一百年等於這裡多久？因爲那裡一天等於這裡一個大劫；同樣三十天爲一個月，十二個月爲一年，這樣修行那裡的一百年所得功德，還不如在娑婆世界努力精進修行一天的功德，那你要在哪裡修？（大眾答：娑婆。）

喔！但是這話不要去外面跟我流傳（大眾笑⋯），這話只適合說給你們聽；因爲你們信進念定慧五根具足了，才會進到正覺來。五根，不是講眼耳鼻舌身五根喔！（大眾笑⋯）也許有人本來都學念佛的，一天到晚唸「阿彌陀佛」，唸「觀世音菩薩」求生極樂世界，今天第一次來正覺講堂聽經，剛好就聽到我這麼講，心裡面一定很不爽快。不過這是人之常情，我都能夠接受；因為設身處地，要是我換作是你，也會是這樣啊！

但是我勸請您：回家以後千萬要把淨土三經好好深入讀一讀，看是不是我說的這樣子。因為大家讀淨土三經的時候，都是囫圇吞棗，沒有如實理解淨土三經裡的意涵。那些意涵是 釋迦如來大慈大悲，隱藏在裡面要給我們知道的；可是大家都忽略了，只看一部分而不看全體。所以我今天為諸位說了這些道理，是因為你們具足了五根，能進得正覺講堂聽我講《妙法蓮華經》，而我講了這麼久，諸位不厭煩，能繼續聽下去，而且能信受，是五根具足之人，那我就不必考慮你們聽了會起煩惱，所以講給諸位聽。

那麼在這個地方修行是短劫，在極樂世界修行是長劫，而在這裡短劫之短，只要你持八關齋戒精進修行一天，勝過在那裡長劫中的一百年修行；那麼你得要衡量一下：「**我到底應該如何選擇？**」這個道理，我曾經在《禪淨圓融》裡面稍微說了一下，但似乎沒有提到這裡的一天勝過那裡的一百年；因為在那裡演講的時候講出來可能會太刺激，有的人會受不了，萬一悶絕了怎麼辦？（大眾笑…）所以觀察因緣就講到那個地步，鼓舞他們說應該去極樂世界，但是應該求上品上生，就這樣講。

可是你如果上品上生，假使在那裡的那麼一天給你入了初地，是因為親聞 阿彌陀佛說法，即得無生法忍，這是上品上生，等於這裡的一個大劫之中進入初地。那你如果在這裡呢，可以化長劫入短劫，也許一年就過完一個大劫，也許一個月過完一個大劫，也許是一天過完一個大劫，也許是一時、一分過完一個大劫，這是 如來慈悲告訴我們的道理，就是「化長劫入短劫」。將來再過很久以後講《解深密經》時，諸位就會聽到。把話題拉回來，假使留下來繼續生在娑婆，萬一正覺道場不存在了，因為末法最後五十二年也過去了，就可以往生去極樂世界；因為反正明心了去，就是上品上生。悟後也可以不去，就到兜率天內院歸依在當來下生 彌勒尊佛座下，當他觀察人間的因緣適合他下生了，準備什麼時候要來人間，那我們就提前下來受生。

兜率天時間雖然不像極樂世界那麼長，可也很長；人間五十年是四王天的一天，人間一百年是忉利天的一天，人間兩百年是燄摩天的一天，人間四百年是兜率天的一天，也許 彌勒菩薩說：「我幾天後要下生人間了，那你們大家就先去人間布局。」諸佛應化在人間時，一定有許多菩薩們先來人間受生，那麼那時當然你來人間還輪不到你當五地、八地菩薩，那時你們來人間時就會像以前的舍利弗、迦旃延、目犍連，就是會像他們一樣。

那時來人間以後因爲還沒有離開胎昧，所以忘了自己是佛弟子；但是沒關係，也許那邊你提前十五天下來，等於這裡多少年，幾千年？六千年？那你如果提前一個月下來就是一萬兩千年；一萬兩千年時間，你要在人間經過現在人壽的幾世？（大眾笑…）不要搖頭喔！不要搖頭，在菩薩道中說一萬兩千年，也等於是一眨眼而已。雖然這一萬兩千年虛生浪死也無妨，因爲那時你是準備要當大阿羅漢然後迴小向大入地的，那麼在生死中等候一萬兩千年又有什麼關係？都沒有關係啊！然後這一萬兩千年中，這一世跟某人結婚，生了兩個兒子、兩個女兒，堂上還有一對父母，這樣子你跟多少人結了好緣？你想一想喔！對不對？好！這一世還沒死之前，也還有兒子、女兒又生的孫子，對不對？這時是當爺爺、奶奶，那你又與眾生結了多少緣？這一世下來還不止這些很親的親屬，也還有很多朋友、親戚結緣下來。死了換下一世，又跟很多人結緣啊！這一些跟你結緣的人，也許一萬兩千年後，也許六千年後成爲你在菩提道上的眷屬。當然還有很多人是過去很多劫以來，一劫又一劫結緣下來的有情；而那一萬兩千年，你可以結緣的有情也是非常多的；而且到那時人壽八萬四千歲，一萬兩千年也不算什麼了。

然後 彌勒尊佛終於在人間示現了，初轉法輪龍華三會（初轉法輪就是龍華三會，總共只講三遍解脫道，就有九十六億、九十四億、九十二億人成爲阿羅漢），那你是其中的阿羅漢之一；這可不是普通的阿羅漢，而是成爲大阿羅漢。就像 釋迦如來座下一千兩百五十位阿羅漢都是大阿羅漢，他們座下各有許多弟子也是阿羅漢。可是這些大阿羅漢中還有差別，例如神通第一、密行第一、智慧第一、解經第一、說法第一、持戒第一等等，各有不同的第一；那時你就是其中之一，不是一般的阿羅漢。這是因爲你現在悟了以後，末法時期過去了就往生到兜率內院去，是要隨 彌勒尊佛來人間弘化的。

那麼等到第二轉法輪時，你就迴小向大，繼續修學佛菩提道；等到演說《法華經》的時候，彌勒世尊會告訴諸位：「你們其實過去劫以來已經跟我修學很久了，你們本來就是菩薩，從來都不是聲聞人，所以我現在講《法華經》，你們都不會退席抗議。」那時會告訴你們。這是因爲你們本來就是菩薩，只是因爲隔陰之迷忘記了。所以在第三轉法輪時，就是諸位要入地的時候了，等最後《法華經》時再告訴你們這些道理。

那麼當你將來跟著 彌勒尊佛下生人間，可能以前你有一位朋友或者尊長往生極樂世界去了，他是上品中生的人；那麼你在這裡 彌勒佛第三轉法輪的時候入地了，他都還在極樂世界的蓮花裡面。雖然是紫金蓮很漂亮的蓮花寶宮，就是青紫色的漂亮蓮花裡面，畢竟還沒有開花，所以他還住在那蓮苞裡面；等到你在賢劫千佛一一經歷完了，一一奉侍供養受學完了，道業進展很大了，他那朵蓮苞才剛剛要開敷而已。那麼我就講到這裡，縱使他蓮花開了見佛聞法而得無生法忍，也要經過那裡的七天又一個小劫，可是你在這裡已經修到哪裡去了，他無法想像！

這個道理說給諸位聽，讓諸位自己有一個衡量，先看看自己的根器適合作什麼。假使這一世沒辦法證悟，下一世也行；我相信正覺同修會在你下一世出生長大重新學佛時還會存在，除非像什麼馬雅文化說的二〇一二年是世界末日（編案：出書此際已經是二〇一八年了）。但就算是正覺屆時眞的消失好了，也不愁，因爲 彌勒尊佛當來下生人間才只需要多久？可是去那邊在蓮花裡面，上品中生得要經過這裡半個大劫；而這裡的賢劫千佛其實不是在一個大劫中出現，而是成住壞空的住劫中便已全部出現，那麼一個住劫等於一個大劫的多久？才只有四分之一。這樣有沒有想到說：在這裡縱使虛生浪死等候彌勒尊佛來人間應化，也還是划得來！不過這是對諸位說的，不是對那些唸佛人講的，所以諸位出去不要去推廣這個道理。

所以在這裡修行很快速的原因，明顯而主要的有兩個：第一就是慧學的修證很快速，另一個就是說，在這裡修集福德很快而且很大。因爲在這裡修集福德，你隨便買個肉包子餵流浪狗，都有大福德，而且舉手之勞立刻成就，時間不需要很長。如果像童子軍守則說的日行一善，然後每一件善事的前面先作五種思惟，作完了再來作後面的五種思惟，這樣子修福德不又更快了嗎？所以在這裡修集福德快，機會多，而且時劫短。但是也要看你自己對於布施的因果能不能夠信得徹底，如果心裡有疑，當然修的福德就慢。

那麼話說回來，這裡修慧也很快啊！不是只有修福德快而已。因爲這裡的時劫很短，而且人根的功用也很猛利，而在這個賢劫之中，還有九百九十六尊佛陀將會相繼示現，這是何等大的福德，才能夠快速的遇見！有時整整三十一劫無佛示現在人間，有時整整六十劫無佛示現在人間，可是這個賢劫竟有一千尊佛連續示現，這樣子想一想，衡量一下自己的五根夠不夠？假使有一點欠缺，那就趕快補足。例如信根也許差了一點，就想辦法把它補足；補足的方法很容易的，例如每週二來聽經，每週三或者每週五來上課，正覺的書也多讀，「信根」很快就會具足。

至於精進根，就看捨不捨得下世間的享受；如果能捨得下世間的享受，「精進根」很快也會具足。像這樣不斷地熏習，念根就越來越好；越修到後來，親教師上課說了什麼就越能聽懂，也就越能記得住，就是「念根」出生了。當念根漸漸具足，然後終於心得決定：「**這就是三乘菩提，我就是要在正覺學法，並且要實證！**」於是「定根」也具足啦！當這四根具足的時候，「慧根」就開始出現了，於是就開始了實證的過程。有了實證而不是聽來的，不是我跟你明講或者奉送，那你這五根就會開始漸漸轉為五力，變成「信力、精進力、念力、定力與慧力」。悟後繼續修學，五力漸漸增長，有了這五力就可以出世弘法，那時要當老師了，那麼這樣子修行的速度不就是很快了嗎？釋迦如來慈悲為我們說明了這一些道理，隱藏在淨土三經裡面；但是修學淨土法門的人只顧依文解義，都沒有去理解到 釋迦如來的悲心！

那麼這個道理懂了，諸位就可以瞭解這一品是與 得大勢菩薩的對話，到後面才會爲大家說明 觀世音菩薩的由來。從 得大勢菩薩的因緣講了這麼多的道理，現在回到這一段經文來，世尊說：「得大勢！你如今應當要知道啊！如果佛門四眾，」也就是比丘、比丘尼、優婆塞、優婆夷，「受持《妙法蓮華經》的人，」也就是受持此經如來藏的人，「如果有人對他大聲地吆喝，完全不尊重他，或者有人用言語來罵他，」用言語罵不一定是大聲吆喝，有時是笑嘻嘻地說：「你這個人是個雜種。」笑嘻嘻地說，對不對(大眾笑…)，是罵人啊！雖然他臉上笑嘻嘻的，可卻是罵人啊！那麼這一種罵跟另外一種罵又不一樣喔：「你這種人！殺千刀的！你一定不得好死！」這叫作「詈」；受持《妙法蓮華經》如來藏的人，假使有人敢這樣罵他，死後一定倒大楣。

還有一個是「誹謗」，是揑造莫須有的事實，無根誹謗這位受持《妙法蓮華經》如來藏的人；這也是很平常的事，因爲這裡是五濁惡世。如果這裡是極樂世界，就不可能有這種事情；因爲凡是心性還不夠好的人，都會繼續住在蓮苞裡面享受。那個蓮苞很大，縱廣五百由旬，就等於一座大宮殿一樣；往生的人住在很清香的蓮花大宮殿，縱廣五百由旬讓他吃喝玩樂；吃飽了玩，累了就聽八功德水尋著蓮花寶宮表面，上上下下流動時就演出苦、空、無我、無常、四聖諦、八正道、十二因緣、六度波羅蜜，這樣子不斷熏習著。

心性還不夠好的人，就在蓮苞裡面繼續安住，住到他心性轉好了，蓮花開敷以後，他離開蓮花出來了，以後見了誰都不會跟人家怒目相對、惡口相向，心性都很好；往生極樂世界的人，得要到那時候才會讓他出來。所以在極樂世界你聽不到誰會罵你，也聽不到誰會損你，因爲都是心性變好了以後，蓮花才會打開。那麼心性變好了以後，都是很純樸、很善良的人，根本不會用話來刺激你，所以那裡的人都叫作「諸上善人」，因此那裡一定不會有人罵詈、惡口或者誹謗受持此經的人；可是在五濁惡世呢，那可就一大堆，算不完了！

不說別的，單說我就好了，你們看我受持此經如來藏，被多少人罵？眞要叫作不計其數。也還有人無根誹謗我呢！你們一定想：「那一定是會外那一些密宗的人。」我告訴你，那可不見得！以前退轉的人也曾經無根誹謗我啊！但是你們要能接受這一點，當作這是正常的；如果你不能夠接受，就沒有資格在這裡當法主了！我跟你們講一件事，是以前沒有公開講過的，可以叫作祕辛：

我最早期曾經講過的課，有《童蒙止觀》——也就是《小止觀》，也有念佛的法門等等，那時有一位師兄發起而去製作錄音帶，然後大家就向他買，我當時也向他買了三套。當時有位師兄，他又自己買錄音帶，把我平常上課講的都錄起來；後來有一天，他不是在法上退轉，而是因爲世間法上的要求得不到，所以他聲明離開我們共修團體。他離開以後透過游老師要求我，要我把他以前買來上課自己錄音的錄音帶，以及他拷貝我所說法的那些錄音帶，和他向那位師兄買的《小止觀》錄音帶，全都要我去買回來。他買的時候又不是跟我買的，那是另一位師兄製作而他去買的，我也一樣去跟那位師兄買的啊！他自己錄的帶子也不是我賣給他的，結果現在要求我買回來。然後他自己買了空白錄音帶，我上課說的他就錄起來聽，那些錄音帶也要我向他買回來，總價好像是一萬兩千多塊錢，我記得是一萬多塊錢，也要求我要向他買回來。

游老師說：「這個道理好像講不通，那現在怎麼辦？他開口要求了。」我說：「唉！錢能解決，那就好辦！得罪錢，不要得罪人！那就買回來。」那些錄音帶，現在都還在我手裡！他用一個信封背面寫著明細，哪些錄音帶多少錢，《小止觀》的錄音帶多少錢。現在那張明細都還在，我這個人有收集檔案的習慣（大眾笑…），可是我也接受，我沒有一點點生氣。當年我就說：「他既然要賣，我買回來就算了。」

如果從世間法來說，你們接受不接受？當然不接受，因爲沒這個道理呀！那是他自己去買的，怎麼強逼我要跟他買回來？就好像有人去書局買了你寫的書，後來有一天跟你鬧翻了，竟然要求你，說他要賣回來給你，是一樣的意思！而且他又讀過了，又不是原封不動（大眾笑…），所以那些錄音帶他都聽過的。從世間法來說，這眞的沒道理；可是從佛法來說，我認爲有道理，所以我就買回來。等未來無數劫後我成佛了，我會告訴他：「爲什麼你今天只能修到這個地步，因爲往世你買了空白錄音帶錄我講課的內容，跟我無關，竟然還賣回來給我，所以你就被這個業遮障，修行也就緩慢了。」。

那麼因爲這裡是五濁惡世，所以遇到逆境的時候不要怨天尤人，不要跪在佛菩薩像前抱怨說：「佛啊！菩薩啊！您都不照顧我，讓人家這樣糟蹋我。」只能怪自己啊！因爲你既然願意在五濁惡世受生行菩薩道，這些就是你自己要接受的待遇。但是接受的時候不要鬱悶地接受，要快樂地接受；至於快樂地接受，你得要有智慧先瞭解說：「我爲什麼要快樂接受？我快樂接受以後，有什麼好處？」這個智慧就是你要瞭解：五濁惡世的眾生本來就如此。

早年弘法時，許多同修們看不慣佛教界大小山頭對我們的評論；他們也看不慣那些退轉者：「老師！您把法送給他們，又沒有收他們的供養，每逢週末下午，師母還切了水果、擦了地板，開了冷氣在佛堂裡面等他們來上差別智的課程，爲什麼他們可以這樣對老師？」我告訴他說：「你不要生氣，我送給你一句話；你記住這一句話，以後就不會再生氣了！」他說：「哪一句話這麼好用？」我說：「你要記住：眾生本來如是！」對啊！這才叫作五濁惡世。你給他一百種好處之後，當他提出第一百零一件的要求；或者你給他兩百個好處之後，他提出第兩百零一個要求時，這最後一個要求，只要你沒答應，他就翻臉了！以前你對他的全部好處，那一百個、兩百個好處都不算數了，這就是五濁惡世的眾生。

但是你要觀察，在這種五濁惡世裡面度化眾生，常常要吃虧，常常得到不合理的待遇，可是正因爲這個緣故，你的福德增長就非常快速！你如果去極樂世界見到某甲菩薩：「欸！你來罵我吧、罵我吧。」他說：「我沒事罵你幹什麼？」（大眾笑…）而且他的心性也不可能罵得起來啊！因爲他離開蓮花宮殿前，心性已經被調伏，蓮花才會開敷，就不可能會罵人了。不然見到某個菩薩時你說：「欸！我這件衣服送給你好了。」那位菩薩說：「我對衣服不愁啊！不論什麼樣的衣服，我只要起心動念要什麼衣服，立即就有。」那你想要布施食物、布施什麼物品，也都沒地方可以布施，那時候你悶不悶？身爲菩薩，這是最悶的事。

可是五濁惡世的眾生會糟蹋你，當你被糟蹋習慣了以後，你不就超越另一個層次了嗎？所以假使有人從網路下載什麼文字說是罵我的資料，罵我什麼癩痢狗、或什麼妖怪邪魔等等，我根本不會動心，我會說：「他也眞會罵。」（大眾笑…）對啊！以前人家不是登報紙罵我嗎！說我是什麼蛤蟆精，有沒有？欸！還有什麼「人妖」等等，我也沒有生過氣啊！我氣不起來，因爲我早就有一個程式在心裡，這個程式的名字是「眾生本來如是」。當你接受眾生的本性如此了，也就沒事了。那你就繼續這樣子，心裡面想：「這麼多眾生來求，我能夠給的就給他們，能幫的就幫他們。如果給他們一千個好處以後，最後他們想要的第一千零一個好處，沒辦法幫上忙，他們因此就不高興，就不高興去吧！隨他們去啊！至少前面一千個好處，我已經給了；我這些福田已經種了，我這些福德已經成就了。」對他們如此，對別人亦復如是，那你在這裡修集福德就非常之快。

可是即使你這樣子去修福德，還是會被人家無根誹謗！那些外道們，不論是佛門外道或是佛門外的外道們，可能還是會繼續罵你：「唉！這某某人一毛不拔，好慳吝。」其實你每年可能布施幾百萬元，可是他們卻要繼續罵你；那你不必管他們，那些口業都是他們的事，跟你無關。當你被罵一次，你就消一次業障；你受持此經「妙法蓮花」，不就是受持《金剛經》說的「此經」如來藏嗎？佛說受持「此經」而被人家輕賤的時候，是人先世罪業怎麼樣？（大眾答：則為消滅。）對嘛！悉皆消盡啊！那麼你又何必生氣？

就讓他們罵，罵完了你就合掌感謝說：「謝謝您幫我消了好多先世罪業。」他好奇起來問你：「你爲何這麼講？」你說：「《金剛經》你會不會背？」然後就讓他去背。可是他說：「我會背啊！但我不背給你聽。」你就堅持說：「你不會背！你不會背！你不會背！」（大眾笑…）「好！不信，我背給你看。」那你就聽他背，當他背到：「是人先世罪業則爲消滅。」你就說：「好！暫停。」

就告訴他：「爲什麼我要感謝你呢？因爲我先世罪業已經讓你幫我滅盡啦！我如果再不懂得感謝你，那我就是忘恩負義了！」這時你的福德又增長了。

而且你又攝受一分佛土了，因爲他一定要跟你學法了，再也走不開了，這時他發覺說：「喔！這個人太有智慧了，我要到哪裡去尋找這樣的明師？」所以當人家無根誹謗的時候，你都不必生氣，因爲五濁惡世的眾生本來如是！正因爲這裡住的是五濁惡世的眾生，所以你修行才會很快速！如果娑婆世界的有情都像極樂世界的菩薩們那樣，那你在這裡修行，可就要像極樂世界那麼慢了，這一點大家可得要瞭解。

可是從悲心的層次來說，就要從那一些造惡業者對受持「妙法蓮花」如來藏的人，加以惡口、罵詈、誹謗，他們會獲得什麼樣的大罪報？我們也應該稍微講解；將來這部講義印出來流通時，也許他們有緣讀到這裡，懂得痛改前非設法滅罪，那他們死後就不必下墮三惡道，未來世成爲我們的道友，所以我們還得從考量他們未來果報的立場來講解一番，讓他們瞭解 世尊所開示的內容，知道自己死後將會獲得什麼大罪報，才有機會挽救他們。

這個大罪報的內涵，世尊說：猶如此前 佛之所說。然而我們《妙法蓮華經》講好幾年了，「如前所說」是前面講過了，但現在大家都忘記了（大眾笑…），根本都已不記得到底會是怎麼樣的果報。所以可想而知，將來這部經典的講義，一定不會只有七本、八本，一定是很多本。當他們把前面的讀過以後，接著再讀到這一品時早就忘記了；那我們現在提醒一下無妨，因為對他們有利益。

這也是因為現在很多大道場都設有研究小組，專門在研究正覺的書；咱們正覺同修會各位老師寫的書，以及我寫的書，他們有專人在專門研究著。那麼那一些人倒也還好，因為那一些人往往都是口頭罵一罵，而且大概也都是七、八年前或十來年前罵的；可是現在仍然還有一些人，例如那些密宗的道場主人還在繼續罵著。但是他們很可憐，他們是被人誤導而迷信那些喇嘛們，為喇嘛們強出頭，並不是他們自己本意要罵；所以他們有「成已之罪」，但是沒有「方便罪」，也沒有「根本罪」，但我們應當要救他們。而那一些人將來也可能會有因緣閱讀我們的《法華經講義》，如果讀到這個地方，他們死前懂得痛改前非，就不必下墮三惡道。

那麼 世尊說這一類人死後將會「獲大罪報，如前所說；」這裡說「如前」，前面是指哪個前面？就是卷二〈譬喻品〉裡說的大罪報。那眞的已經聽過很久了，可能是二〇〇八、〇九年的事了，也就是經本四十七頁的〈譬喻品〉第三，在第三段開始到第五十頁的第二段爲止。我們就略說複習一下：

假使有菩薩，不管他是比丘、比丘尼，或者是優婆塞、優婆夷，只要受持此經「妙法蓮花」——也就是受持如來藏，當他被人家「惡口、罵詈、誹謗」的時候，那些對他「惡口、罵詈、誹謗」的人，獲得的大罪報簡單的說，首先是死後下墮地獄；下墮地獄時是墮入哪個地獄？是最痛苦的、還是最不痛苦的？就要看情形；有的人是要入阿鼻地獄，有的人是入無間地獄，有的人要入寒冰地獄或者火熱地獄，甚至有的人只在小地獄之中，眞的錯綜複雜；這就看那些被惡口的菩薩，被罵詈、被誹謗的菩薩證量的高低而有差別；並且還要看他在「惡口、罵詈、誹謗」的時候，作到什麼程度；再看他們作這三件惡事時的根本、方便、成已三種罪，是具足、不具足？是多或少？就有不同的差別。

有些人罵詈的對象是證量很高的菩薩，而他自己是三種罪都具足——惡口、罵詈、無根誹謗都具足；並且每一個惡業都有根本罪，是處心積慮要來惡口乃至誹謗；處心積慮的意思，是他的動機十足，根本罪具足成就；處心積慮而作種種設想的過程，就是方便罪具足成就；然後他也眞的一一全部作出來，而且是歷久不衰，一直罵詈誹謗到底；所以他的成已罪也具足成就，那就是死後下墜阿鼻地獄。

可是有的人沒有根本罪，是被人家慫恿；只因爲他聰明善辯所以被人家慫恿，推派他當代表出來罵菩薩，那他得要施設方便，然後具足去作；所以他有方便罪與成已罪，但沒有根本罪；因爲是被人家請求而作，那他的罪不至阿鼻，只是到無間地獄。如果他所誹謗的對象，證量是在三賢位中，還沒有入地，可能才只有七住位、十住位或者十行位中，那他可能報在火熱地獄，因爲他罵得興高采烈。如果他只是冷冷淡淡地寫一點文字，文中也不是罵得很激烈，然後私下去流傳而不是公開貼到網路上，可能他就落入寒冰地獄，例如紅蓮地獄等等。

如果只是人家寫好了，他被人家請求，所以印了去發，那他有成已罪，可是沒有根本與方便，他可能就只是下墜一般的地獄中。如果他誹謗的是證量不高的人，而且作了以後心裡面覺得有一點懊悔：「我這樣作將來會不會下地獄？」所以他以後就不想再作了，但是他死前也沒有懺悔滅罪，死後可能就下去小地獄中受苦。

所以同樣是「惡口、罵詈、誹謗」，受罪還是有千差萬別。針對那一些不是有根本罪的人，我們應當要為他們說明：假使他們有百分之一、千分之一的機會，可以讀到將來出版的《法華經講義》，而能夠讀到這一段，他就有希望下定決心去懺悔滅罪。滅罪對他未來的無量劫有好處，對正法的久住也有好處；因為邪法中少了一個人，正法中多了一個人，那麼兩者相差就是兩個人，兩全其美啊！邪見陣營少一個人，正法中多一個人，不就相差兩個人嗎？所以也有好處。如果對大家都有好處，我們為什麼不作呢？

接著說，下墮地獄是必然的，因為誹謗此經「妙法蓮花」，其罪至重，可不是輕罪啊！那麼下墮地獄以後，假使他不是入小地獄，不是入寒冰地獄或火熱地獄，而是無間地獄或者阿鼻地獄，那個時間可就是很長、很長了！例如等活地獄一天等於人間九百萬年，再下去的地獄又加倍，就這樣子一直加倍下去，阿鼻地獄的一天等於這裡多久？難以想像！所以阿鼻地獄受苦有情的壽命無量啊！那麼 佛說這一種人「劫盡更生」，就是說，當空劫來的時候四禪天以上是不會壞的，而這個世界從三禪天以下全部都會壞盡時——三禪天以下全部壞盡時，當然地獄是要更早毀壞的，但是他的罪業還沒有報盡，還得在地獄中繼續受苦；於是這個世界來到「**劫盡**」的時候，地獄已經要開始毀壞時，這些地獄有情就會再度出生在別的世界中的阿鼻地獄或無間地獄，佛說這樣叫作「**劫盡更生**」。就是這裡的劫已經壞滅了，已經過去了，那麼他們就另外再出生到別的世界中同樣一種地獄裡，就這樣子「**劫盡更生**」不斷轉生到別的地獄去，一直到他的罪業受完。所以佛說那個時間是多久呢？「**展轉至無數劫**」。

這種人，在十方世界阿鼻地獄中得要「**展轉至無數劫**」；這樣，在地獄中的無數劫過完了，他們不可能進入餓鬼道，而是直接進入畜生道中；因為他們沒有造作餓鬼業，而是謗法或謗賢聖，所造的是地獄業與畜生業；這與造作五逆罪而下地獄的人，要歷經餓鬼道再往畜生道受苦以後才能回來人間不同。那他們為什麼會誹謗「**妙法蓮花**」如來藏呢？是因為他們以前在人間有學佛。不學佛的人才不會誹謗如來藏，隨便一個世俗法中的人，他連聽都沒聽過，怎麼會誹謗呢？當菩薩為人說明第八識的時候，他頂多回說：「**唉！**

你講那個法，我聽不懂。」他也不會誹謗啊！

那麼他們抵制第八識如來藏妙義的人為什麼會誹謗？因為被邪師作了邪教導，所以錯認為你是邪魔外道，或者錯認為你是神我外道，所以他為了「護法」而誹謗「妙法蓮花」如來藏，因此也就同時誹謗受持「妙法蓮花」如來藏的菩薩。可是他自己認為是真正在學佛，也努力在布施、在行善；他也受持五戒甚至受了菩薩戒，心想：「我已受了菩薩戒，我得要護持正法，那如來藏既然是外道神我，我當然要斥罵他們。」有沒有這種現象？有嘛！諸位都知道。但他們也是基於善心在護持正法，所以要罵：「如來藏這個外道神我，應該逐出佛教之外。」所以他們自認為是在護法，而他們也有布施修行的福德啊！

他們修菩薩道，在凡夫位中也作了很多布施；譬如說，假使有人是慈濟委員，並且是九品委員中的第一品，表示他是大護法。因為他們佩戴的帆船標章聽說也分為九品，似乎是有階級的；聽說佛光山也有階級，他們的功德主也分為九品。好，假使他是第一品的委員，顯然他也會作很多善事，才能被認定為第一品；他自己作了那麼多善事，福德當然很多，所以他假使有誹謗「妙法蓮花」如來藏，也具足根本、方便、成已三種罪，而且這是誹謗最勝妙的佛法，誹謗的對象又是弘揚此妙法而證量很高的人，那麼他死後的罪報就是阿鼻地獄。可是他罪報受畢以後離開地獄時，因爲他有福德，所以不生到餓鬼道去受苦，但是仍然有餘報，要去畜生道中受苦。

在〈譬喻品〉中 佛說這樣的人，離開地獄以後，生在畜生道中飢渴疥癩，口渴時沒有水喝，肚子餓時沒有食物吃，而且身上長了皮膚病，毛都掉光了，世尊說毀謗「妙法蓮花」如來藏的人，離開地獄後要當這樣的畜生。這種畜生當完時，是經歷一段很長又很困苦的過程，不是容易當完的，因爲當這種畜生而償債都是要很久的。如果在路上遇到一隻癩痢狗，你會看見一個現象：其他的狗都要咬牠，同類都要欺負牠；然後還會看見一個現象：牠一定是瘦骨嶙峋，因爲沒有人要養牠，大家看了都討厭而不想餵牠，縱使餵了也被其他的狗搶走。牠在路上行走，本來牠是無罪的，並沒有得罪誰，可是小朋友看見了牠，拿了石頭就砸，眞的很難過啊！就是往世謗「妙法蓮華」及有證量的賢聖。

毀謗「妙法蓮花」如來藏的人，要這樣受罪很久很久以後才會稍微好一點，轉生為牛、馬、驢一類畜生，得要負重而行，身上老是被沈重的東西壓著。如果牠是在中國當馬當驢倒也還好，如果牠在美國或在歐洲，歐美人生得人高馬大、重量很重；若是被中國人騎也還輕一點，被洋人騎可是很重。然而這並不是最苦的，因為人家總是會幫牠刷刷洗洗，飼料也一定夠；比較糟糕的是去當牛，而且是貧瘠地區的牛，拉犁以外還要拉重車，累了往往會拉慢一點，皮鞭就打到屁股上；這樣子常常都是要身負重物，遭受槌杖痛擊，眞是痛苦不堪，而牠心中根本不敢想：「我哪一天可以脫離這個痛苦。」牠忍辱負重遭受槌杖的時候，牠心中只想著：「我什麼時候可以趕快喝水、可以有草吃？可以休息一下。」只想這個，根本不敢想別的。你說這樣可憐不可憐？都是因為毀謗「妙法蓮花」如來藏。

這樣作完了苦工，終於不必再當牛去挑重擔、拉重車、挨槌杖皮鞭之苦，然後又當大蟒蛇去了。當大蟒蛇到底好不好？已經不必受到那種苦了，而且是當掠食動物；可是大蟒蛇有牠的苦處，大蟒蛇身上的鱗有很多的縫，每一個縫裡面長了很多細蟲，每天咬牠。譬如有人手臂上的皮膚老是癢，每天早上擦藥、中午擦藥、晚上擦藥，都覺得很難堪了，對不對？但牠是渾身癢，而且身長一丈、一丈半甚至於兩丈；身體那麼大，卻是渾身都有細蟲在咬，又永遠搔不到癢處，因爲細蟲都藏在鱗片裡面，眞的很不好受啊！這也是毀謗「妙法蓮花」如來藏的緣故。

好不容易大蟒蛇當完了，可能已經過好幾劫了；這其實很正常，以前佛陀問舍利弗說：「你看看地上這隻鴿子，牠前世是什麼？」「是鴿子。」「再看前世呢？」「鴿子。」一世一世看就太慢了，看牠前一劫好了；前一劫是鴿子，不然看前十劫，也還是鴿子；往前一直看到八萬大劫還是鴿子，超過八萬大劫以前阿羅漢就看不見了，只有 佛陀才看得見；可是 佛陀所看見，是牠當鴿子的時間不只八萬大劫，還要加上好幾倍、好幾倍。那牠去當大蟒要當多久呢？也眞的需要聽雞啼（編案：台語的譬喻，意謂很久、很久），早知道如此，往昔就不要毀謗「妙法蓮花」如來藏。

終於當完畜生了，來人間也不會好過的，因爲五根缺陷：眼根不好，耳根不好，鼻舌身根都不好。人家是老了所以五根不好，他是打從一出生五根就不好。這五根不好的結果，表現出來在學習上面，他會是很聰利或是很遲鈍呢？一定很遲鈍！因爲老師上課在講什麼，他聽不清楚就不太懂；老師在黑板上寫了什麼，他看不清楚也讀不太懂；五根都不聰睿，因此一定是很闇鈍；非常非常遲鈍，學什麼都學不好，那他能夠賺大錢嗎？他在社會上能夠很有身分地位嗎？不可能啊！因為他說出來的道理，人家都覺得他根本就講不通；把真正的道理告訴他，他也聽不懂，所以跟他講什麼都沒用，猶如對牛彈琴。

其實是比對牛彈琴還要糟糕，因為對牛彈琴，牛最多只是聽不懂，沒有負面反應；可是那個人，你跟他講，他聽不懂，你就告訴他：「唉呀！你聽不懂我說的道理！我已經講這麼清楚了你還聽不懂！」結果他還罵你說：「你怎麼說我聽不懂？我都知道你講的是什麼，但是你講的都沒道理啦！」他還要跟你胡扯，而且扯上半天不放你走。那你說，大家討不討厭他？當然討厭啊！他一定不會有什麼社會地位，因為這個人既不通情也不達理；所以這一種人總是貧窮又下賤。招來今天的不如意，都是往昔毀謗「妙法蓮花」如來藏心的緣故。

接著因為謗法、謗賢聖的緣故還有餘報，就是橫禍不斷，這在〈譬喻品〉中 世尊都講過了，說他回到人間時往往橫禍不斷，突然又遭逢禍事；才剛剛過完一件，另一件又來臨；甚至於最倒楣的時候，竟然禍不單行；像這樣子日子眞難過，可是有福德的人就不是像他這樣貧窮下賤。

這讓我想起小時讀的祝枝山小說故事，說是明末四大才子：唐寅——唐伯虎，以及文徵明、周文賓、祝枝山。祝枝山最愛錢，周文賓愛扮女人，唐寅好色等等。總之他們都故意的：有的好色、有的愛錢、有的喜歡男扮女裝等等，常常裝瘋賣傻。因爲怕皇帝要用他們，但他們不想跟東廠、西廠同流合汙，就會被羅織罪名，最後一定是抄家滅族。

於是祝枝山故意弄出一副很貪錢的樣子，皇帝聽到說這個人好愛錢，就不用他了。他寫字寫得很好，潤筆很貴；有一個人想要求得他的墨寶，但是供上再多錢，他也不給，因爲他瞧不起那個人。可是他愛搞怪，有一次到了過年，家家戶戶要貼門聯過節，他那天晚上叫書僮帶著墨、筆，一面走就一戶一戶去寫，喜歡的人家他就寫好聽的，寫到某一家時，他不想寫好聽的，卻想要敲一筆竹槓，就提筆寫了，上聯「禍不單行」，下聯「福無雙至」。第二天早上，那個人看了很生氣，找了官來跟他理論，祝枝山說：「你又沒有給我潤筆，我肯幫你寫就很不錯啦！你還嫌不好。」那個人說：「那我給你潤筆，可是你要給我寫好話；但這八個字不許塗掉，不許重寫。」祝枝山說：「簡單。」就跟他索價很多銀兩，然後說：「沒問題，我就給你好對聯。」馬上就去補題好字：「禍不單行」這個上聯，下面加三個字「昨日行」，說是昨天都已經過去了；「福無雙至」下面加上三個字「今日至」。他就這樣賺了好幾十兩銀子。

眞正貧窮下賤的人，總是有他們往世的原因存在；由於他往昔無數劫前謗「妙法蓮華」如來藏的緣故，歷盡那一些痛楚不堪的果報以後，終於來到現在成爲一個人，可是貧窮下賤還要加上禍不單行、橫禍不斷哪！橫禍不斷倒也罷了，偏偏他還「不聞正法」；當他有一天想要學佛、想要修行時，所能聽到的、所能接受的，竟然都是邪法。永遠聽不到正法，縱使聽到了也不會接受；就這樣在佛門中一世又一世不斷鬼混，混來混去都是識陰的境界。

若僅僅是這樣子也就罷了，問題是他不會到這裡就終止，每當他聽到邪法時就很相應、很喜歡，於是「婬欲熾盛不擇禽獸」，就像現在密宗邪法中說的連畜生都可以行淫的喇嘛了。這些謗法謗賢聖的餘報，世尊都在〈譬喻品〉中告訴過我們了。心性邪淫程度很嚴重啊！你們不要覺得奇怪。對於一般大眾而言，人類有人類的格，人類的格就是三綱五常；可是以前有一位密宗大師說他自己小孩時期，他的舅媽抱著他，他就懂得想要與舅媽行淫，這是他自己書中講的。當時他是個小孩子，舅媽抱著他，大人想：「這是個小孩子，不會有什麼問題。」誰沒有被異性長輩抱過？小時候都被抱過。可是他自己說，他那時候就想要他的舅媽。

你們去看看密宗的密續裡寫的東西，其中以宗喀巴最挑，他要挑十二歲的小女孩玩，頂多二十歲的女孩子，不能超過二十歲。這應該用兒童福利法來辦他（大眾笑…），這是題外話。可是密宗在密續裡面怎麼說？要修雙身法時如果沒有女人，母豬也行！蓮花生寫的書中不就是使用亥母嗎？他的亥母六十四法，我在《狂密與眞密》中舉出來證明了。亥是什麼？亥就是豬的代名詞！他們的意思是說，如果找不到女人修雙身法，母豬也行；那，他們有沒有人格？眞的沒有人格！但他們這類人其實就是　佛已經預記的一類人：

「婬欲熾盛不擇禽獸。」

他們也不想想自己是人，那是畜生。聽到畜生、想到畜生，那等於是罵人的話呢！可是他們就邪淫到這個地步啊！他們墮落到這樣的地步，諸位想一想，他們跟正法能不能相應？一定不相應！所以當他們遇到邪法而相應走入密宗去的時候，密續中有這樣子教導說：可以不擇手段，強取他人之妻女；如果他人之妻女搶不到，把對方的丈夫父母殺了，然後把那女人搶過來修雙身法也行。這是宗喀巴在他的《密宗道次第廣論》中明講的！

假使殺人搶人也沒辦法辦到，那麼如果有母豬也行，一樣可以修雙身法。像這樣的人一定跟正法不相應，卻是跟邪法很相應。一旦跟邪法相應時，當他有一天聽到人家演講「妙法蓮花」如來藏的時候，他會不會毀謗？一定又開始誹謗了！然後只要誰弘揚如來藏妙法，他就誹謗；於是供養喇嘛培福死後又下地獄，往昔造業下墮三塗的事情又重新開始再來一遍。當他從阿鼻地獄中次第經歷各層次的地獄而離開以後，展轉於畜生道報完，終於回來人間當人了，他又會繼續跟邪法相應，又誹謗「妙法蓮花」如來藏與賢聖，於是死後又下墜阿鼻地獄，他又從阿鼻地獄開始次第受報，無有盡期。但他為什麼會這樣？因為他的如來藏中收藏的邪法種子還沒有滅除。

但是密宗的信徒裡面，有很多人其實沒有根本罪，也沒有方便罪，他們只是跟著人家斥罵正法與賢聖；這種人涉入不深，我們應該把這個道理告訴他們，讓他們有機會讀到，或者沒機會讀到時可能有親朋好友讀到，轉借給他們閱讀。讀了以後終於知道自己錯了，然後在死前懂得懺悔，把那種惡種子滅除掉，他們就中止了這種連續性的下墮輪轉。否則這種連續性的下墮輪轉會歷經多久呢？誰也不知道。

這樣的歷程一定會重複很多次的，因爲他們心中的這類種子始終存在，永遠跟正法不相應，一定會跟邪法相應；一旦相應了邪法，於是又開始誹謗，在人間死後又從阿鼻地獄開始輪轉受苦；像這樣連續不斷無有了期，眞是非常慘痛之事啊！那麼這一種狀況，不是我們喜歡看見的，我們希望至少讓他們的信徒—至少能有一半人—可以回歸正道；即使不能回歸正道，至少把惡業或邪見種子滅掉，去當個流轉生死的世俗人都比現在好，因爲不必重複淪墮阿鼻地獄了。

這個道理我們還得要概略地重新說明一遍，也許將來整理成書流通出去以後，一百本之中有一本能夠救得一個人，也就有價值了；而我今天講的也就不白說，不管口多麼渴都值得！所以世尊講的「獲大罪報，如前所說」，以前在〈譬喻品〉中，我們是一一細說，可能講到現在後面的經文時，前面說的那一些謗法、謗賢聖的苦報內容，大家都已經忘光了。現在把它綜合再來簡單說明一下，諸位就會瞭解它的嚴重性。既然這麼嚴重，我們身爲菩薩，菩薩以大悲爲本，當然我們要想方設法讓他們離開這種惡業，能救幾個算幾個。即使只能救到一個、五個人，我們也得要救。

這是我們應該作的事，就是「獲大罪報，如前所說」的事情，我們應該設法使那些學密的人不會觸犯；那麼我們全部受持「妙法蓮華」如來藏「此經」的菩薩，就反過來得到很多的功德。所得到的這些功德，就是 世尊在前面講了這麼久所說的：眼根清淨、耳鼻舌身根清淨，乃至最後的意根清淨，擁有這六根清淨所得到的大功德。六根清淨的功德，我們就不必再重新敘述，因爲已經講得很詳細、也講很久了。所以說，這一對比，兩者一出一入，相差是非常大的；至於相差會有多大呢？且聽下回分解。

《妙法蓮華經》上週講到一百七十頁〈常不輕菩薩品〉第一段，今天要講第二、第三段：

經文：【「得大勢！乃往古昔，過無量無邊不可思議阿僧祇劫，有佛名威

音王如來，應供、正遍知、明行足、善逝、世間解、無上士、調御丈夫、天人師、佛、世尊。劫名離衰，國名大成；其威音王佛於彼世中，為天、人、阿修羅說法；為求聲聞者，說應四諦法，度生老病死，究竟涅槃；為求辟支佛者，說應十二因緣法；為諸菩薩，因阿耨多羅三藐三菩提，說應六波羅蜜法，究竟佛慧。」

「得大勢！是威音王佛，壽四十萬億那由他恆河沙劫；正法住世劫數，如一閻浮提微塵；像法住世劫數，如四天下微塵。其佛饒益眾生已，然後滅度；正法、像法滅盡之後，於此國土復有佛出，亦號威音王如來，應供、正遍知、明行足、善逝、世間解、無上士、調御丈夫、天人師、佛、世尊。如是次第有二萬億佛，皆同一號。」

語譯：【世尊說完受持《妙法蓮華經》的功德，以及誹謗《妙法蓮華經》跟誹謗受持《妙法蓮華經》的人，所會領受到的種種惡報之後，又接著開示說：

「得大勢啊！從現在往前去看，古昔超過無量無邊不可思議的阿僧祇劫之前，那時有一尊佛名為威音王如來，應供、正遍知、明行足、善逝、世間解、無上士、調御丈夫、天人師、佛、世尊，十號具足。那一個劫名為離衰，那個佛世界名為大成；當時那位威音王佛在那個世代之中，為天、人、阿修羅說法：為那一些求證聲聞法的人，演說與四聖諦諸法相應的種種法，幫助他們度過生老病死，而可以不再受生於三界中，究竟的涅槃；為求證辟支佛果的人，就為他們演說與十二因緣法相應的種種法；為那一些求證佛菩提的菩薩們，因為想要證得無上正等正覺，就為他們演說相應於六波羅蜜的種種法，可以次第進修而究竟獲得佛地的智慧。」

「得大勢啊！那位威音王佛，壽命有四十萬億那由他恆河沙劫；祂的正法住世的劫數，如同一個閻浮提的大地磨為微塵的數量那麼多；祂的正法過後，像法住持於世間的劫數，猶如四大天下的大地磨成微塵的數量那麼多。那位威音王佛，饒益了眾生以後，然後才示現滅度；當祂的正法時期、像法時期都滅盡之後，沒有末法時期，緊接著在同一個國土，又有佛出現於世間，同樣名為威音王如來，應供、正遍知、明行足、善逝、世間解、無上士、調御丈夫、天人師、佛、世尊，一樣是十號具足。就像是這個樣子，前後次第共有兩萬億佛，繼續出現在這一個大成佛土之中，同樣都名為威音王佛。」

講義：這樣子語譯之後，還是得要解釋一遍，否則大家聽過就會忘了，沒什麼印象，也無法眞正理解。世尊告訴　大勢至菩薩說：「從現在這個時候往前去計算，計算到古昔之時，」在世間法中說古時候如何如何，那個「古時候」可能是說三百年、五百年、一千年、五千年以前，可是這在佛法中其實不能叫作「古」；因爲從很長遠的菩薩道中來看，幾千萬年也不過就是那麼一眨眼的時間；菩薩道固然要歷經三大無量數劫成就，但這麼長的時間也只能夠叫作小古而已，還不是中古與大古，因爲這畢竟只是一位菩薩成佛的劫數而已；如果要再追溯到一尊佛從過去三大無數劫以來所追隨過的諸佛，祂們諸佛全部的成佛過程，那可就眞的是「古」。但這個古還不是眞正究竟的古，因爲成佛之道實修成功而最古昔的佛，就是第一尊　威音王如來，無有超過　威音王佛的，這個等一下再來說。

所以說「往古昔」表示那時間是很久、很久、很久以前，就用一個概述來說「往前推尋，超過無量無邊不可思議的阿僧祇劫」，不只是三大阿僧祇劫。三大阿僧祇劫只有「三」，但現在講的「阿僧祇劫」是不可思議的數目，而不是「三」。「三」很容易數，可是不可思議的阿僧祇劫，不是三個阿僧祇劫，那到底是多少？但這還不夠「古」，「無量無邊不可思議」的阿僧祇劫，這才夠古。但第一尊　威音王佛出現於世間，卻是超過「無量無邊不可思議阿僧祇劫」之前，以人類短短的幾十年生命而言，這可眞的難以想像。

所以世間人收集古董，能有多古？古董汽車一般不會超過一百年，古董飛機若是超過五十年的就很厲害了；可是那一些古董物品，例如中國人所說的古董可能是幾千年的文物，大部分認爲漢朝的就已經很古了，但是從菩薩道來看，其實都不算「古」。想想看：一位菩薩成佛不過三個阿僧祇劫，現在要推算一尊古佛名爲　威音王如來，要推算到超過無量無邊不可思議的阿僧祇劫之前，說那時祂已經成佛了，所以在佛法中說的往昔時間眞是久遠而不可知。那麼爲何要講到這麼早以前？當然有原因，稍後就會說明。

世尊說：「那時有一尊佛名爲威音王佛，祂有十號：應供、正遍知、明行足、善逝、世間解、無上士、調御丈夫、天人師、佛、世尊。」這十號的內涵在前面已經講過了，這裡不再重複解說。「威音王佛那個時代，祂那個劫稱爲離衰，」爲什麼稱爲離衰？有緣故：在此之前，有情眾生沒有誰能遇到佛，十方世界都是如此；再往前，不論怎麼推算，都看不到任何一尊佛出現，這眞的「夠衰」啦！（大眾笑…）現在終於有 威音王如來出現於世間，所以這個劫就眞的「離衰」了，這就是「離衰劫」的由來。

世尊說：「**這個佛世界國土名為大成；**」因爲超過無量無邊不可思議的阿僧祇劫之前，不管你再往前增加到多少劫之前，總之在此之前所有出世間的解脫，以及究竟解脫的成佛內涵，都沒有人曾經具足圓滿過。到 威音王佛這時的成佛之道已經是集大成了，成佛之道的最大最圓滿「成」，就是在這個時候，所以這個佛國淨土就稱爲「大成」。

「**這位威音王佛在那個世代之中，爲天、人、阿修羅演說各種法；**」主要是三個部分：第一個部分是爲了尋求實證聲聞法的人，解說與四聖諦相應的種種法，幫助他們度過生老病死，可以究竟住於無餘涅槃之中。這裡說爲求聲聞的人，要說「**應四諦法**」，爲什麼要加上一個「應」字？這裡面有玄機。大家想想看：在末法時代的今天，修學佛法的人非常之多，然而爲什麼自稱證果的人那麼多，我們檢查之後卻發覺他們都是「未證言證」，連初果都證不到？背後當然有原因啊！

因爲不論他們在什麼大師座下修學，大師只說四聖諦之法，但是沒有演說「應」四聖諦之法，所以大家學了都是白學，因為學了以後其實與四聖諦並不相應。如果上了館子吃飯可以白吃也就無所謂，但是學法不能白學，因為那是浪費生命啊！上館子白吃不用付錢，吃飽了還可以滋長身體；可是四聖諦之法學了白學，一不能得享受，二不能得延壽，三不能得解脫。最後所得的結果是什麼呢？是學得很痛苦；那我們就要送給他們四個字——何苦來哉！問題都出在沒有這個「應」字。

學四聖諦，有很多人在學；講四聖諦，很多人在演述，可是有誰成就？說者聞者、教者修者俱皆未證，原因就是他們所教所學與四聖諦不相應。那麼四聖諦，我們在前面卷三〈化城喻品〉，已經有為諸位大略解說過三轉十二行法輪了，所以這裡就不再重講。今天就先講這個「應」字，如果所學的法不足以改變自性來跟四聖諦的法相應，他把四聖諦學到老、學到死，下一輩子又再來學到老、學到死，一直到下一劫乃至無數劫之後，四聖諦的內容對他依舊只是「知識」，他還是跟四聖諦不相應。

所以說，修學四聖諦之前，除非是無數劫以來已經在修菩薩道的人，聽聞 佛陀演說了四聖諦，當場就相應——只要三轉十二行法輪一定可以證初果、證阿羅漢；然而一般人即使聽聞了，也與四聖諦不相應。例如殺父害母的阿闍世王，他是親自面聞 佛陀教誡、演述了四聖諦之後，還不能得法眼淨，不能證初果，他只得到了「無根信」；原因在哪裡？因爲他造下了五逆重罪。因此縱使是 世尊慈悲爲他細說四聖諦之法，他終究不能證初果，只得無根信。雖然如此，但也因爲得到這個無根信，所以他死後不必下墮地獄，那也表示他與四聖諦仍不相應，因此無法證果。眾生亦復如是，雖然不是殺父殺母而有五逆重罪，仍然與四聖諦不相應，所以 佛陀得要先演述與四聖諦相應之法，這叫作「『應』四諦法」。

也就是說，想要在聽聞四聖諦之時就能得法眼淨，然後下去思惟之後得慧解脫乃至俱解脫等，必須先有個基礎，那個基礎是必要的條件。如果沒有這個基礎，四聖諦學得滾瓜爛熟琅琅上口，上得臺來不必打草稿，從頭講到尾，大家都鼓掌叫好：「唉呀，講得太好了！」但他自己仍然不是初果人。這就是說，在三乘菩提之中，實證的人必須先有基礎；如果沒有那個基礎，四聖諦的修學就不能成就。

你如果要蓋一個房子，得要在地上蓋，不能在水裡蓋；古時是在地上一顆一顆石頭擺滿了，再用一堆又一堆土鋪平，再把它夯實，接著開始矗立柱子等等。可是你到大海裡去，一整船的石頭鋪上去統統不見了，其他的也就不必講了，地基根本打不起來。有的人已經站在地上，他蓋房子很快；有的人在海邊，他得要慢慢去弄，直到地基扎實了才能蓋。有的人在淺海，他可能要塡個十公尺、八公尺的石頭下去，才有地基可以供他建立一個屋子。如果有的人還在大海裡漂，你送給他一整船石頭，且不說古時的船，就說現在幾萬噸大船的石頭送給他，他在深海想要打地基也打不起來。

譬如有的人會覺得迷惑：「我到正覺來兩年半，禪淨班結業了，我就眞的斷我見了；然後我斷了疑見，也斷了戒禁取見，所以諸方大師有沒有斷我見、有沒有證初果，而他們施設的戒條如法不如法，跟解脫有沒有相關？我一看就知道了。」這就是斷三縛結的功德智慧啊！「我來正覺這麼學習，只不過兩年半，都還沒有去打三歛！可憐的是那一些廣大佛教徒們，跟著大師學了二十年，竟然和他們追隨的大師一樣不能斷我見，好奇怪！」百思不解喔？有的人還進一步觀察到一些事情，百思不解，心想：「以前縱使不能斷我見、證初果，至少正覺印出了這麼多的書，那些大師與學人們讀了觀行一下，也該斷三縛結了吧！爲什麼還在主張意識是常住的？」原因無他，因爲他們都沒有修過「應四諦法」，所以導致他們的心與四聖諦不相應。

那麼諸位會想：「什麼是應四諦法？」這就是說，在佛法中很重要的入門初基；就好像一貫道很早期有個九節玄功，他們練功一開始就要「築基」，有沒有？一樣的道理！修一貫道的人要先築基，修佛法的四聖諦以前也要先築基，都要先建築你的基礎，要把基礎先打好，然後修四聖諦就能成功；基礎沒有打好，與四聖諦便不相應，四聖諦這個房子當然建不起來。所以除了針對「善來比丘」以外，佛陀不管誰來求法，都有一個講次法的過程，然後才會演說四聖諦，叫作「施論、戒論、生天之論」。講完了這三種論義以後，觀察對方聽不聽得進去？

如果聽得進去，表示他有那個基礎在，才能夠爲他解說「欲爲不淨」，說明想要解脫生死的人應該要離開欲界法；接著又說明色界天是「上漏爲患」，如果聽得懂，也能聽進心中去而確實信受了，然後再說明無色界天「出要爲上」，讓聞法者知道無色界的境界也是應該出離的，才能解脫生死。看對方全部聽懂也能完全信受了，接著才說「苦、空、無我、無常」等，才把四聖諦具足演說，對方就當場得到「法眼淨」。如果佛弟子們出家學法很久了，始終無法證初果，佛陀就有「應四諦法」來爲他們說明；這個「應四諦法」的入手實修總共有五種法門，諸位有沒有聯想到什麼啊？這五種叫作「五停心觀」，就是五種讓大家可以把心停住而不攀緣的觀行方法。藉這五種方法修行把心停住以後，才開始實修四聖諦法，就一定可以得法眼淨，就能證初果了！這五停心觀都是對治法，在這階段都還不是眞的在學佛。這五停心觀的法門，以及「施論、戒論、生天之論、欲爲不淨、上漏爲患、出要爲上」等法，全都是「應四諦法」。

五停心觀以前我們也提過，譬如貪欲很重的人，他根本不想修解脫道；但因爲知道有　佛陀出現於人間，不出家跟隨就太可惜了，所以他就去出家了；可是出家之後每天想著都是欲，那位阿羅漢優陀夷不就是如此嗎？所以他變著法去貪求女欲，世尊據報以後，一次又一次規定他不許這樣、不許那樣，才能使他的欲貪越來越輕微。可是他看見女眾時就會跟人家拉拉手，碰一碰身子藉口說話：「欸！我跟妳講，怎麼樣……。」手就伸過來碰觸女眾，佛陀因此就規定這樣也不行。

他知道這樣也不行，怎麼辦？他就巧設方便；因爲那個年代，居士們對僧眾都是會供養的，有時會去一一僧房供養。那他就招呼女信眾進來他的房間：「我住這一間，請進來才供養。」進去了，沒人看見他了，於是一把抱了，又親又摸索起來了。於是人家去跟 佛陀告狀，佛陀又規定他：「以後再也不許女眾進入你的房間。」可是這樣就結了嗎？不！他的招數可多了，因爲他的貪欲極重，後來又不斷地變著法來碰觸女眾。所以《四分律》或《摩訶僧祇律》裡面，你可以看到 佛陀爲優陀夷施設了多少戒淫的戒條。就因爲 佛陀這樣施設，也要求他必須修「不淨觀」，使他把心停住，不再攀緣女眾，然後他才證初果，最後才證阿羅漢果。

也就是說，貪欲重的人，他不能一天沒有女人，或者說她一天不能沒有男人，貪欲極重。而且不管見了誰，全都喜歡；這樣的人，你沒辦法讓他們證初果，他們根本不可能否定五蘊的自己；因爲他們最愛的那個男女欲，是依附於五蘊而有的；如果把五蘊否定了，是不是要把欲丟了？這對他而言，一定不能接受；那你要叫他離開貪欲，真的不可能，所以要教他先修不淨觀。

並且這個修不淨觀，不是用觀想的，而是規定他要去屍陀林看死人。古印度窮人家買不起棺材、埋不到地裡去，窮得一塌糊塗，最多只能付兩筆錢來了結死人：第一筆錢去買一方粗布，第二筆花個小錢雇揹屍人，只有這兩筆錢。買一方粗布的目的，是因爲揹屍體的人，不願意身體被死人弄髒，所以要求家屬一定要用新的布包上兩三層，他才願意揹；家屬雇了揹屍人把屍體揹到棄屍林丟棄，人家不可能作白工，當然要給錢啊！那錢當然不多，因爲沒有人願意幹那個工作，一定是沒辦法生活了才願意幹，那當然是小錢；所以雇人揹去丟到屍陀林中，丟了以後就不管，讓屍體在那邊腐爛，野狼、野狗來啃、來咬。

佛陀建立僧團的住所，常常選擇在棄屍林旁邊；諸位如果沒聽過，或是沒讀過經中這麼說，心裡面想：「那我出家了，豈不是跟那一些死人住在一起？」雞皮疙瘩都起來了，不是怒髮衝冠。可是雞皮疙瘩起來時，頭髮也會跟著豎起來。但是不要覺得奇怪，這就是針對貪欲重的人，讓他們都住到棄屍林旁邊的僧團所在；凡是有人來丟棄屍體，就規定那一些人每天要去看一、兩遍，看完了回來，把所看到的印象重新再觀想一下；如果印象模糊了，下午就得再去看，看了回來打坐再繼續觀想。

那麼就這樣一天又一天去看著屍體演變：屍體丟了，野獸會來咬，裹屍布會撕裂啊！屍體眞是狼藉不堪。不然就是看著屍體天天膨脹起來，之後變了就有黑斑，然後爆裂，然後流膿，接著野狼、野狗、烏鴉等等都來啄食、啃食，血肉狼藉……，一直演變到最後剩下骨頭，很難看的斑駁不堪的骨頭，不是那種埋過久年才撿出來的骨頭，那雖然是灰色的但是清潔；被狗狼啃過的骨頭是很髒的，就這樣子去作觀行，這叫作「不淨觀」。

如果剛好沒有人家去屍陀林丟棄屍體，佛陀就開示：「這某某比丘尼，妳爲什麼那麼愛阿難？」「因爲阿難英俊啊！」「阿難哪裡最英俊？」「他那張臉好英俊。」「喔！那你最喜歡他臉上哪一個部分？」「他的鼻子最漂亮！」佛陀說：「那我把他的鼻子割下來給妳。」「不要！」「爲什麼不要？」「割下來就不美了。」佛陀就說：「阿難的英俊，是因爲種種的組合才有英俊；那英俊既是組合而成的，當組合的因緣壞滅的時候，阿難就不英俊了，等他老了就不英俊了。」就這樣一一解說，然後說：「阿難這個人是怎麼組成的？是五臟六腑等等，吃的食物也是土裡生長的，是髒的；受生的因緣也是髒的，住在母胎裡面，前面有尿、後面有屎也是髒的；出生之時也是污血狼藉；長大過程以及長大以後要吃食物，食物也是不淨的東西滋養長成的；吃了以後又變成糞尿也是不淨。人體眞的不清淨，妳愛什麼？」那比丘尼想一想：「對啊！」她就從這個貪欲中解脫出來，然後她再修四聖諦法，馬上就得初果了！所以對這個比丘尼演說不淨觀時，這不淨觀就是她的「應四諦法」；因爲她必須這樣才能夠與四聖諦相應，才能證果；否則聽完四聖諦，聽歸聽，知道歸知道，就是不能斷三縛結。

那麼有的人心中很散亂，如果叫他去觀行「五蘊的假合虛妄」。他才剛剛在觀行色蘊，不超過五分鐘，立刻就是一堆的妄想；想東想西，他不能專心在色蘊的虛妄上面去作觀行，因爲他的心還沒有降伏下來。若要教他觀行四蘊受想行識的苦，也就不可能了！如果要再來觀察五蘊的「集」等等更不可能，所以他與四聖諦不相應。心很散亂，非常攀緣，心停不下來；於是就教導他「制心一處」的功夫，要他制心一處、心不散亂以後，再來觀察四聖諦才能相應。

那就叫他幹什麼呢？要先用一個東西、一個方法把他的覺知心綁住，讓他停止攀緣；永遠會存在的方法來綁他是最好的，是什麼方法呢——呼吸。

每一個人都有呼吸，只有一個人沒有呼吸，叫作死人。可是死人不需要叫他觀行，需要叫他觀行的一定是活人。因此教他數息，所以教他「數息法」。數息法我們曾經講過，就是六妙門：數、隨、止、觀、還、淨。這在以前講過了，這裡不再重複。也就是叫他繫緣於呼吸，數到後來心定不動，這時再來觀行四聖諦就可以深入觀行了；因爲他不再攀緣，一切都肯放下了。爲什麼他肯放下不再攀緣？因爲他有成就感：「我本來是怎麼樣都無法不打妄想的，不管怎麼樣用功都會打妄想，現在修了這個方法竟然可以不打妄想，眞的很有成就，那我應該可以證初果啦！」就有信心了！於是這時爲他解說四聖諦，解說完了讓他自己去思惟，思惟完了他就獲得法眼淨、證得初果。所以對他而言，這個數息觀就是他的「應四諦法」。

那麼另外有人脾氣大，不管遇見什麼事情，他都要生氣，眞的沒辦法修四聖諦。諸位也許想說：「脾氣大，大概是有人得罪他了，他很生氣。」我告訴你，那可不一定。譬如有人出家打坐思惟的時候，以前他從人家那裏拿到了一個鍋子，出家後就吊在附近的樹上，然後坐下來觀行；可是風一吹來，那鍋子就會與樹幹摩擦出聲：鏗鈴框啷、鏗鈴框啷。他又生氣了。像這樣他也會生氣，你說這個人脾氣大不大？大呀！不管什麼事情他都會生氣，連樹上鳥兒飛來吱吱喳喳他也生氣，動物來來去去在旁邊玩耍有聲音，他也生氣，不管怎麼樣都生氣。

也許有人想：「把他關禁閉，看他氣不氣？」他會更氣，因為他看見鐵籠子就生氣了。這種人你沒辦法，他的心始終定不下來，佛陀就教他修行「慈心觀」，叫他要去觀察：「自己受生是怎麼來的？」「喔！原來我受生得要有父母，沒有父母我還無法受生，就不可能有這一世的我啊！」再問他：「那你父母要怎麼生存在人間，才能生下你？」「我父母也要種田、要營生。」「種田營生要不要跟人家往來？」「要啊！」「那你為什麼要對那一些人生氣呢？如果那一些人不該存在，你父母就不能存在，就沒有你啊！還能有你出家修行？」「喔！原來那些人的存在，我要接受。」「可是那一些人跟你的父母生存在人間，不需要其他的有情嗎？」「需要。」「那你為什麼對那些有情那麼生氣？」「喔，我不該生氣。」就這樣一一去教導他，說服他，願意修慈心觀。

然後他下定決心說：「好，眞的要修慈心觀了！」就去修慈心觀。佛就教導他如何修慈心觀，那就是要改變自己的心態，不要一天到晚看見誰都生氣。他就從最親近的父母開始去觀想：觀想父親受樂、母親受樂的生活，一切安逸無憂。就這樣去觀想，然後次第擴大，一直到遍滿三千大千世界一切有情都受快樂；他每一個階段觀行成功，都很有成就感，就很快樂啊！所以當他觀想父母快樂成功了，他對父母不討厭而有慈心了；當他觀想父母周遭的人也受快樂，觀想成功，他又覺得成就更大了，於是自己心裏也快樂，對那一些人就不討厭了。這樣一步一步擴大觀想，當他觀想到遍滿三千大千世界的有情都受快樂的時候，他的慈心觀成就了、圓滿了，這時天下再也找不到有誰比他更慈悲，他的心已經完全改變而安住下來，再也不對任何人生氣了。從此以後，別說樹上那個鍋子風吹飄動了在響，即使那些鳥在樹上吱吱喳喳，甚至不小心下了糞在他頭頂，他也不生氣了，因爲他已經具足慈心。這時再教他觀行四聖諦，一定立刻得到法眼淨、證初果；然後再下去思惟，明天、後天就成爲阿羅漢啦！這就是對治瞋恚。所以這個慈心觀就成爲他的「應四諦法」。

那有的人生來愚癡，不論你跟他說什麼法，他都不相應，因爲聽不懂；

這種聽不懂的人，就教導他修「因緣觀」，但不是一開始就讓他修十二因緣、十因緣，還不修那一些；而是跟他說明：「某一件事情跟某一件事情的因果關係，會成就某一件事情是因爲什麼因。……」這樣一一去作說明，他終於能夠建立一些邏輯，諸法之生滅變異，一定都有一個邏輯。現代話叫作「邏輯」，古時候叫作「因緣」；他懂得這樣的因加上另一個什麼緣，果報就是如何；三世的因緣，現世的因緣，一件事的因緣，就這樣讓他去瞭解，瞭解以後他的智慧開始生起了，讓他觀修四聖諦就可以成功。

所有阿羅漢之中最愚癡的人，我說的是證阿羅漢之前最愚癡的，是誰？周利槃特伽，佛陀教他什麼經典都沒用，隨聽隨忘。後來說：「不然你背四句偈好了。」只有四句而已，他也背不起來。不然兩句好了，兩句也背不起來，這眞是沒辦法呢！當他背了第一句就忘了第二句，「那就不管第一句，你就背第二句好了。」因爲第一句記住了，就讓他背第二句，可是他背第二句熟了以後，第一句又忘了；眞的沒辦法，後來 佛陀就教他：「你去把所有比丘們的僧鞋擦拭乾淨，不要讓比丘們的僧鞋有灰塵。當你擦拭乾淨的時候要記得背兩個句子：掃塵、除垢。只要這兩句就好，其他都不要管。」於是周利槃特伽每天就一面爲眾僧把鞋子清掃乾淨，心中就只記住「掃塵、除垢」二句。

當然，他這也是有過去世的因緣，我們就不談它，免得離題太遠。後來有一天他終於突然瞭解：「**掃塵、除垢，掃塵、除垢，我應該要掃除心中的污垢，不是要掃僧鞋的灰塵。**」他終於懂了！於是把心中的各種煩惱丟棄，就這樣子，他那天就與四聖諦相應了。由於他不攀緣智慧思惟，因此修定很快速，接著他成就了八解脫，成爲「心解脫」的三果人，佛又教他修「不放逸行」，於是成爲俱解脫。

當然，這是因爲他有過去世的惡因，他跟他的兄弟倆，一個叫作大路，一個叫作小路。會被叫作「大路」與「小路」，這過去世的因緣，我們這裡且不談它。但是他這一世因爲愚癡，所以教修因緣觀。可是因緣觀修不成，原因在哪裡？是因爲心中污垢太多。教他要把污垢丟棄，於是接著他開始修各種因緣觀，知道各種的因緣：要解脫得要斷我見、得要斷我執，斷我見、斷我執才能得解脫；解脫是果，心裡面的煩惱垢是輪迴之因；把這個因，藉著修行的緣掃除以後，得到的果就是解脫，終於次第通達。

所以笨的人教他修「因緣觀」，他瞭解因果道理，於是這一個因緣觀就成為他對治愚癡的方法，然後跟四聖諦相應，所以這因緣觀就是他的「應四諦法」。可是另外有一種人，跟這個人不一樣，另外一種人呢，他對四聖諦永遠修不好，但他不是辟支佛的種性，可是卻要教導他十二因緣法。不必再跟他談什麼十因緣，只要講十二因緣法；當他對十二因緣法想通了，然後回去觀修四聖諦也就成功了，他的愚癡得要藉這個法來對治，所以這個因緣觀就成為他的「應四諦法」。

這樣有幾種了？四種。「數息觀，慈心觀，因緣觀，不淨觀」，還有一個叫作什麼？忘了「界差別觀」了！界差別觀，界叫作「功能差別」；那麼每一個人或者每一個有情，各個都擁有許多的功能，可是這一些功能互有差別。有的人修四聖諦法要斷我見很難，因為他區分不清楚，你再怎麼跟他說：「五蘊是苦，五蘊是因緣生法，五蘊無常，五蘊無我。」他聽得懂啊！可是就無法證果；因為五蘊的內涵他不能如實瞭解。你跟他說，五蘊就是色、受、想、行、識，色蘊是什麼，受、想、行、識這四蘊又是什麼，他聽歸聽，還是沒什麼感覺啊！

那該怎麼辦？只好把五蘊拿來細分成很多個部分，告訴他五蘊可以區分成十八種功能差別，那叫作六根、六塵、六識，但六根裡面的意根且先不談；那麼五色根加上六塵，這樣總共有十一個法，這叫作「色蘊」，他就清楚：原來色蘊有這十一個。那這十一個的內涵有什麼差別，得要爲他說明，你不是列舉出來就算了，因爲他還是聽不懂。得要告訴他，五色根的眼根，眼根是什麼？勝義根是什麼？扶塵根是什麼？然後再說明耳根是什麼？耳根也有勝義根和扶塵根，各是什麼內涵。就這樣一直爲他講解，然後再講六塵——十八界裡的六塵，不是指外六塵。講完了，他終於瞭解：「喔！原來這個才是色蘊，我還以爲就只是這個身體欸！」即使身體都有五種不同的功能差別，他都分不清楚，所以你得要一一爲他詳說，這是「界差別觀」中的一部分。

然後接著跟他講，除了這一些以外，還有六個識，十八界——六根、六塵以外還有六個識；又說明意根是無色根，跟六個識在一起。就一一跟他區別：這個部分歸屬於「色蘊」，這個部分歸屬於「識蘊」，這個部分歸屬於受想行蘊的什麼功能差別，就一一爲他細說。細說完了教他要領：「這總共有十八個界，區分成三大種類：根、塵、識，你就下去思惟。」好，他終於懂得要怎麼思惟，於是他去思索這十八界的差別。當他這個「界差別觀」成就了，再回來觀行四聖諦，他馬上就得法眼淨、證初果。

也有人這樣修行觀察還是無法證得初果，因爲與四聖諦不相應，那就得再教他一種界差別觀，就是六界。這時得告訴他，人類的五陰是由十八界組成的，也可以說是由六界組合成的；六界就是地、水、火、風、空、識。換句話說，從實相層面來看，人身是由根本識把四大組合成功的，這個組合成功的人身裡面必須要有許多的空間是空無一物，才能使器官運作。或者從五陰自身的具足層面來解說，五陰是由地、水、火、風、空，以及識陰六個識組成的，缺少了其中一個功能差別，就不可能有完整的五陰存在，就無法生存，所以由這六界來觀察時，他就會知道五陰是緣生緣滅的假有，五陰是暫時的存在而不是永恆的存在，當然不是眞實的自我。

當他如此實修、如此現觀以後，就不會像現在好多開悟者落入離念靈知中，我見不斷也眞的難。當人家說：「我證得不生不滅法，就是離念靈知。」他一聽就會告訴對方：「這個離念靈知不離十八界、不離五陰，是由六界組成的，你悟錯了！」那麼笨的人（也許他不笨但很憍慢），也會告訴對方說「你悟錯了」。因爲他經由界差別觀而跟四聖諦相應，所以這個界差別觀就是他的「應四諦法」。如果不教他修界差別觀，不教導他怎麼修，他與四聖諦就不相應；所以對這個人而言，界差別觀就是他的「應四諦法」。

那麼這樣子，當他瞭解與四聖諦相應的法之後，他修四聖諦便可以成就。這就是要觀察各人根性的差別，給予不同的相應法。所以舍利弗尊者有兩個徒弟，對四聖諦的觀行永遠不能成就，連初果都證不得。有一天 佛陀知道了，就問那兩個弟子：「你出家前，家裡幹什麼啊？」他說：「我爸爸是個浣衣人。」佛陀就說：「那你不要再修數息法了，你改修不淨觀。」他下去修不淨觀，第二天就證初果啦！另外一個弟子，佛陀問他說：「你出家前家裡幹什麼的？」他說：「我爸爸專門在爲人家打造金飾，人家送黃金來，我爸爸手藝很巧，爲人家打造種種莊嚴具。」佛陀就告訴他：「你不要再修不淨觀了！」他說：「我師父教我修不淨觀，我師父是大阿羅漢怎麼會教錯？」佛陀說：「你不要管對不對的事，你把不淨觀丟了，專修數息法就好。」於是他下去試試看就修，第二天也證初果了。

他們都是一天就解決了，何以如此？例如屠戶之子，你教他修數息就是不相應啊！他爸爸每天在宰羊，他每天看到的就是狼藉一片、污血滿地；他們又沒有臺灣人聰明，懂得做豬血糕、羊血糕；就這樣滿地的血，看了眞髒；羊的內臟拿出來都要一一清洗，那他得要幫著父親清洗；他每天看著那個畫面，這時教他修不淨觀，他才一坐下觀想，那個畫面都出來了。羊是如此，人體又何嘗不是如此？於是他的不淨觀成就，接著修四聖諦，馬上就斷我見，立刻就斷三縛結，與四聖諦相應。

若是金師之子，他爸爸是打造金器的人。打造金器要用石膏做成一個凹槽，我講的是現代，再弄個乙炔或什麼噴熱的東西直接燒熱來打造；但是比較早期時，例如我小時候，那時沒有什麼乙炔熱氣可用，都是要弄個小火爐，然後要有一個腳踩的牛皮或羊皮做成的風鼓；打造金飾的人得要用腳踩，把火噴出來，才能在凹槽中把黃金給熔了，才能打造金飾。那黃金熔了以後看來紅澄澄的，非常美；他的師父教他修不淨觀，與他的生活環境差太多，他能怎麼修成功？他的印象中就是那麼漂亮的東西，而他的耳朵裡所聽的是風箱或風鼓的聲音：呼、呼、呼、呼、呼、呼，那你教他修不淨觀，怎麼修成功呢？當然修不好。

佛陀便教他改修數息觀，跟他就相應了。以前鍛鍊金飾，是要用手拉的風箱或是腳踩的風鼓，是用牛皮或羊皮做成的。那種用腳踩的速度很快，而風箱是很長的，因爲鼓風的效果不太好，要推拉時都很長，就像是：呼—呼—呼—呼—。那他才一修數息法時，當他數一、數二時，風箱或風鼓的聲音就與他相應了，於是他的心馬上安住下來。因爲他從小聽那個聲音聽到大，當聽到那個聲音時他就覺得很安心，也開始專注起來了。於是 世尊教他修數息觀，當他的呼吸在鼻孔出入時有輕微的聲音，他聽了就很安心，於是心整個就靜下來。那他修數息法，不必一天，六妙門便成就了，接著修四聖諦法，馬上可以成就。

但有時考慮修行時不斷的有障道的事情發生，而他在各方面都沒有問題，卻始終無法實證；所以有的祖師把差別觀與因緣觀合一，把念佛觀納入五停心觀中來教導，對治學人的障道情況。那麼念佛就有許多層次，這裡就不再細說，有興趣者可以去讀我們有關念佛法門的那幾本結緣書，就能詳細瞭解了。而念佛法門有一個好處，就是能得到 如來的庇祐加持，使障礙他學道的鬼神遠離，讓他可以安下心來好好學道；於是不久之後，他開始修學四聖諦時，便能證得初果了；那麼這個念佛觀，就成爲他的「應四諦法」。

因此，哪一種法是他的「應四諦法」，都得要看根性的差別來決定，不能夠都用同樣的一個法教給所有的人，這就是因材施教。如何讓學人與法相應才是最重要的，這就像我們打禪三時，有時我給某人的機鋒，旁邊的人看了一直笑，但不敢笑出聲。我們在禪堂時，糾察老師們有時候看到某一個人苦參不出，我給他一個特別的機鋒時，大家都掩著嘴不敢笑出來。可是那機鋒眞的好笑啊！但他就是會相應啊！否則，他來好幾趟禪三就是不相應，而那個可笑的機鋒給了他，不久就相應了。

在這件事情上面，我們就說，那一個機鋒就是他的「應般若法」，使他與般若相應。所以「應四諦法」是有許多的方便善巧，這就要看什麼人。甚至於有的人，不在五停心觀的範圍之內，因爲他對於如何是解脫不能信受；有時他證得第四禪，他自認爲是阿羅漢，認爲那種四禪境界是證第四果的境界。那麼如果有因緣，就要告訴他三界的道理，要爲他講「世界悉檀」。可是他連世界悉檀都不信，那他就不得「應四諦法」。所以，演說「應四諦法」

其實不容易。

那麼五停心觀對現代的人來說，都是很難接受的。縱使接受了也不容易觀修成功，一方面是現代跟古代不一樣，另一方面是善知識沒有方便善巧。也許有人不信，我們就講個現成的例子好了；我們講堂北方鄰居那位大師，道場那麼大，專門教人家修數息法，連打禪七也要數息七天；問題來了，那麼多徒眾們大家數息，數了三十年者大有人在，但是何曾看見有誰得法眼淨、證初果？一個也無。

何以致此？因爲對於數息觀沒有方便善巧。堂頭和尚自己就沒有方便善巧了，座下徒眾就更甭提了。所以我算是個異類啊！我在那裡待了五年，後來待不下去了，只好走人。因爲數息法，我不過半年就完成了，就自己可以一心不亂了；後來心裡疑著說，一心不亂到底跟禪有什麼相干？又跟佛法有什麼相干？如果一念不生就是證悟的話，所有的蚯蚓、毛毛蟲可都證悟了，牠們比所有人類都更能一心不亂，有誰能比牠們更一心不亂？

毛毛蟲一出生就是一心不亂地吃，蚯蚓一出生就在泥土裡一心不亂地吃，全都是一心不亂的有情；人類能作到像牠們那樣嗎？都作不到啊！所以我認為那不是我們應該要的悟境。於是開始自己在修行的方法上去作演變，後來才有無相念佛。雖然那是自然而然演變成功的，不是我事先故意去加以演變出來的。那麼對於現代人來說，我就說了：無相念佛是現代人的「應四諦法」；如果能夠把無相念佛修學成功，表示他已經可以制心一處，這時候隨便你怎麼樣教導他五蘊的內涵：苦、空、無我、無常，他就可以得法眼淨，不會有問題啦！所以咱們正覺同修會裡面的「應四諦法」就是無相念佛。

回到經文來，佛陀「為求聲聞者，說應四諦法」，於是大家心境改變了。這個「應四諦法」，也就是這五停心觀，其實與證果無關，只是把眾生愛攀緣的心、執著的心給停止下來，可以制心一處而不散亂，可以定下心來好好去修四聖諦法，於是得法眼淨、斷三縛結，度生老病死的第一個部分就超越了！接著繼續作觀行轉進「薄地」成為薄貪瞋癡的二果人；再繼續觀行，轉進「離地」——離欲界愛，成三果人；繼續再作觀行轉入「畢地」——所作已辦，解脫道修學已畢，那時就是二乘聖者的「究竟涅槃」。

但是這裡所說究竟涅槃的意義，跟我們平常說的究竟涅槃不一樣；我們平常說法時所講的究竟涅槃，是說二乘涅槃不究竟，因為二乘聖者只斷三界愛的現行，不斷三界愛的習氣種子；而且所知障中過恆河沙數的上煩惱，他們也都沒有斷除，度不過變易生死，所以二乘涅槃不究竟。那麼這裡講的究竟涅槃意思是說：當他成爲阿羅漢之後，捨壽時一定入無餘涅槃之中，永遠不再於三界中出現，永遠離開三界，這樣的涅槃是永遠不會再變異的，所以叫作究竟。也就是說，他們永遠離開三界生死了，所以成爲究竟涅槃；而這個究竟涅槃與《心經》說的究竟涅槃並不一樣，這裡講的是永遠住於無餘涅槃之中，不再輪迴生死了。

接著說「**爲求辟支佛者，說應十二因緣法**」，「**應十二因緣法**」同樣也要先有五停心觀的教授，但有時就得爲他演說第八識恆存的正理，也就是要教導他修學十因緣法。有的人因緣觀不論怎麼修，始終不成就，佛世如此，現代亦復如是！我相信你們大多數的人，學佛兩年、三年以後一定曾經說過：「**我知道佛法全部就是這樣：四聖諦、八正道、十二因緣。**」對不對？不對？我說的是大多數人。大部分人都會覺得這樣，因爲不管到哪裡去問，問來問去都是這樣子說：「**佛法就是四聖諦、八正道、十二因緣，這就是全部的佛法。**」可是學了十幾年、二十幾年、三十年之後，《般若經》請出來一讀：「我知道般若講的就是緣起性空。」幾十年來的臺灣佛教界大約都是如此。可是問題來了！爲什麼中國禪宗有那麼多公案，竟然也是佛法？那些祖師們可不笨，他們也通教門，可是你看那些公案，從表面上看來顯然跟三乘菩提的經典無關啊！「如何是佛？」「喫茶去！」「如何是佛？」「吃粥也未？」「未吃。」「吃粥去！」「如何是佛？吃粥了沒？」「吃了。」「洗缽去！」奇怪！爲什麼禪宗這個也是佛法？有問題！這就是一般學佛人，特別是六識論的應成派中觀等人認爲的問題。然而有問題歸有問題，問題在哪裡？還是不知道。直到有一天，看到正覺出了書，把《公案拈提》寫了出來，竟然可以通三乘菩提，這是什麼道理啊？

於是再蒐集正覺其他的書來看看，「唉呀！正覺有這麼多的書。」很詳細讀了下來，不知不覺從口裡講出來：「原來如此！」所以有很多人因爲讀了我們的書，於是來正覺之後說：「讀了正覺兩年的書，勝過以往學佛二十年。」因爲終於弄懂佛法是怎麼回事了！因此，以前的學佛人，在正覺出來弘法之前都想：「我知道啦！佛法就是四聖諦、八正道、十二因緣，總共就是如此了。」以前我有一個哥哥也是這麼講的。可是十二因緣法有那麼多人學，有誰成就了辟支佛？有誰成就了緣覺智？都沒有。這問題究竟出在哪裡？都是因爲沒有「應十二因緣法」。要與十二因緣法相應，先得要有「應十二因緣法」，然後才能夠與十二因緣法相應。

那這個「應十二因緣法」，有時你們可以從阿含部諸經裡面讀到：《阿含經》中有時 佛說因緣法，講到的可不是十二支因緣法，而是二十幾支；爲什麼要講那麼多？是因爲聽者跟十二因緣還不相應，得要講很多。然後講到最後，再把它濃縮起來成爲十二因緣法，他才終於能夠與十二因緣相應。印順法師不懂就說：「那只是十二因緣的增說。」其實不是增說，那叫作「應十二因緣法」。要使那個聽者與十二因緣法相應，就必須要那樣講解。也就是建立那個關聯性：因爲這樣所以那樣，因爲那樣所以這樣，這就是讓他懂得生死流轉和煩惱還滅的因緣。

又譬如有時學人對於因緣法不相應的原因，是因爲他放不下世間法，所以 世尊就從這裡下手來說明。爲什麼眾生有種種的殺伐禍事？是因爲「有守」；守什麼呢？守家財、守眷屬、守權位、守名聲。爲什麼「有守」？是因爲「有護」，心裡面不想放下，要去得或者要去保住這一些。於是因爲有守有護，就會有「有為」，所以才有殺伐杖擊，心地不寧。就這樣一直推究下去，到後來推究說，為何會有六入、觸等？為何會有名色？推究說為什麼會有這一些？是因為「有愛」，都因為貪愛這一些名色等法，對這一些放不下，於是導致了後有，死後就得受生而再度出生，就有老病死等無量苦。就像這樣不斷地增說，這些增說的目的是作什麼呢？是要讓聞法者與因緣法相應；如果不這樣增說，他跟因緣法就不能相應。還有的人恐怕入涅槃落入斷滅空，就得要教他觀修十因緣法，乃至在十因緣法之前得教導他：名色由第八識生，藉第八識才能存在。因此這些增說就是「應十二因緣法」。

所以說，對於那些一心要建立大名聲，一心要保持在佛教界第一的大師來講，你若不教導他們修「應十二因緣法」，他們的「十二因緣法」觀行永遠修不成就。可是你想要教導他們「應十二因緣法」，他們可不願意聽受，因為他們馬上聯想到一件事：「那我的名聞利養不就都要流失了嗎？」這是他們的第一個聯想。所以一切的「應十二因緣法」，他們都聽不進去，也不用說「應四諦法」。

佛門裡的大師們尚且如此，如果是附佛法外道來依附佛教的人們呢？就像密宗那一些上師們，他們想的是賺錢！說法是爲了賺錢，辦法會是爲了賺錢，灌頂是爲了賺錢，教人唸咒語也是爲了賺錢，總而言之來臺灣就是爲了賺錢。所以密宗那一些喇嘛們，以及開店、設道場支持密宗的人，都是爲了賺錢。

他們無法想像正覺花那麼多錢去救護眾生，希望學密的家庭不要家破人亡、不要陷入密宗所設令人財色兩失的陷阱，竟然都不曾在這裡面獲得什麼世間法中的好處，他們眞的想不通。他們想：「你們去作這麼多的事情，一定是得到中國政府好多億的錢財支援才去作的。」他們估計我們破斥密宗，例如那年過年前那一次，估計說我們花了一億元，可見我們聲勢很浩大；可是我概略抓了一下，包括印傳單、小冊子等等，也包括登報的費用，總共不超過五百萬元（當然，假使要發給諸位工錢，這不算在內）。但他們會覺得我們花了上億元，這表示諸位作得成功，九千多萬元是諸位的功勞（大眾笑⋯⋯），眞是大功德一件，可喜可賀啊！

但我們是佛弟子，六度波羅蜜中以布施爲首要，從來不去考慮到賺不賺錢的問題，因爲我們不應該賺錢！既要修持布施行，怎麼還要想到賺錢的事？賺錢是世俗人與密宗喇嘛、上師們的想法，眞正的佛弟子是要修布施行。所以我們對眾生就是布施，我們在電視弘法上面每年也要花好幾百萬元；老師們花費的心神精力就不談它，光是錢財就要花好幾百萬元，但我們從來不刊登廣告公布我們的銀行帳戶或者郵政劃撥帳戶，從來都不！雖然我們知道節目中播出我們的帳戶以後會有許多支持者，不斷匯入很多護持款；但我們不這樣作，因爲我們要修布施，就不該賺錢。

可是那一些密宗的支持者說得很有趣：「殺頭的生意有人作，賠錢的生意沒人作，正覺毀謗達賴喇嘛花了一億元，顯然他們一定是從中國政府那裡拿了很多錢。」假使是爲了賺錢，那麼正覺花了一億元破斥達賴，就應該賺五億元才對呀！至少也要賺個一千萬、五百萬元吧？這算是很保守的計算喔！因爲商人最少要逐什一之利。那我們乾脆多作一些，對不對？如果可以多作多賺五億元，我乾脆把這一棟大樓多買幾戶，就不必像現在這樣斤斤計較買不下手，只能去買地下室來用。

諸位知道嗎？我們即使是買較便宜的地下室，爲了省錢也是奮鬥了好幾年，花了很多心血。我們買了地下室三戶要當講堂、辦公室（編案：此是二〇一二年所說，今已建設完成並開始使用了），總共花了多少錢？才七千多萬元而已，總面積有五百坪。我們樓上這樣一戶才一百三十幾坪，就得花六、七千萬元。但我爲什麼要這樣計較價錢？想再買樓上一戶，都是開價七千多萬元，我連想都不想。他們有人在網路上開價，要七千多萬元。如果眞拿了共產黨幾億元的話，我就不必這樣斤斤計較了，可以大方一點說：「好吧！你要價七千萬元，我就買了吧。」不必辛苦去弄地下室，那眞要搞死人的。

所以我們的觀念跟密宗喇嘛、上師們完全不一樣，他們是來臺灣賺錢，區分成三種圈圈：最中心的圈圈，第二層圈圈，最外圍的圈圈。最中心的圈圈都是各處喇嘛們親自主持的，收得供養全都是自己的；若是由臺灣人主持，也得要與喇嘛分帳，不單是第二層跟最外圍的主事者要跟喇嘛們分帳。最外圍的是三七分帳，第二層圈圈則是五五分帳，最內圈的臺灣主持者也要與喇嘛們七三分帳。所以密宗道場都是在賺錢，不是在弘揚佛法，弘法只是個名義。

但我們是要修布施行，我們不是要賺錢；所以密宗喇嘛們顯然不是佛教徒，我們正覺才是眞正的佛教徒。我們是布施，他們是賺錢，賺錢的人就是生意人。所以目前的假藏傳佛教四大教派，來臺灣都是作生意的；但我們正覺是專業弘法的，哪像密宗那樣拿佛法的名義來賺錢。由此來看密宗，他們有沒有「應四諦法」？沒有！有沒有「應十二因緣法」？也沒有。所以他們跟四聖諦不相應，跟十二因緣也不相應；不是現在才如此，古時與未來也都會如此。

那你要是想勸導他們說：「欸！你們也修修四聖諦吧！」他們絕對不修，因爲密宗所有人從來都不談阿含的法義。若是把《阿含經》所講的四聖諦法義拿出來修行的時候，他們的樂空雙運、大樂光明雙身法，可就全都破功了。而他們修得所謂第四喜的功利全部都不能繼續存在了，因爲依阿含諸經中的教導，他們全部都得丟棄，因爲都被四阿含諸經所破斥了。所以密宗裡面以前都沒有，將來也永遠都不會有「應四諦法」，更不會有「應十二因緣法」。

這也是因爲密宗從來不修五停心觀，他們也從來不修界差別觀，因爲界差別觀一旦明確講解出來時，他們的譚崔雙身法可就完全破功了。以前喇嘛們剛來臺灣時，就像俗話說的「金光強強滾（臺語）」，有沒有？人們見了總是推崇說：「哇！這是活佛呢，這是法王呢。」可是一旦他們實修了界差別觀，或是實修了五停心觀的因緣觀以後：「完了！原來雙身法的境界是應該要破除的，是應該要斷絕的，以後再也不能合修啦！」那他們還能賺什麼錢？所以只要談到世界悉檀時，他們就已經很恐懼了，就別提第一義悉檀了。為什麼呢？因為如果談世界悉檀，就會瞭解欲界的境界、色界的境界、無色界的境界。這一談，人家馬上會判斷密宗那是欲界法，根本不能助人得解脫，還會使人下墮三惡道中，於是他們再也不能夠藉佛法名義賺錢了。但他們要的是賺錢而不是布施啊！所以他們一直都沒有「應十二因緣法」。

那麼假使有人不想成為緣覺，希望未來世成為辟支佛，於是 世尊為他演說「應十二因緣法」；這個種子種下心田，在未來無佛之世，他就能使這個種子發芽滋長，然後修行成就了因緣法，使他成為辟支佛，然而前提就是他先要有「應十二因緣法」，才能實證十二因緣法。但是對於佛弟子而言，如果有人希望修證成佛之道，在他成就佛菩提道之前，得先證得緣覺果位，那麼 世尊就會告訴他「應十二因緣法」，那就得先告訴他「十因緣」的道理。

如果沒有先作十因緣的觀行和修證，那麼十二因緣法便無法成就，因為很多人並沒有智慧去瞭解十二因緣法。諸位去過各個道場，一定都聽過十二因緣法，獨獨來到正覺同修會禪淨班裡面學十二因緣法時，竟然跟人家講的不一樣。親教師都會告訴你們三世十二因緣中，每一支因緣法的背後都是阿賴耶識。但爲什麼要這樣教導？

我們禪淨班兩年半的課程中，沒有辦法再爲大家解說十因緣，那就變通方法來說：老病死是依於什麼而有「老病死」？背後最重要的原因是依阿賴耶識，不單是「生」這一支；若沒有阿賴耶識，就不可能有你的五蘊，何況能有老病死？所以，老病死以什麼爲因緣？以「生」爲因緣，但這個「生」如果不是背後有阿賴耶識，就不可能有五蘊的「生」，因爲五蘊不可能無因而有——不可能無因唯緣而出生。

那麼「生」之所從來，是因爲過去世收集了後「有」；後「有」的種子存在了，於是就有這一世的「生」，所以「生」的因緣就是「有」；但是爲什麼能有三界後有的種子而能夠使名色得「生」？是因爲有阿賴耶識持種啊！如果沒有阿賴耶識，就不可能有這個後有的動力存在。那麼這個「有」會導致未來世的「生」，但這個「有」之所從來，是因爲「取」後有的種子，是對三界法有所「取」；如果不「取」，就不會出生後「有」了，也就解脫了！

可是「取」這個功能會自己存在嗎？不！「取」得要有阿賴耶識儲存種子才能現行，也要有阿賴耶識「生」了五蘊才能有「取」。

其他各支也要像這樣一一告訴大家：「取」是因爲什麼？因爲「愛」；「愛」是因爲有「受」；「受」又是如何來的？是因爲有「觸」的功能；可是如果沒有「六入」，「觸」就沒有功能了。「觸」是從哪裡來的？是因爲有「六入」能觸六塵；而「觸」與「六入」又是從哪裡來的？是因爲「名色」！但這一切的背後全都是由阿賴耶識在運作，才能這樣實現因緣法。就像這樣一一告訴你：每一支因緣法的背後都是阿賴耶識，沒有阿賴耶識就沒有這一支因緣法；然後再往前推，「名色」之所從來，是以什麼爲因呢？爲什麼阿賴耶識會生出了名色？是因爲有過去世種種「行」；「行」的存在則是因爲有前世的六識不斷在世間法裡面攀緣，所以「名色」之所從來是以「識」——六識識陰——爲因；可是「識」不能自有，還是要由阿賴耶識所生。

由於阿賴耶識支持著六識才能運作，因爲前世這六識的習性不斷地運作，才會有今世的名色；可是這六識爲何會生出來？是因爲往世不間斷的身口意行啊！乃至一直往上推到「無明」時，「無明」不能自有啊！無明不會自己存在空無中或虛空中。所以我書裡面常常寫到說：「修十二因緣觀時，知道會生死流轉的原因就是無明，但是無明難道依虛空存在嗎？」我這一問，我相信很多大師們讀到以後就會想：「啊！原來無明不能自己存在，原來無明要依眞實心阿賴耶識才能存在。」我得要讓他們先懂這個道理，他們才能夠跟十二因緣法相應啊！

那麼後來有時間時，我就在《阿含正義》中把它寫出來；十因緣法，本來我把它叫作九因緣，因爲得要前支與後支合計爲一支才對。但因爲釋印順已經講「十因緣」的名稱講很久了，我就隨順大家的習慣，就說是十因緣了。十因緣跟十二因緣有什麼關聯？我就這樣說明，讓佛教界都知道必須先修十因緣法，然後修學十二因緣法時才能實證。那麼我說，十因緣法以及我所講的二者的關聯，其實也是在講「應十二因緣法」；那麼這樣子來說明給大眾如實理解以後，大眾才可能證得緣覺果。以此緣故，世尊說古昔　威音王佛說法時：「爲求辟支佛者，說應十二因緣法；」好！今天講到這裡。

《妙法蓮華經》上週講到一百七十頁第二段第四行，已經說完「應十二因緣法」。那麼今天要從下一句開始：「爲諸菩薩，因阿耨多羅三藐三菩提，說應六波羅蜜法，究竟佛慧。」爲每一個人說法時，都必須先觀察什麼樣的法與他所要修的法是相應的；也就是說，必須要先觀察他所應該修學的法與次法。「應」就是相應，所相應法的意思則是指他應該先修學的「次法」。那麼前面說過爲修學聲聞法的人說法時，應該先爲他演說「應四諦法」；換句話說，學人來學聲聞法時，善知識不是只爲他演說四聖諦等法，而是與四聖諦相應的種種法，也應該一併爲他演說。

同理，爲了求辟支佛果而前來求學辟支佛法的人，凡是與緣覺道、辟支佛道相應的法，也應該同時爲他演說，不單單是演說因緣法而已。同樣的道理，爲某一些往世很多劫以來還不曾學佛、學聲聞、學緣覺法的眾生，那就必須爲他們先演說「應人天善法」。因爲即使他聽聞了人天善法以後，也不一定就能接受；所以凡是能夠使他與人天善法相應的法，都應該先爲他說明；然後才爲他演說人天善法，這便叫作「爲說應人天善法」。這是因爲一般人從來不懂什麼三乘菩提，也不懂什麼是人天善法；就得先爲他們說明因果律及三界六道的正理，他們才會懂得爲何要修持人天善法。

那麼菩薩道的修學也是同樣的道理，凡是求成佛之道的人，他修的是「無上正等正覺」的法；然而無上正等正覺的達成，必須要修學的是六度波羅蜜多；可是對初機菩薩而言，要他修學六度波羅蜜多非常困難，因爲他的條件還不夠，所以必須先爲他演說與六度波羅蜜相應的法。也就是當他要開始修學六度波羅蜜的時候，所應該學的六度之法以外，還有相應的其他次法應該同時修學，這一些次法就稱爲「應六波羅蜜法」。

那麼如果有人六度波羅蜜修學完成，已經通達了，善知識還是要繼續爲他說「應六波羅蜜法」，那就是七地、八地、九地、十地所修的「善巧方便波羅蜜多」、「願波羅蜜多」、「力波羅蜜多」、「智波羅蜜多」；因爲這四度也是從六度中衍生出來，是能幫助菩薩完成六度究竟境界的次法；所以雖然不屬於六度波羅蜜多，而放在十度波羅蜜多裡面成爲後四度，但是不修這四度卻無法具足完成六度波羅蜜多裡面的一切法；所以由於它的重要性，就把它建立在第二大阿僧祇劫以後應該要學的法，才能使十度波羅蜜多圓滿具足；所以十度中的後四度，其實是「應六波羅蜜法」，能夠使入地後應修的前六度具足圓滿。

這個層次的「應六波羅蜜法」眞的太重要了！而且不是三賢位的菩薩、

更不是大多數的第二大阿僧祇劫菩薩們所能修的，所以就把它與第二大阿僧祇劫開始修的地後六波羅蜜多合而成爲「十度波羅蜜多」。但其實這四度也是「應六波羅蜜法」。只有這樣子把之前、之後所應當修的六波羅蜜多都修學完成，而配合著「應六波羅蜜法」，才能夠究竟佛慧。

那麼接著說：「爲了諸菩薩，因爲他們求無上正等正覺，威音王佛演說了『應六波羅蜜法』，想要使菩薩們漸修而究竟佛地的智慧。」那麼這「應六波羅蜜法」，到底有哪一些法？這就是說，「應六波羅蜜法」首先把人天善法函蓋了，然後含攝了「應四諦法」，也就是與四聖諦、八正道相應之次法；再含攝「應十二因緣法」，就是十因緣以及和十二因緣法相關之次法。在佛世修學菩薩道，是有這個次第的；不是所有人來了都直接爲他演說六波羅蜜，因爲必須要先爲他「說應六波羅蜜法」。

但也不是所有人來了就可以直接「說應六波羅蜜法」，還得要先教導他修學「緣覺法」；但是在緣覺法之前，得要先教導他「應四諦法」，然後才解說四聖諦法。可是一般人來了，沒辦法一開始就爲他說四聖諦法或者「應四諦法」，得要先爲他說「施論、戒論、生天之論」；這些能接受了，才能爲他說「應四諦法」，也就是「欲為不淨、上漏為患、出要為上」，然後才正式演說四聖諦；而四聖諦裡面的「道聖諦」就是「八正道」，所以這是有一個次第性的。

那麼既然有人發願當菩薩，不畏懼無量數劫的生老病死，願意盡未來際世世都在人間利樂眾生，永無窮盡；乃至成佛之後，依舊不捨十無盡願，繼續在十方三世一切世界廣利眾生，不入無餘涅槃，這是「願為菩薩」「修菩薩道」，目的是為了求無上正等正覺。那麼這樣的人，當然應該修六度波羅蜜多。然而並不是所有人在一開始就能修學六度波羅蜜多，得先要讓他修學「應六波羅蜜法」。

也許有人心裡面懷疑說：「眞的如此嗎？」但我告訴諸位，眞的如此！不談過去世、過去劫，單單說我這一世就好。我這一世跟著聖嚴法師學佛，前後修學五年多，每週日都去聽他講經說法，但我始終沒有聽他講過六度波羅蜜多。諸位對這事情是不是覺得不可思議？而這個不可思議並不是太勝妙而不可思議，而是無法想像：那是名聞全球的禪宗道場，竟然一直沒有講解過六波羅蜜。

可是我在他們禪座會的幹部訓練中，由幹部輪流上來說法，想要提升幹部的素質，才能帶領這些信徒們；輪到我上去說法的時候，我用很大的、有點褐色的素色包裝紙——那是早期很粗俗的雜物包裝紙，也不是牛皮紙，沒那麼厚；我就用馬克筆寫了「六度」二字，然後分門別類去寫下綱要。因爲只有兩個多鐘頭可以講，我得要講很快，才能把所有要說的內容全部講完，所以那時我好像機關槍一樣講很快；一行講完了再一行，這一頁講完翻過去再講下一頁。當時好像講了將近三卷錄音帶，還保存在他們那裡，不曉得後來有沒有丟掉。我此世學佛才三年多，但我自己擬了綱要而講了六度的法義，當時還講了六度互攝等。可是他們從來不講，連堂頭和尚也都不講六度，卻是大乘法的禪宗道場，你說怪不怪？

這意味著甚麼？意味著說，即使是那麼大的道場，他們的信眾也是無緣聽聞「應六波羅蜜法」，更無緣修學六波羅蜜多。那麼由此可見，應該修學六波羅蜜法的人，其實一定要有個先決要件，就是必須先修學「應六波羅蜜法」。但是有人心中一定有個懷疑：「我來正覺之前，我們那個道場師父常常在講六波羅蜜。」我說這也是事實，可是問題來了：他們常常在講六波羅蜜，問題是那個六波羅蜜，是不是眞的六波羅蜜？那我們當然不能說他們講的不能叫作六波羅蜜，因爲他也是依著布施、持戒乃至般若來演說的，所以我們也承認那叫作六波羅蜜；不過那叫作「外門修六波羅蜜」。可是這些外門修六波羅蜜的人，其實只是在修學「應六波羅蜜法」，因爲都只是在「熏習」而已，不是眞正在修。

爲什麼我說他們無法眞的修六波羅蜜？而在正覺之中，爲什麼老師們都會告訴諸位說「你們進了正覺是眞修六波羅蜜」？所以往往布施波羅蜜講完的時候，要求大家要如實修行；也許布施波羅蜜才不過聽聞三、四個月，也如實修習三、四個月以後，親教師就告訴你說：「好！這幾個月過去啦，你們對布施波羅蜜已經修完了，接著要加修下一度；要一面繼續修布施波羅蜜，接著要加修持戒波羅蜜。」是不是這樣？是！

但爲什麼親教師們敢這麼說？千萬不要誤認爲說：「正覺的老師好大膽。」其實他們膽小如鼠，因爲只要一點點逾分、超過的地方就不敢講了，所說的都是如實語。可是這個如實語，對於一般的初機學人而言，往往會這麼評論：「正覺的老師們講話誇口，很大膽！我才來修行幾個月，竟然說我布施波羅蜜修完了。」可是我跟諸位保證：眞的修完了！這是因爲我們教的是如實修行的六波羅蜜，不是依文解義的六波羅蜜；並且老師們也會要求諸位聞熏之後，要如實履踐，不是聽聞了就算數！如果你是光聽不練，因此沒有把布施度修好，那卻是你自己的事，不干親教師們的事，因爲他們有要求你要如實修布施了啊！

話說回來，怎麼樣的人是可以如實修學六波羅蜜？這是說，必須把與六波羅蜜相應的法也聽聞、熏習、如實理解，並且如實信受；信受之後還要如實奉行，然後就可以眞修六波羅蜜。也就是說，在修六波羅蜜之前是有與六波羅蜜相應的法，應該「聽聞」、「熏習」、「實修」；因此就說，「應六波羅蜜」的法一定要函蓋人天善法、函蓋二乘菩提，不可能未斷我見的人可以實證般若。既然前面我們已經說過二乘菩提的內涵以及相應之法，那麼這裡就不必再重複說明；現在單單說進修六波羅蜜之前、之後，還應該具備一些什麼樣的知見或者見地？這就是說，凡是修學六波羅蜜之前，一定有四種悉檀必須如實聞熏、理解、信受、奉行。

這四種悉檀，表相上看起來與六波羅蜜似乎不相干，可是其實有關聯；

那我們就必須要先來談第一個部分：世界悉檀。世界悉檀就是在告訴大家「世界相」，什麼是世界相？一般人的想法說：「世界無非就是地球上的人間。」其實不然！所謂「世」是三世的流轉過程，所謂「界」就是四至周邊。三世，有一念的三世，也有從這一世來看的三世，也有從法的生滅而說的三世，也有從過去、現在、未來不同的世代，以及不同的劫數來說三世。總而言之，就是以過、現、未作為區分的標準而說三世，這叫作「世」。

譬如說現在一念正心誠意，正在聞熏了義佛法，這是現在念；以現在這個正念來追溯剛才過去的世間無記法之念，那個世間無記法已經過去了，就稱為前一世、過去世；然後從現在還沒有過去的這一念來看尚未生起的念，那個未生之念就叫作未來世。可是這一念不斷地顯示有時間遷移的過程，那麼一念之間有多少須臾？或者說一須臾之間究竟有幾個刹那？這個刹那還不是最微細的，一刹那有幾個生滅？你如果從生滅來講，那三世可就太快了；因為一刹那有九百個生滅；把現前這一個生滅暫時定格，追溯前一刹那叫作過去世；再來看待尚未出現的下一刹那，就稱為未來世，這也是三世，這應該叫作刹那三世。

如果以人的一生來說，這一世是現在世，過去世姓甚名誰根本不記得，那叫作過去世；又從這一世還在，來看待即將死掉而重新受生的下一世，就叫作未來世。同理，依劫數而言，由現在劫向前推溯上一劫叫作過去劫，由現在劫看待下一劫叫作未來劫，因此這就叫作「時間」。總而言之，從現在來推比過去與未來，這就是「世」;「世」表示有分段，所以這一世以人類而言，這個五蘊出生一直到老了、死掉爲止，就稱爲一世。那麼上一次的五蘊就稱爲上一世，即將接續這一世而後出生的五蘊就稱爲未來世。所以「世」就是一個時間流轉的過程。

那麼「界」又稱爲「四至」。譬如說某人有一塊地，向地政機關申請鑑界，因爲他自己弄不清楚到底地界到哪裡，那麼鑑界的定義就是要鑑定某一塊土地的四至；也就是東西南北到達最遠的地方是哪裡，測量出來以後就在每一個轉角的地方釘下界樁；把一塊地的四至都測量出來釘好全部界樁，這樣顯示出他所有那一塊地的周邊範圍，這叫作「鑑界」。所以「界」與「四至」，就是四方東西南北最遠的地方所能到達的位置，這就是以四至來區分。

因爲世與界而顯示出眾生流轉生死的世間，然而眾生流轉生死並不是只有一種人類，還包括畜生道、鬼道、地獄道的世間，也還包括欲界天人、色界天人、無色界天的世間——每一個三千大千世界裡都各有三界世間。可是就只有地球上這個娑婆世界的三界世間嗎？其實不然，因爲這個娑婆世界在蓮華藏世界海裡面幾乎瞧不見，更別說我們這個小小的太陽系；我們這個大到難以想像的娑婆三千大千世界——我們的這個銀河系，在所屬蓮華藏世界海裡面，只是其中一層裡面的一個幾乎看不見的小不點，我們這個太陽系可就眞的看不見了。

那麼蓮華藏世界海有多大？世尊說，從這個娑婆世界往西方去，超過十萬億佛土有一個世界叫作極樂世界，一個佛土就是一個三千大千世界；「十萬億佛土」，請問現在哈伯太空望遠鏡看到的各個星團世界總共有幾個？算得出來還不到十萬億；而這一些已看到的十方虛空中的世界，都還到不了極樂世界，相距還很遙遠。但即使是這樣，你再往東方十萬億佛土，到了琉璃世界，一樣還是在蓮華藏世界海其中的一層裡面而已；而這樣遊歷以後，我們所屬這一層還沒有走完呢，還有很廣大的世界沒有到達。可是蓮華藏世界海總共有二十層，想那蓮華藏世界海有多麼廣大？然而這個世界海也還不足以函蓋十方虛空所有世界，因爲蓮華藏世界海也只是十方虛空中很多世界海裡面的一個而已。這意味著甚麼？是說明世界無量無邊廣大！別老是小鼻子小眼睛的斤斤計較。修學佛法時是不是學對了法？當然要斤斤計較，但是心量要大，別老是在世間相裡面斤斤計較；因爲還不足以代表全部的世界相，只是某人與某人之間，小小的微不足道的關係而已，還談不上世界相；得要詳細瞭解三界中的各種不同層次境界以後，才算是瞭解了世界相。大家瞭解世界相的道理以後，只是修學六波羅蜜的許多基礎之一。

爲什麼要講這個世界悉檀？因爲如果沒有先瞭解這個世界相，許多大乘經典你就讀不下去了，例如好多大乘經典裡面說：「南方世界某某佛如何如何，東方世界某某佛如何如何……。」你聽了都不可能信受，因爲心中想的是：「就只有地球這個世界，哪來什麼別的世界？」心中都不能信受。又比如《阿含經》裡面也常常提到，釋迦如來往往在夜半過後，有時祇園精舍大放光明，原來是某天的天人來禮拜　如來，請益佛法；有時到了某一天夜半過了以後，精舍裡又大放光明，並且更加光亮，原來忉利天天主釋提桓因來禮拜　釋迦如來，供養　釋迦如來，然後又回去啦。

如果不信世界悉檀，讀了《阿含經》這些記載時就不能接受，他的眼界就會很狹隘，他的心量就被自己拘束了，然後他所想所知的就只有人間的境界，於是天界有佛教的事實他都不信了，更不要說十方世界諸佛淨土以及穢土的一切有情，所以就會提出一個主張「人間佛教」，不信天界有佛教。因此說，經中講到 彌勒菩薩往生到兜率內院去，等待未來下生人間的因緣；在下生前繼續為菩薩眾說諸妙法，他也就不相信了！因此你看，單單是一個世界悉檀，由於沒有聞熏所以不信受，於是他想要修六波羅蜜就修不起來了，連第一度布施都無法修學了，還談什麼持戒乃至般若呢？這表示說，他沒有先修「**應六波羅蜜法**」，因此他修的六波羅蜜最後一度般若，便成為六識論的斷見論，可是又不離常見論，卻都是其來有自。

所以說，「世界悉檀」是很重要的，假使不能先了知及信受世界悉檀，他就無法瞭解出三界的境界。世界悉檀的道理，在自己所住的世界之中就必須要瞭解，從人間去看三惡道，如實信解。不只是信受，得要「信解」；然後要如實信解欲界諸天、色界諸天、無色界諸天；當他如實信解了三界六道的境界——如實信解了世界悉檀以後，他才會知道：所謂出離三界生死，就是要滅盡五蘊十八界；滅盡五蘊十八界，是超過三界境界的。那麼意識既是三界中法，當然就是生滅法；又因爲意識在五蘊十八界之內，從來不離三界境界範圍。他如實了知這一點以後，才有可能斷我見；如果不信欲界天、色界天、無色界天的境界，他就不可能斷我見；他會認爲，以這個意識的粗心、細心或者極細心，住於離念境界時就是出三界的涅槃，但這其實仍是三界裡的境界，那他就不可能斷我見。所以你看「世界悉檀」到底重要不重要？當然重要啊！

因此　佛陀在《阿含經》中講了《起世因本經》，就是爲這個緣故；這部經另一個譯本的名稱叫作《大樓炭經》。這就是世界悉檀。這個世界悉檀在阿含諸經裡面說的都是很局部的，可是在菩薩道裡面，世尊就說得很廣，幾乎是具足而說。因此，從這個世界說到十方虛空一切世界的淨穢土，所以大乘道中的世界悉檀是具足而說的。如果於世界悉檀未曾聞熏，或者聞熏之後不能勝解，因此心中不信受，那他修六波羅蜜時就不可能與六度相應，一定修不好。因此說，這個世界悉檀是使菩薩們與六波羅蜜可以相應之法，就是「應六波羅蜜法」。

接著，有許多人修六度波羅蜜多，總是修不好，這時就必須要有種種的對治法，來爲大眾宣說；要觀察弟子們的根性而演說不同的法，或觀察他們的煩惱而爲他演說對治法，這是法主的責任。講到這裡，就踩到我自己的痛處——踩了我自己的痛腳；因爲我們早期說法時從來不講「對治悉檀」，爲何不說呢？因爲我不想說。那到底什麼原因不想說？是因爲我沒有想要當法主，當年我的想法是：我只是一個客座的講席。如同員外請了個老師來教他的兒子，叫作西席，西席並不是常住於東家屋裡，教到一個階段圓滿就走人了！當年我認爲自己只是個客座講席，哪一天有人可以接上來弘法了，我就退下來，繼續進修我還沒有修完的那一些道業。

所以我們剛開始共修那五、六年，不管哪一位同修，我一概稱爲師兄、稱爲師姊；所有的同修們也稱我爲師兄，咱們一直都是這樣的。因爲我沒有打算要建立一個道場，我只是想：法傳了，有人可以接棒，我就離開了。可是後來接二連三，開始我們稱爲法難的事件出現；然後看著、看著……，爲了令正法久住，我是無法抽腿走人的，眞的叫作深陷泥淖。後來想一想：既然諸方大師都不可靠，必須要依靠我們自己來住持正法，那乾脆就成立同修會。那時可就眞的兩腳全都踩進去了，不是只有踩下一腳而已，我就不準備走人了。

那麼爲了正法的久遠流傳而且還要順利，所以後來這六、七年，我就開始講解對治悉檀；就是說，某一些人不對的心態，應該怎麼對治，我就得要對治，所以就開始講一些次法。以前我都不講次法，一上來就是怎麼開悟，除此以外我都不管。所有人來正覺了就是開悟，可是沒有對治悉檀的實修，以後就會出問題啊！因此我們六、七年前—應該說七、八年前—開始講解對治悉檀，也就是講解次法（編案：這是二〇一二年八月二十一日所說）；凡是想要修證六波羅蜜時應該要修的次法，就找機會穿插進來講，於是同修會的法務漸漸地就順利多了。

那麼對治悉檀有許多的層面，我們且不細說；主要就是說，在某一個情況，對於某一些人不正確的心態，應該如何對治：一者令正法道場得以平順的運作，來利樂更多的有緣人；二者使那一些應該要自我對治的人，不會產生不好的行爲，使他今生和未來世的道業可以更平順地進展。這就是世尊施設對治悉檀所考量的緣由。如果修學菩薩道的人不能接受對治悉檀，那麼他修六波羅蜜時就無法眞的相應，都只是口上說說的六度，不是眞修。所以我們親教師們依禪淨班的教材講解六度時，就會要求大家要如實履行，不是嘴上唸一唸就算數。

那麼這已經是兩個悉檀了，可是有時對治悉檀不是很管用；因爲還得要因人施教，接著還要因人設事。由於每一個人的狀況都不一樣，所以必須要施設不同的方法以及不同的層面，來讓各個不同的人去作不同的事，修不同的法。這樣因人施設的方便法，就是「爲人悉檀」。如果沒有爲人悉檀，很多人修六波羅蜜時就不能眞的相應；即使前五個波羅蜜多很精進修學了，到最後般若波羅蜜的臨門一腳，也就是證悟，也還得要有許許多多的爲人悉檀。所以去到禪三的時候，有一些人在座位上參，可是他一直在看著——看我（大眾笑…），他不斷地看我爲某甲幹什麼、爲某乙幹什麼。我瞧了他一天，最後告訴他：「你別看，因爲我給別人的機鋒，對你不合用。你不在禪法上面用功，我就無法幫你施設方便。」

所以，我對每一個人的施設大約不會一樣，有的人，我叫他在心裡面唱歌、坐在座位上手舞足動，好像瘋子一樣。有的人，我就是刻意叫他東張西望，不要管自己參禪的事，專要他東張西望打妄想。有的人，我教他亂打手印，欸！發明從來沒有過的手印，教他亂打一通。有的人還更可笑，我叫他搓鼻屎。（大眾笑…）一個人又一個人，各不相同，誰適應什麼，我就給他什麼。因此，不要看我在教別人作什麼，因為每一個人的狀況都不一樣。也就是說，這最後一度的般若度，是臨門一腳各自都不一樣，那麼你說，他在那邊瞅來瞅去是想要瞅什麼？這就是「為人悉檀」啊！

「欸！要開悟，得打妄想？」就是有人需要這樣子啊！所以各人的狀況並不一樣，我依著他的狀況施設不同的法門，讓他可以真正破參；但是對某乙的施設，對某甲而言完全不適用，他看了又能作什麼？那他看我指導某人是這樣，指導另一個人又是那樣，有六、七種不同的差別，他要選擇哪一種？無從選起啊！所以不如依照我教他的方便法，好好去用功，反而更直接了當。那我為什麼要施設這麼多的不同？這就是為人施設；必須要依著個人不同的狀況，給予他不同的方法，這才叫作「為人悉檀」。否則只要一個法門就好了，為什麼需要八萬四千法門啊？因此，修學佛法的人，還要能夠接受為人悉檀；要懂得老師為學生所施設各不相同，一定有他背後的原因；不是厚此薄彼，也不是厚彼薄此，而是各個不同的爲人施設。能夠懂這個道理，也願意接受這個道理，當他信受了這個爲人悉檀，他修學六波羅蜜的時候才能夠相應。

最後一個，那就是常常要講的第一義！如果堂頭和尚從來不說第一義，他始終都沒有「第一義悉檀」的施設，徒眾們參禪參到腦筋壞掉了，也還是悟不了的。每天打坐學禪，坐到腿盤斷了也無法相應！所以第一義的眞諦必須廣爲演說。如果許多道場都有開悟的人，那我就用不著廣說了，因爲廣說第一義是很辛苦的事。想想看，咱們弘法二十年，演說了二十年的第一義，那些口水，且不說吞下去，單說噴出去的就好，二十年收集起來也有一杯了吧？一定有。單單是噴出去的，因爲我總是說得口沫橫飛！對不對？還不必正面飛出去（大眾笑…），單說橫飛收集起來就一定整整一杯了，那你想想看，我耗費的力氣可就不少了。

正因爲這二十年來這樣子不斷地演述第一義，也才能夠有今天的正覺同修會把了義正法住持下來，否則了義正法早就滅亡了！但是第一義到底是在說什麼？三句不離本行就是「眞如、佛性」。眞如佛性，夯不啷噹歸納起來就叫作「如來藏」。以前有個師姊告訴我說：「老師啊！我們講如來藏就好了，爲什麼要講那麼多？」意思是說：「只要找到了就好了，爲什麼您還要一直講下去呢？」我心裡面覺得好笑：「原來妳只要一小塊的金塊，我把更多的金塊精鍊後雕塑成金龍翔鳳、大白象、金車、馬車、銀車，還有偉大的精雕細琢的黃金宮殿送給妳，竟然不想要，只要那麼一小塊金塊就好，那麼容易滿足！心量那麼小！」

那麼我想要依靠他們住持正法久住不墜，可就沒希望了；所以有智慧的人要越多越好，而破參只是剛剛拿到金塊而已，接著還要得到更多的金塊；一卡車、兩卡車還不能滿足，還要得到一整座金山。得到一整座金山還不滿足，我還要把整座金山的每一部分黃金，設法製造成非常精美、令人讚歎的工藝品或黃金宮殿，這才是實證的菩薩該有的心量啊！老是小鼻子小眼睛，看到那麼一小塊金塊，眼睛就瞪得好大說：「夠了！夠了！其他都不要。」當我把雕塑得非常精美的一條黃金蟠龍送給她，她還嫌累贅，到底有智慧沒有？唉呀！感嘆！

所以第一義要不斷地演述，十方諸佛演述《法華經》也就是在宣講第一義啊！也是最究竟的第一義！那麼這個第一義悉檀必須要不斷地講，因爲不斷地講，才會有不同層面的法上利益送給大眾；還沒有證悟的人在這裡面聞熏之後，建立了正知正見，那麼他將來想要證悟就比較容易；證悟的人聽聞和尚不斷演述第一義以後，發覺原來這眞如佛性還有許多的層面，於是他越聞熏，智慧越深越廣、越來越勝妙，提升的速度就越快。那麼已經有勝妙智慧的人，經由不斷地聞熏，他想要過完第一大阿僧祇劫的速度就會更快，也許一世，也許兩世，也許十百千世，就可以完成第一大阿僧祇劫的道業，所以我說「第一義悉檀」很重要。爲什麼《法華經》裡面不斷地告訴大家，要受持、讀誦、書寫、爲人演說？因爲可以利益今世後世啊！所以「第一義悉檀」必須要常常演說。

那麼這個第一義悉檀，就是與六度相應的法，是最直接相應的，但卻是在具足修學了前五度以後的最後階段才會相應的法。也許有人想：「那是不是第一義悉檀跟前五度不相應？」一定會有人這樣想。那我就要提出一個問題來，大家聽完這個問題以後就知道相應、不相應。例如說，假使咱們一直都不演述第一義悉檀，那麼大家就不知道在正覺同修會裡面是可以讓人親證第一義的，所以我在這前提下要求大家說：「證得第一義之前必須要有證悟的資糧，這個資糧叫作布施、持戒、忍辱、精進、靜慮。」如果不是這樣講，大家會願意努力去修那前五度嗎？不會啊！那麼不修前五度，般若度便無法實修也無法成就。話再說回來，如果不是我不斷地在演述第一義，那諸位願意眞的實修前五度嗎？也不願意啊！所以這第一義不斷的演述，就有導致大家願意去實修前五度的作用；所以這第一義其實是回過頭來支持前五度的，也正因爲願意實修前五度，才有可能修學眞正的般若而在最後證得第一義、發起實相般若，這時第六度般若才能夠實證。

所以這六度其實是互相含攝的，這個道理，我在前面講過：以前我在農禪寺那個道場裡面幹部訓練時，當我爲幹部們演說六波羅蜜的時候，就已經講過「六度互攝」的道理。那時我還沒有破參，但我就已經知道六度互攝的道理，這就是往世的種子流注出來的智慧。可是從我那時候講了到現在，二十幾年了，諸方山頭有沒有誰講過六度互攝的道理？我至今都還沒聽過，也都還沒有讀過，可是我破參前就講過六度互攝了。

這就是說，第一義悉檀是屬於「般若度」，但這個般若度其實也不能外於前五度的實修；可怪的是，末法時代就老是有人單單要修第六度般若，都不肯實修前五度，那他想要實證般若將非常困難。縱使是盜法而得到了般若的密意，也無法轉依成功，終究只能成為乾慧而無般若度的實質。所以第一義悉檀其實是含攝前五度的，但是前五度的每一度也都各自含攝其餘的五度，這六度是不可切割的。

那麼這四種悉檀，其實正是與六波羅蜜相應之法；如果不能信受這四種悉檀，他努力勤修六波羅蜜就不會成功。所以有好多人努力在修六波羅蜜，一天到晚高聲宣揚說：「我們在修學六度波羅蜜多，我們眞的在修學菩薩道啊！」問題來了，才一讀到正覺同修會流通的第一義悉檀書籍，就開口罵說：「欸！正覺的書裡都在講如來藏，這個是外道神我！」然而他卻誇口說他在勤修六波羅蜜，你不覺得很可笑嗎？

就好像有人宣稱說：「我要把數學研究到究竟通達。」可是有個大學教授在講解微積分，印出來詳細講解微積分的書籍時，他才一拿到就毀謗說：「微積分？唉！這不是數學啦！亂講！」他就直接否定了，那他如何能夠究竟數學的道理呢？不可能啊！但世間學佛的人，其中有很多就是這樣子。所以有的人，你覺得他們很可笑；但是要帶著悲憫心來看待他們，因爲你過去無量劫中也曾像他們這樣子走過來啊！那你今生跟他們有好大的距離，只是表面上看來同樣是一個人類，其實從你修學六波羅蜜的往世累積的種子來看，你跟他們之間的距離是很大的。

因此，有的人不論怎麼樣修學，都無法與第一義相應，就是因爲他在前五度修學不夠：既不肯相信布施的因果，又不肯好好持戒；去聽完人家講禪回來，馬上就是花天酒地；而且每餐非得要有香腸、滷肉，否則他就過不了那一頓，心中不能安忍。這類人，才一聽到第一義妙理，開口就罵：「**正覺那個如來藏外道神我，一天到晚在說人家落入意識境界不對……。**」老是起瞋心，那你想，眞正的靜慮，他要如何修？都沒辦法修持的。當靜慮無法正確的實修，那他的般若如何能實證呢？這就是說，不能接受眞正的第一義悉檀，只能接受錯誤的第一義，表示他前五度也沒有修好。當這四悉檀能夠完成，能夠信受也能夠奉行，他才能夠與六度全部相應，所以這四悉檀也是「**應六波羅蜜法**」。

接著還有許許多多的法，首先要追溯到前面講的「**應四諦法，應人天善**

法，應十二因緣法」，如果這一些他也能夠接受，也願意修學，但是還有一個前提：不是表相的四聖諦法，也不是表相的應四聖諦法；不是表相的十二因緣法，也不是表相的應十二因緣法。就是說，所聞、所學、所修的，必須是實證的四聖諦與應四聖諦法，必須是實證的十二因緣與應十二因緣法，都不是錯會亂講的；而他都能接受，然後願意接受這四種悉檀，接著還願意如實瞭解「四依四不依」，那他與六波羅蜜才能相應。

四依四不依，大家都耳熟能詳：「依了義不依不了義」、「依智不依識」、還依什麼？（大眾答：依法不依人。）對啊！常常有比丘尼說：「我師父講的才對，別人講的都不對！特別是居士們講的，我們全都不聽、不讀。」還有呢？最後一個是「依義不依語」。這些都是佛教界大家耳熟能詳、琅琅上口的聖教，可是實際上他們所作出來的卻正好顛倒。特別是那一些附佛法外道的密宗人士，一天到晚在講「依法不依人」，可是他們卻依什麼？卻是依宗喀巴講的，而不是依於佛法正理來說，然後卻一天到晚在呼籲：「你們正覺的人，不要依蕭平實說的，要依宗喀巴講的。」結果，依來依去全都是依人。他們就不想探究一下：三乘菩提經教之中的法義是怎麼說的。他們全都不管，可是卻一天到晚高喊著：「依法不依人！」不覺得可笑嗎？是啊！都不覺得可笑，是因爲只覺得悲哀。

還有好多人（現在比較少了，這六、七年來比較少了），以前常常有人引了經典來說：「經中如此說，所以你們正覺講的不對。」問題來了，經中說的是什麼道理？他們總是依文字表義而說，都不依那一些經教文字顯示的眞實義來說，所以他們一天到晚自稱是「依義不依語」，可是等到他把經教中的文字拿出來質疑我們正覺時，我們把他們所援引出來的經教文字，加以一一詳細解釋之後，卻只能證實他們才是「依語不依義」者，而我們才是「依義不依語」者。那麼這種事情已經看太多了，這種「依語不依義」的情況，不是只有附佛外道密宗有，連鼎鼎有名的釋印順法師都同樣如此！所以他才與六波羅蜜不相應，因此才會把經典解釋錯了；後來我們重新加以詮釋，把他錯解的地方提出評論之後，他也不敢講一句話，一向都是閉嘴不語；因爲他也是到那時才知道，原來自己所宣稱的「依義不依語」，本質還是依語不依義。

所以這個「四依四不依」，還眞的不容易弄清楚。我們依於了義經中所說的法，講解出來說：這眞如佛性，無非就是如來藏。可是他卻說如來藏是外道神我，原來他還讀不懂！所以這四依，有很多人在主張，有很多人在依循，可是眞正依循的時候卻又錯了，就成爲口說要依法不依人，結果卻只是依他師父所說的錯解意涵，都不依於佛法中所說的。口說要依了義、不依不了義，宗喀巴自己也這麼講，可是他講出來時卻都是要你依不了義的經典；而且他連不了義的經典所說法義全都誤會了，然後竟說他要依了義經典；結果他所以爲的了義境界全都是世俗法境界，何曾知道什麼是了義？怪不得他始終跟六波羅蜜不相應，才會寫出《菩提道次第廣論》後半部隱說雙身法的止觀，才會寫了《密宗道次第廣論》明說的雙身法止觀，全都落在識陰和色陰的我所之中，只能永遠淪墜於欲界中。他對不了義的二乘菩提尚且不能相應，才會講出三士道那種荒唐言，更何況是了義的大乘菩提第一義？所以他跟六波羅蜜就永遠不能相應，這表示說，與六波羅蜜相應之法，他沒有修學過，所以無法與六波羅蜜相應，當然也就無法實修六波羅蜜。

那麼這樣子先實修了「應六波羅蜜法」之後，終於可以實修六波羅蜜了，也就可以進入內門廣修六度萬行。內門廣修六度萬行之後，終於通達了，就入地了！可是我說「就入地了」，這個「就」還眞難成就。那麼終於入地了，也還是要再修六波羅蜜；可是這時的六波羅蜜是進入第二大阿僧祇劫去修，是十度波羅蜜中的前六度；這主要是在利樂大眾的道業上面，而不是在自己的道業上用功；因爲從此以後自己的道業之所能成就的原因，都在眾生身上，不在自己身上。

由於這個原因，當年成立正覺同修會時，我等於是第二隻腳也踩入泥淖了，到現在渾身是泥是水，有沒有後悔過？我沒有後悔過。那時有一位老師（他後來退轉了離開正覺），他告訴我說：「老師！您眞的要踩進去嗎？」我說：「爲了正法久住，沒潦下去不行啦！」（臺語）就眞的潦下去了。就走到現在這樣子，根本就沒有自己的時間，所有的時間都給眾生了。有時孩子要來找我：「爸！我們這個週日去您家，行嗎？」「不行。」「那我們下個週末去，好不好？」「不好，下個週末要上課。」總之就是沒時間給他們。好在他們如今也習慣了。這也怪不得別人，他們要怨自己爲什麼生到我這家裏來。（大眾笑…）但是我並不後悔，因爲我自己未來世的道業增長，就在諸位身上；當你們道業進展越快，我就被推上去了，都不必記掛自己的道業。

這意思就是說，從這個時候開始，什麼才叫「應六波羅蜜法」？就是能否廣利眾生？這個廣利眾生，不是讓大家來敲敲唱唱搞梵唄法會，或是來讀一些經典，而是要讓大家一一可以實證。當大家實證了，道業眞正的增上了，我自己的道業也才能增上。所以，這時增益六波羅蜜的相應法是什麼？就是利樂有情。接著，就算是修到了第二大阿僧祇劫的般若度修滿了，那時已經是六地滿心了，也一樣要繼續修「應六波羅蜜法」，不是單單修六波羅蜜。這時要有無量無邊的方便善巧來利樂有情，這個無量無邊的方便善巧是他的六度波羅蜜快速提升的方法，所以他就得要修方便善巧波羅蜜多。因爲完全的投入，所以他最後部分的習氣種子可以滅盡，那麼也使他的六波羅蜜多圓滿，於是他才能眞正的步入「無相行」，否則沒有辦法眞的步入無相行。這很不容易的，但這也是在修六波羅蜜的相應法，還是「應六波羅蜜法」，並不是自己在六波羅蜜上去努力橫衝直撞，就可以滿足七地心。

原來七地心修的依舊是「應六波羅蜜法」，不是六波羅蜜的本身。這樣滿足了才能夠進入「願波羅蜜」去修；那麼八地心所修的願波羅蜜多，依舊是在「應六波羅蜜法」上修，而不是在修六波羅蜜。但是它可以增益六波羅蜜，所以就把它立爲第八個波羅蜜，叫作「願波羅蜜」。這一些修學滿足了才可以去修「力波羅蜜多」，至於力波羅蜜多之所從來，還是要在智慧度上面去努力，努力於提升他的法眷屬所有的智慧，使自己成就四種無礙，要把這四種無礙具足圓滿。

可是這四種無礙畢竟不是六波羅蜜本身，這四種無礙，大家也是耳熟能詳；來複習一下，第一個是什麼無礙？法無礙，第二個是義無礙，第三個？（有人說，聽不清楚）樂說無礙要擺到最後啦！是義無礙、辭無礙，然後才是樂說無礙。應該是「法無礙」最先，你要先知道有諸法，諸法一一都知道時就是總持完成了，然後才能夠演說出每一個法是什麼義，才能叫作義無礙。可是你如果沒有好口才就無法爲人宣說，好比啞巴睡熟翻身時壓死了兒子，醒來以後心裡分明卻講不出來，那怎麼辦？所以還得要能夠演說；這時就必須懂「宗、因、喻」，要施設種種譬喻，首先則是要有辭無礙。當這三個無礙都完成了，才可能樂說；要不然呢，單單有法無礙、義無礙，可是不善言辭，嘴巴老是講不出來，那時叫你上了法座說法，你會高興嗎？你不會樂說的。

所以要先有前面這三個無礙，然後就可以樂說無礙。那你隨時可以上法座，人家請你說：「請您為我們演說二乘菩提。」好！你就從二乘菩提來說。因為你不但有法、有義，已經通達了，你還有無量的辯才可以為人演述，於是你就能樂說了。如果有法無礙、義無礙，可是口才很差而講不出來，講起法來老是結結巴巴，表達不清楚，每一次人家都會反應說：「師父！您講什麼？我們聽不懂啊。」「哎喲！我就告訴你們，就是這樣，為什麼還聽不懂？」於是每一次想到要上座說法時，心裡就先一肚子氣。那叫作生氣說法，不能叫作樂說無礙。

可是九地菩薩修學力波羅蜜，想要具足這四種無礙的時候，他修的是六波羅蜜嗎？並不是啊！但是卻可以助益他的六波羅蜜功德增長；所以九地修的這四個無礙，可以使他產生大力量，使一切有情不得不尊重他，乃至八地菩薩們也得尊重他；表示說，這個力波羅蜜仍然是為了圓滿他的六波羅蜜，所以這個力波羅蜜仍然是「應六波羅蜜法」。你看，到了那麼高的證境還得要修「應六波羅蜜法」；那麼到了十地成為受職菩薩，是要怎麼樣成為「受職菩薩」的？還得要繼續在慧學上面努力，但慧學是屬於般若波羅蜜啊！他卻還得要繼續進修。想想看，才只一個明心就心滿意足，離開同修會不想再學的人，然後藉這個明心的智慧去外面搞錢財、搞眷屬、搞名氣，怎麼勸都不肯回來。人家卻是到了十地還在努力學般若呢，他才一個總相智就不肯回來，到底算聰明還是笨呢？諸位想一想。

可是十地菩薩這樣的努力，繼續在慧學上進修，有一天終於圓滿了，於是他終於能放光照耀諸佛世界；他放了光明去十方諸佛世界，從諸佛腳底進去，於是諸佛知道：「唉！這位菩薩應該要滿足十地心了！」所以諸佛也就放光，各從胸臆放光來到這個菩薩頭頂灌進去，這才是眞正的「灌頂」！喇嘛們那種灌頂全都是扮家家酒，而且他們那個家家酒爲信徒們灌頂的水，裡面還是有劇毒的，因爲他們都是依雙身法的觀想境界而爲信徒們灌頂的。

那麼十方諸佛放光從這個菩薩頂門灌入，使他成爲受職菩薩，那時十方世界只要有能力來這個菩薩身旁的人，都應該要趕快來，因爲大家都可以獲得無量百千三昧。諸佛灌頂的光明會有餘光，灌入現場一切菩薩頂門，加持諸菩薩們獲得無量無邊三昧；然後這位十地菩薩就滿足十地心而成爲受職菩薩，是眞正的「法王子」。可是你看他修的「智波羅蜜多」，其實也只是六波羅蜜多裡面的般若，所以仍然是「應波羅蜜法」。但是因爲十度波羅蜜後面的這四度波羅蜜，能夠幫助菩薩圓滿前六度波羅蜜多，因此就把這四度波羅蜜與前六度合起來而稱爲「十度波羅蜜多」；那就是從初地要修到十地所應該修的法。你看，要這樣修，才能圓滿六波羅蜜。

可是十地滿心菩薩圓滿全部波羅蜜了沒有？還沒！因爲他這時候成爲等覺菩薩，以後整整百劫還要勤力修集福德，因爲他三大阿僧祇劫勤修布施度，都還不足以使他成佛，福德依舊不夠；最後階段他要布施內財、外財，此後受生的目的就是取得內財、外財，全部用來布施；整整百劫之中，無一時非捨命時，無一處非捨身處。這到底是六波羅蜜多裡面的哪一度？其實並不專屬於哪一度，這也是「應六波羅蜜法」。這是因爲他早就已經能夠到彼岸了，而他這時專修這個布施，怎能叫作布施波羅蜜呢？他現在只是專門修集福德才能滿足六度波羅蜜，所以一切布施全都是「應六波羅蜜法」，百劫修滿以後降生人間，才算是「究竟佛慧」啊！

聽到這裡，腳底冷了沒？沒有冷？啊？眞是菩薩欸！眞的該讚歎！我們就是應該度這樣的人，也應該是我們這樣的人，大家齊聚一堂，眞修菩薩行，不是口說嘴練。好！那麼這樣子，想想看當 佛陀究竟是好不好當呢？眞的不好當！老實說，我今天不得不當這個法主，也實在是不好當；好在有你們大家護持著，就這樣子拱著，我才不會倒下去。我們歌詞裡面不是說「獨木難支」嗎？正是如此。那麼有諸位在四面八方支持著，我就好繼續走下去。

說到這裡，把這一段 世尊的開示整合一下。世尊告訴 得大勢菩薩說，往古昔，超過無量無邊不可思議阿僧祇劫，有一尊佛名爲 威音王如來，十號具足。那時的大劫叫作離衰，那時的 威音王佛國土名爲大成；那位 威音王佛在弘法、示現的那一世中，爲諸天、一切人眾、所有阿修羅們演說佛法，所說的佛法包含了聲聞菩提四聖諦法，以及修學四聖諦時所應該具備的次法，讓大眾可以度過生老病死；威音王佛又爲了想要求得辟支佛果的有情，宣說十二因緣法，也宣說「**應十二因緣法**」，例如十因緣法以及名色之所從來的內涵等等；然後又爲諸菩薩眾，因爲想要求得無上正等正覺，所以演說六度波羅蜜多，以及爲了圓滿六度波羅蜜多所應該要修學的種種菩提道，讓大家可以依循而實修實證，最後可以究竟諸佛所證的智慧。

回到 世尊所說的這一段經義來，然後準備要進入下一段經文。但是有一件事情要更正一下，我們前兩回有講過：舉一個例子在說明，佛光山功德主分爲九品，近日有人告訴我說：「慈濟的委員們也分爲九品，但是我想那個人是講錯了；因爲最近我們有重新去求證，目前求證的結果是慈濟的委員們沒有分爲九品，而有分爲不同的執事；就像我們會裡面有人是理事長，有人當總幹事，有人當各組組長……等，是爲了去把業務推動而有的執事分位，不是分等級的九品。」既然有人來這麼說明了，目前先作這個更正。假使將來有證據可以證明眞的有分九品，那我們再作另一次更正。這可以隨時更正，依事實爲準。

接著要進入下一段，（導師等待張老師唸經文時，張老師說：這一段經文已經唸過了）唸過了？那我們就接著演說。世尊講完了這一些開示，接著又吩咐說：「得大勢啊！當時威音王佛的壽命有四十萬億那由他恆河沙劫；正法住世的劫數，如同一個閻浮提的山河大地磨成微塵的數量那麼長久，像法住持於世間的劫數，如同四天下的山河大地磨成微塵數那麼多。威音王佛饒益了眾生，然後才示現滅度；祂的正法與像法滅盡之後，在同樣這個大成佛國還有下一尊佛出世，祂的佛號也同樣名爲威音王如來，同樣十號具足，稱爲應供、正遍知、明行足、善逝、世間解、無上士、調御丈夫、天人師、佛、世尊。就像是這樣子，次第連續不斷，有兩萬億尊佛出現於這個國土，同樣都名爲威音王佛。」

世尊說，超過無量無邊不可思議阿僧祇劫前示現的 威音王佛，以三乘菩提等聖教教導眾生；威音王佛的壽命很長，有「四十萬億那由他恆河沙劫」；這顯示不是這種五濁惡世的人世間，而是屬於淨土世間。威音王佛在佛教界又名本初佛，也就是說，推尋到無量無邊不可思議的阿僧祇劫之前，世間有第一尊佛出現，就是 威音王佛；所以一提到 威音王佛時，老修行的佛教徒就說：「啊！這是本初佛。」祂是佛教界許多人所認知的最早成佛的一尊佛。

「本初佛」在解釋之前，先要跟大家提一個名稱「阿低布達」（導師以梵音唸），如今臺灣人說的河洛話中，依然有人說爲「阿里不達」，有沒有？（大眾答：有。）有！這名詞其實本來是一個好名稱，但是所有的好名稱去到密宗裡就變質了，隨後也就完蛋了；然後大家因錯承襲，就這樣沿襲下來，結果現在臺灣「阿里不達」這個名詞已經變成罵人的話了。「阿低布達」原意本來是說「本初佛」。可是密宗以外道身附會到佛教裡面來，聲稱他們也是佛教，然後自己發明那個雙身法以後，就說他們那個老是抱著女人行淫的假佛就是本初佛，所以也叫作「阿低布達」。

後來「阿低布達」翻譯成閩南語時就成爲「阿里不達」，意思是不三不四的邪人。這眞的很冤枉欸！講起來還眞的不免使學佛人生氣。本初佛是如何的尊貴啊！因爲隨後的一切佛都在祂的或多或少教導之下而成佛的；若沒有本初佛，就沒有後來的十方三世一切諸佛；所以本初佛 威音王佛是應該被任何人所恭敬，也應該被任何諸佛所讚歎的。可是密宗外道最會仿冒：你有如來我就有如來，你有報身佛我就有報身佛，你有法身佛我就有法身佛；那你有究竟佛我也有究竟佛，你有本初佛我就有本初佛；你有如來藏我也有如來藏，你有眞如我也有眞如。

總之，你有什麼他就有什麼，可是他所說的都不是佛教中原本的佛法僧。例如佛教賢聖說：「我們有證阿賴耶識第八識。」他們就跟著說：「我也有啊！」但他的第八識是什麼？只是觀想身體裡面有一個中脈，就是從頭頂到海底輪有一個微細的管子，然後再觀想出裡面有一個亮亮的明點，說那個明點叫作阿賴耶識。你們聽了也只能夠笑，可是笑的時候輕輕地就好，別笑得太大聲。好在我現在不是吃飯，否則初聽時一定不免噴飯！因爲太荒唐，不可想像。

那麼大乘經典裡面有說 威音王佛是本初佛，密宗也來發明自己的本初佛，就宣稱說：「我們密宗也有本初佛啊！我們樂空雙運所證大樂光明境界，就是本初佛的境界，是一切佛中最尊貴的，一切諸佛從我出生。」而他們的本初佛就是永遠抱著女人享樂的假佛，他們自稱那是報身佛，就誑騙佛教徒說，他們證得的是報身佛果，比 釋迦牟尼佛更高等。因爲他們說一切諸佛都是從雙身法出生，都是從女性的下體蓮宮裡面出生的，所以那叫作本初佛，因此他們的本初佛就是抱著女人樂空雙運的佛。你們聽了是該哭、還是該笑？眞的不知道，眞的已經不知道該哭、還是該笑了。

所以「阿低布達」意思是本初佛，結果到他們密宗那裡就變成那個雙身修法的假佛；世俗人當然不懂本初佛的梵音是什麼意思，也從來沒有聽過威音王佛的聖名，於是看見密宗拜那種雙身佛、修那種法，就說：「唉呀！密宗喇嘛搞的都是一些『阿里不達』的事情！」這樣講來講去講久了，於是「阿低布達」本初佛這個好名詞就變成臺灣俚語中最下賤的罵人名詞了。那我們佛教對密宗搞出來的這件事情，究竟該哭、還是該笑？這時候已經沒辦法說啦！眞是非常沉痛的事情。

那我們臺灣佛教徒現在就只好捨棄那個「阿低布達」不講了，都不想再說它；因爲一講出來，民眾就生起誤會，那你又沒有辦法跟民眾解釋，因爲他們所知道的「阿低布達」就是「阿里不達」，就是不三不四、不正經嘛！你沒有辦法跟民眾解釋「阿里不達」的本意其實是本初佛，是最久遠、最偉大的創始佛；你根本沒有辦法解釋，而他們也聽不懂，而且沒耐心聽。所以我只好跟諸位講明，將來整理成文字印成書以後，大家若是想要讀我的書，就會有耐心慢慢讀，那就讓他們去閱讀瞭解。

這本初佛就是 威音王佛，在這第一位 威音王佛之前，無佛出世，沒有任何佛陀出現在三界中；所以這兩萬億 威音王佛的第一尊 威音王佛，祂就是十方三世一切佛中的本初佛。那麼這一位 威音王佛，在祂的淨土世界弘化祂無量無邊不可思議阿僧祇劫修行才成就的佛法。爲何說祂所證得的佛法，是經過無量無邊不可思議阿僧祇劫修行才能成就的佛法，而不是我們現在所說的修行三大阿僧祇劫成佛呢？因爲在祂之前還沒有人成佛，就沒有誰能夠教導別人應該怎麼修學佛法，因此大家想要到達最究竟的智慧與境界時，都同樣要自己摸索，成佛的時間當然得要很久。

而祂是最早修行成佛的，所以祂不只是修行三大阿僧祇劫，而是無量無邊不可思議阿僧祇劫修行才成就圓滿的佛法。當然三大阿僧祇劫，有另一個解釋，現在先不說它。因此說祂的佛果成就並不是三大阿僧祇劫所成，而是無量無邊不可思議阿僧祇劫修行摸索出來的；那麼隨後大家就依著祂的教導修學，不必臆測摸索，也就比較容易成佛。而祂在「過無量無邊不可思議阿僧祇劫」前成佛前的無法說明的更久遠修學的過程中，有兩萬億的眷屬，其中以祂修得最好；所以祂把最後的關鍵告訴大家以後，大家就容易成佛了。那麼 釋迦如來在那個時候就已經在祂的座下學佛了，所以才能在「過無量無邊百千萬億那由他劫」之前成佛，現在爲了我們而再度示現成佛；那麼你想 釋迦如來成佛是三大阿僧祇劫成就的嗎？絕對不止！因爲是還沒有第一尊佛出現在世間的時候，都得自己開始修行摸索一段時間，已經先有一些證量了，然後遇到 威音王佛而加速了後面的成佛進程，所以 世尊絕對是很早很早以前就具足成佛之道了，這一點大家先要瞭解。

現在再回來這段經文說，威音王佛的壽命「四十萬億那由他恆河沙劫」；不只是四十萬億那由他劫，而是四十萬億那由他的恆河沙劫。祂的正法住世時間有多少劫呢？假使一個小世界有四大洲，其中一洲叫作南閻浮提；以我們這個娑婆世界為例：說四大洲裡的一大洲叫作南閻浮提，就是我們所住的這一大洲；而我們這個太陽系中的南閻浮提，只是這娑婆的某一個洲渚裡面的一個很小的一點，幾乎是看不見的小洲渚；那你想，這娑婆裡的南閻浮提洲有多少？把南閻浮提這一大洲的所有山河大地磨成微塵，那個數量是多少？真的無法計算；那 威音王佛的正法住世劫數有多少呢？就是如同一閻浮提的微塵數。祂的正法時期過後，像法時期住世的劫數，則是四天下的微塵數，也就是正法住世時間的四倍之多。

這第一位 威音王佛，饒益了眾生以後，祂才示現滅度；而祂示現滅度以後的正法時期、像法時期過完之後，並沒有末法時期，隨即就有第二尊 威音王佛又出現於世間，同樣用這個佛號出現於世間；就像這樣子，有 威音王佛相繼出現而不中斷，總共有兩萬億佛都同樣名為 威音王佛。在所有兩

萬億　威音王佛前後之間，都沒有末法時期。這樣的年代，我們只能羨慕啊！要多大的福報才能有這樣的福氣親自遇到。而　釋迦如來就是在那個時候已經修學佛法很久了，才會有這一品〈常不輕菩薩品〉來開示給大家。好！今天就只能講到這裡，時間到了。

今天要把一百七十頁第三段還沒講完的部分繼續說完。我們上週最後有談到說，威音王佛（其實也就是某些祖師說的空王佛）就是本初佛；才稍微講解了一下時間就到了（有學員的手機響鈴聲起…）；可能我今天要講的開場白比較特別，所以有人響鈴幫我慶祝一下（大眾笑…）；還是請大家聽經前要記得關機。那麼我們說　空王佛或名　威音王佛，就是本初佛，是無始劫以來世間最早成就的第一尊佛。我在所列印經文紙上有鉛筆加註了一些字句，本來就要加以說明，但是沒想到上個週日親教師會議上先有迴響了，所以我想，不如就稍微講多一點，別講得太過於簡略，讓大家都可以瞭解一下這裡面的更多內涵。因爲如果沒有把它講解清楚，這一部《法華經講義》可能就不夠圓滿，那就不好正名爲《法華經講義》了。既然是說《法華經》，那麼講解《法華經》的眞實義時，就一定要把它講解圓滿，別讓大家覺得有缺陷或者遺憾。

那麼首先我們要請大家回憶一下，大概一年多之前，可能將近兩年前了，我們以前在〈如來壽量品〉講解時，釋迦如來有告訴我們說：祂其實不是在這個賢劫才成佛的，而是在「過無量無邊百千萬億那由他劫」之前就已經成佛了。那麼威音王佛是什麼時候成佛的呢？是「過無量無邊不可思議阿僧祇劫」之前成佛。二者成佛時間說明的單位字句同樣是十三個字，前面五個字都一樣是「過無量無邊」，但是中間與後面的各四字可就有所不同了；釋迦如來是「過無量無邊百千萬億那由他劫」前成佛，但二萬億尊同名 威音王佛的第一尊 威音王如來，是在「過無量無邊不可思議阿僧祇劫」前成佛，哪一個時間比較長？（大眾答：不可思議。）不可思議比較長，而且顯然是：到底這樣是長了多久？不知道，因爲不可思議；「百千萬億」是還可以思議的數目，可是「不可思議」就是不能想像的數目了，那到底是多久之前呢？無法用人間的數目單位來說明，所以 威音王佛的時間叫作不可思議的阿僧祇劫。

以這個不可思議的阿僧祇劫爲單位來講，而且是「過無量無邊」的不可思議阿僧祇劫，那根本是沒有一個時間的單位可以來描述 威音王佛是什麼時候成佛的；而我們的本師 釋迦如來，則是在「**無量無邊**」的「**百千萬億那由他劫**」前成佛的；威音王佛的計時單位是「**不可思議的阿僧祇劫**」，釋迦如來的計時單位則是「**百千萬億那由他劫**」，這兩種計時單位的差距很大的，顯然前後相差很久。

由於在 威音王佛之前還沒有誰已經成佛，所以又有人稱呼祂為 空王佛。那麼有的祖師就把祂那個大成劫叫作「空王劫」，說祂是空之王，就說空王劫前是沒有誰已經成佛的。所以我們從〈如來壽量品〉裡的開示，拿來跟這一品中第一尊 威音王佛成佛的劫數作比較，諸位就可以知道 威音王佛與 釋迦牟尼佛成佛的前後時間，相差是非常之遠的。祖師也曾經說過，我特地抄來唸給諸位聽一聽：「**曠古無佛，唯最初威音王如來，以眞如內熏之力，圓覺教授之力，無師智、自然智，自悟自修、自致成佛。**」就是說，在沒有辦法說明的久遠之前的古時候，是還沒有佛成就的；只有到了最初成佛的 威音王如來時，祂個人以證得第八識眞如法性的內熏而修行的力量，使祂有「**無師智、自然智**」，依此自悟自修然後自己達到佛果的地位，這是祖師所說的。

除此以外，禪宗裡面常常有證悟的禪師舉出一句話問人家說：「你說的開悟這個境界，已經是落到意識境界裡面去了，那麼我問你：威音王佛之前的事情究竟如何？說一句來！」意思就是說：「你開悟之前那個本來就在的眞實心，你用一句話講給我聽聽看。」那祖師就說：「禪宗諸祖，每舉威音王前事，令人達本，遍於禪書。」說這種事情普遍地存在於禪宗的各種書籍議論之中。那麼我們就來大略而不要全部舉出來講，因爲全部舉出來說，可能要講上一個鐘頭；我們只大略把幾個比較有名的禪師所說，舉出來跟大家分享。我先唸一段，這是《法華經文句纂要》的記載，在《景德傳燈錄》或《五燈會元》也有記載，唸給諸位聽一下：

【昔黃檗在南泉爲首座，一日持缽過堂，在南泉位上坐。南泉云：「長老何年行道？」黃檗云：「威音王已前。」南泉云：「猶是王老師兒孫。」黃檗便過位。】

這些言語在古時候都是白話，現在大家可能覺得有一點文言的味道，我來跟大家解釋一下。這一段文字是記錄黃檗禪師還沒有建立道場之前的事，所以說，以前黃檗希運在南泉普院禪師座下是當首座，有一天持鉢過堂時，也就是持鉢進齋堂要用午齋時，他故意在南泉普願禪師－也就是他師父－的座位上面坐定；那麼南泉普願來到時，看見他坐在自己的位子上，就問他：「長老啊！你是哪一年開始行道的呢？」是問他：「你是哪一年才開始眞正修行的呢？」黃檗就說：「我在威音王佛以前就開始行道了！」他故意這樣子講，是說他是非常之早，在還沒有佛出現於世間之前，就已經開始修行了。南泉聽了說：「你是威音王佛以前開始行道，也還是我王老師的兒孫，到下面坐去！」（編案：多數禪宗文獻記載，都有南泉對黃檗喝「在下去」的記載）就把他趕下去，那黃檗就把位子讓出來，過與南泉禪師坐了。

這兩個人說的都有道理。但是古來沒有多少人敢自稱「老師」的，禪宗裡曾經被稱爲老師的人並不多。可是有的禪宗祖師被稱爲老師，其實還是有一點埋沒他的，因爲有的禪宗祖師遠超過歷代禪宗祖師的證量。那也就先不談它，我們在這個公案裡面，要看它顯示了什麼意思？黃檗說：「我是在威音王佛之前就開始修行了。」這表示……想成就佛道需不需要修行？需不需要修行？（大眾回答：要！）有沒有人認爲說，不必修行就能成佛的？有沒有？請舉手。第二、第三、第四講堂！沒有啊？所以黃檗意思是說：「我很早就開始修行到現在了，所以才敢坐上您這個位子。雖然您是法主，我照樣坐上來。」沒想到王老師南泉普願就說：「縱然你是威音王佛之前就開始修行的，也還是我王老師的兒子、孫子啦！坐到下面去！」

一個是從悟後起修的究竟佛位來說，一個是說一切眾生本來成佛、本來涅槃。那個在理上說的，意思是說：你黃檗希運說的是事修，我南泉普願說的是理上。事修要依理，不依理就沒有事修之可言；所以南泉普願說的意思是，這個如來藏是根本，那你說的是事修上面的事，你這時已經沒有住在理上了，已經落入識陰境界中了。照理，南泉禪師應該放他一棒，因為黃檗當時沒有管帶好，一時離開了真如之理而落入識陰中，所以南泉罵他「猶是王老師兒孫」，接著命令說「在下去」，在不在那個「在」，也就要他到下面那個位子去坐，所以黃檗就得讓坐。

這表示，在 威音王佛成佛之前，每一個想要成佛的人也還是得要修行；如果沒有修行就不可能成佛，就沒有 威音王佛這個名字出現於世間，或者說，就沒有 空王佛這個名字可以稱說了。那麼請問，過去諸佛是有始還是無始？有始還是無始？要問諸位啊！過去已成諸佛是有始成佛、還是無始成佛？所以我今天要說，這個法義還是很重要的。所以有人說「無始」，有人說「有始」，兩者是有諍議的。現在，有始、無始且置，暫且賣個關子，待會兒諸位就會知道過去諸佛的成佛是有始或是無始。

再回到禪宗的例子來說：**【鼓山神晏國師常問學者：「如何是威音王佛師？」】** 只要有人來參訪，他就問：「如何是威音王佛之師？」這意思是不是在說 威音王佛也有師父？是不是？是？不是？啊？怎麼有人點頭、有人搖頭？那你們不點也不搖的人是怎麼回事？是觀望派？

所謂的 威音王佛，這時就成為一種譬喻，是說開悟了就叫作「**威音王佛的境界**」，這是從理上來說，不是從究竟成佛來說的。那麼開悟時要以什麼為師？大聲一點！（大眾答：如來藏。）釋迦如來也吩咐大家「以法為師」呀！是說若沒有法就沒有諸佛。所以，既然要以 威音王佛來作為譬喻的象徵，就表示第一尊 威音王佛也是需要修行才能成佛的，對不對？既然 威音王佛一樣需要修行才能成佛，那麼不管過去、現在、未來一切諸佛，大家是無始以來都是本來已經成佛的？或者是要經過修行以後才能成佛？那麼是有始、還是無始？（大眾回答：有始。）弄清楚了？這時候諸位已經是用理解的，而不是用猜的，是有如實理解了。

接下來又有一段記錄，祖師這麼說；他首先舉了禪師的話，然後再自己來發揮，我唸給諸位聽：【曹山云：「威音猶未曉，彌勒豈惺惺？」威音因緣，雖未檢經，而有禪宗諸祖提唱之語，亦可憑之，以明威音古佛是我本師遠成之本，亦與當經〈常不輕菩薩品〉中最初威音如來冥然契會。」】

意思是說，曹山本寂禪師曾經說過：「這個法，在威音王佛成佛之前，祂也還是不知道的，彌勒怎麼可能自己就能夠清楚了然呢？」舉了曹山的偈說明了以後，他就說：禪宗有很多的祖師對這個道理加以提唱。也就是祖師們提出來舉唱宗門眞旨的那一些話中，也常常提到 威音王佛之前的事，說：「這也可以作爲憑據的，可以明白地告訴我們：威音王古佛是我們本師釋迦如來很久遠以前成佛的根本，也與相應的《法華經》〈常不輕菩薩品〉中所說，兩萬億威音王佛中的最初威音王佛的事實，暗地裡互相符契。」

這意思是說，禪宗祖師們常常問學人：「你現在修行的這個境界已經落在識陰之中，已經是五蘊出生以後的事了。」威音王佛成佛了，就是有究竟佛出生了！那就拿來譬喻說：「你現在是出生成爲一個人了，可是你出生之前的事呢？」出生之前就是 威音王佛出現之前，那是怎麼一回事？你出生以後有色陰、有識陰覺知心，也有受想行陰，但這是出生之後的事，現在要問你的是「出生之前」的事：哪個才是你本來的自己啊？那麼直接這麼說不就得了？他偏不！偏要說：「威音王佛成佛之前，道將一句來！」

這也代表說：「你成就了佛果，這已經是出生了，」禪師譬喻五蘊的出生爲成佛，就問：「那你還沒有成佛之前，你是憑據什麼來成佛的？」那麼禪宗祖師說的最早的佛，雖然都是用譬喻來說的，但是所說的最早的佛就只有兩個名稱，要不然就叫作「空王佛」，再不然就叫作「威音王佛」，都說最早成就的佛就是只有這麼一尊 威音王佛，或名 空王佛。爲什麼叫作空王？因爲是證得空性的第一人，所以稱爲 空王佛；王是標榜祂至高無上的意思，也是說祂就是第一尊佛。

這是禪宗裡面所說的，那麼我們再從道理上來說，先要請問諸位：世尊示現涅槃後，是否顯示祂說法已經圓滿了？是否已經圓滿？是！那麼如果說法已經圓滿了，祂離開我們之前，有沒有可能不知道無始劫以來最早成道的那一尊佛？不可能嘛！好！那祂既然說法圓滿了，有沒有可能遺漏而沒有說明無始劫以前最早成佛的那一尊佛是誰？有沒有可能遺漏不說？不可能！因爲如果還沒有說，那麼祂說法就是還不夠圓滿，就不應該示現入涅槃。

諸佛示現成佛以後，在「八相成道」的示現中，有一相是「轉法輪」；法輪沒有運轉圓滿之前，不可以示現入涅槃。那現在 世尊還在不在？不在人間了！那祂是不是已經說法圓滿了？是。這表示祂已經說過應該說明的諸法了啊！所以無始劫之前的第一尊佛，一定是已經說明過了。那麼我們可以遍讀諸經來看看，有哪一尊佛成佛以來最爲久遠？也就是 空王佛，就是 威音王佛，再也沒有哪一尊佛比祂更早成佛了。那麼這樣子才能夠說，世尊說法已經圓滿了。

但是也許有人想：「世尊說明最早的一尊佛之前，應該把所有已成之佛全部說明。」如果要全部說明清楚而一直往前講到 威音王佛的話，講上一百年也講不完啊！所以假使有人說「世尊說的威音王佛應該還不是本初佛」，那諸位認爲這樣講通不通？通不通？（有學員回答說：不通。）爲什麼不通？因爲與這個世界眾生沒有重要關聯的過去諸佛，就不必一一提出來說明；只要把與這時的法眾有關的諸佛加以解說，並且說明自己是在何時成佛的，成佛之前初發心是什麼時候，是跟隨在哪一尊佛座下修學而初發心的，然後再提到最早的一尊佛就可以了，不必把已成之佛全部說明。

就好像現在十方世界諸佛，釋迦如來也不必全部加以說明。譬如你如果爲人解說如何坐高鐵去到高雄時，有的人坐直達車，有的人搭乘的是每一站都停靠的；如果那個人是要坐直達車，就告訴他說：「你從臺北下去，只經過臺中一站就會到達高雄。」不停車的那幾個站，你就不必爲他說明。如果他搭上的是每一站都停的列車，你就告訴他：「你總共要經過幾個站，才能到達高雄。」又譬如說，有人開車去高雄，就告訴他：「你從一高、三高開了車子往南，大概兩個鐘頭左右你會經過臺中，三個多鐘頭大概會經過臺南，大約五個鐘頭你就到高雄了。也許你開快一點，不必到五個鐘頭，也許開快車只要四個半多鐘頭就到了。」目的是告訴他到高雄大概的情形，這時需不需要從三重、五股、桃園……，每一個地方都講出來？不需要嘛！

所以不必全部解說過去究竟已經有多少佛成佛，只要把跟眾生有關的諸佛說明一下就行了；那麼也可以直接推溯到很久遠之前的佛，也可以再往前直接推溯到最早的第一尊佛，不必全部演說出來。但一定是把演說《法華經》時與大眾相關之佛演說了就可以，不必把過往諸佛全部一一說明。那麼與法眾有關的諸佛，在平常講經的時候找機會解說一下就夠了，也不必把過往一切佛、現在十方世界一切佛全部舉出來說明。

所以，既然世尊已經說法圓滿了，那麼本初佛一定是會講到的。爲什麼是這樣？待會兒再來說。有人說：「有菩薩曾經講過，沒有最初一佛。」有一個很重要的涵義，就是有附佛法外道說：十方世界過去、現在一切諸佛，都是從最早的一尊佛所出生的，菩薩爲了對治這種外道邪說，才會把外道所說加以否定而說沒有「最初的一佛」。這個前提要先弄清楚，因爲外道那樣說的最初一佛，就好像上帝出生一切有情，又好像一貫道說的「老母娘生了諸佛，所以末期收圓時要把諸佛收回來，才算圓滿」，這就是外道造物主的思想。菩薩們當然不承認有外道說的這種「最初一佛」，而不是否認無始劫前有最早成佛的一尊佛，這個前提要先定義清楚。

那麼密宗有一個說法：一切諸佛都是從他們的「金剛持佛」所生，所以那個抱著女人行淫的金剛持佛就是本初佛。但是密宗也有另一個說法，一切諸佛是普賢王如來所生，所以那個抱著女人的「普賢王如來」是本初佛。他們把諸佛的成佛當作是五陰的出生——當作世俗人結婚生子一樣，指的是五陰的出生而不是智慧與福德成就所成的佛的出生，所以他們說的本初佛，我們不能承認。如同我常常告訴大家的，所有佛法名相去到了密宗那裡就會全部走樣：不成個人形，都成爲鬼形。你們可以看：佛法中「無上瑜伽」本意叫作「無上的相應」，與什麼相應？與佛果的無上智慧境界相應；然而密宗竊取過去以後就變成男女雙身法，說他們與女人樂空雙運時的享樂法門就是無上瑜伽。

同理，密宗說的本初佛我們當然也不承認，因爲他們完全扭曲而說。由於他們完全扭曲而說，成爲一切諸佛是五陰所成就，都是由他們的本初佛五陰生下來的，那麼這樣說來，一切諸佛的本質全都是五陰喔？菩薩們當然不能承認有他們這樣妄說的最初一佛！因爲諸佛之所以出生，是由前佛授學修行，最後才能成佛，不是五蘊被出生了就是佛。

不過密宗的說法一向荒誕不經，這已是平常事。只要是密宗說的，全部荒誕不經，而且往往自相矛盾。他們說金剛持佛是釋迦如來化現出來演說密宗的各種密法，可是講到後來，變成是金剛持佛自己成佛，不是由釋迦如來化現出來的，最後又變成 釋迦如來也是由金剛持佛出生的，到底哪一種才對？他們也講不出一個定案。有時又說蓮花生是他們的教主，說蓮花生是從蓮花中化生出來，編造了神話故事；說是在某一個地方出生了一朵蓮花，蓮花裡面有一個童子，那個童子從蓮花裡出生以後，就是後來的蓮花生「大士」，所以他便叫作蓮花生。問題是他有沒有五陰肉身的父母？答案是有！而且有明確的歷史記錄。

我想，他的父母如果知道他後來會那樣講，早知道，當他剛出生就捏死他算了；「**我們辛苦萬般乳哺長養他，每天推乾就濕才把他養大的，竟然說他是蓮花所生的。**」不過，想來也對啦！他們說的「蓮花」究竟是什麼？諸位想一想，（大眾笑…）所以他們說他是蓮花所生的，大概也對。因此他們的說法是亂說一氣的，很多人講出了很多種說法，經過一段時間再把它們整合；還沒有整合好的各種說法，也就成了笑談，所以他們的說法都是荒誕不經的。因此密宗說：一切諸佛由一個本初佛出生，被出生以後就已經是佛，而本初佛是無始就存在的，並且是一開始就抱著女人樂空雙運的。但那是不可信受的荒誕說法，菩薩當然要否定說：無密宗所說的最初一佛。但並不是說沒有無始劫以來最早成佛的一尊佛。

接著或許有人會這麼說了：「**每一個有情的如來藏，每一個有情的法身第八識，全都是無始的，當然過去諸佛成佛也應該是無始的。**」假使有人這麼說，你們認爲對不對？動動腦筋！對不對？爲什麼搖頭？欸！講到關鍵了：如來藏法身當然是無始的，所以眾生自然也是無始的；但是這些無始劫來就已經存在的一切有情，需不需要修行才能成佛？（大眾答：需要。）是需要。有沒有人認爲不需要修行就能成佛？有沒有？請舉手！第二、第三、第四講堂呢？都沒有人舉手。

諸位很有智慧！因爲，假使由於如來藏法身是一切有情法爾如是、本來而有，都是無始的，所以過去諸佛就是無始的；這樣的說法會產生矛盾衝突，一定自相衝突。這就是說：假使一切有情的如來藏法身是無始，所以過去諸佛也都是無始成佛；那我們眼前所有人，現前都還沒有成佛的一切有情，每個人的如來藏法身是不是無始的？是。但我們有沒有成佛？沒有。那就會成爲一個邏輯上的矛盾，就是一切有情的如來藏法身是無始而有，過去已成之佛是無始成佛，沒有一個開始，都是無始就已經成佛；那我們呢，「還沒有成佛的一切有情」包括菩薩們，應該將來就不可能成佛了；因為成佛是無始的，而我們想要去轉變我們現在的有始，要去成為跟他們無始的佛一樣，這是不是矛盾？是啊！這就變成我們永遠不可能成佛，因為已成的諸佛都是不必修行而無始成佛，但我們如果將來成佛時可就是有始，就違背無始成佛的理則，邏輯是不通的。從另一方向來說，過去諸佛若是可以無始成佛，我們同樣是有無始的如來藏，為什麼不能也無始成佛？為什麼我們就得要修行三大阿僧祇劫才能成佛？而過去已成之佛憑什麼可以是無始成佛？所以這也講不通，對不對？

如果有人修學佛菩提道，相信說：要斷盡所知障、斷盡煩惱障的習氣種子，才能夠成佛。那麼請問：過去已成之佛有沒有這個修證？（大眾答：有。）一定有嘛！才能夠說祂們是已經成佛。既然一定要修行而斷盡二障以後才能成佛，諸佛在成佛之前是不是佛？不是！一樣是要經過修行以後才成佛的，那他們的成佛是不是有始？（大眾答：是。）依舊是有始！所以，不能夠說過去諸佛的成佛是無始的，雖然祂們成佛的時劫之早，是我們無法去推知的，所以 威音王佛的成佛，釋迦如來說是「過無量無邊不可思議阿僧祇劫」之前，因此最早二萬億威音王佛中的最初 威音王佛成佛，也不是無始的，而是在那個時候才成佛的，否則就不能叫作成佛，因為還沒有成！而在無始以前還沒有成佛，既然經過修行而成佛了，就是有始，就不能夠說往昔諸佛都是無始成佛的。

不論什麼法、什麼事、什麼物的成就，都一定有始，非成就之法才是無始的；一切法界中只有一個法非是成就之法，就是大家的法身如來藏，世尊說祂是「法爾如是」。祂並不是由誰去把祂製造出來的，所以沒有一個成就的時候，祂是本來就在、法爾如是，不需要誰去成就祂，才能叫作「無始」。而一切有情（包含最早成佛的第一尊威音王佛）成佛前的如來藏中存在的二障種子也是無始的，那麼一切佛的成佛，是不是都要經由修行而成就佛地的功德果位？是！那就是有成就了。既有成就，一定是經過一個過程而成功了，才能叫作成佛。那如果有經歷一個修行過程之後才成佛，成佛之前一定還不是佛，那祂的成佛顯然有一個開始；所以過去無量諸佛的成佛都不是無始，一定有一個時間點是祂成佛的時間。既然在成佛之前是還沒有成佛的，是修行斷盡二障而到那個時間點成佛了，就表示有始啊！所以如來藏法身的無始，不能用來引證爲「過去諸佛、很早以前成佛的諸佛是無始」的憑據。

再說回來，諸佛都有「十力」。十力中的一項（其餘九力不談，因爲十力全部都是智力，是由智慧產生的力量而叫作十力，總共有十種），我們只談其中的一種，叫作「宿住隨念智力」。「宿」就是過去，「住」就是曾經住在那個境界中，才說是宿住。把住宿兩個字顚倒過來就是宿住，這樣就聽懂了。諸佛如來對於自己和所見眾生過去所已曾經歷過的境界、安住過的境界，不論後來經過了多少劫，都不需要進入禪定生起宿命通再去瞭解，而是隨時想要知道的時候，隨時就可以想起來，這叫作「隨念」，是隨時可以憶念出來的。

諸佛如來都有這樣的智力，沒有限制往昔多少劫之前就看不到。有一個很有名的典故，有一天 佛陀問舍利弗：「你看這一隻鴿子，牠往世是什麼？」舍利弗一看：「是鴿子。」一樣是鴿子。「你再往前看。」「還是鴿子。」「再往前。」「還是鴿子。」看了好幾世，乾脆往前看一百世吧，一百世又一百世看過去也還是鴿子！那就看一千世、一萬世，這樣一直看過去還是太慢；不然就看前一劫好了，前一劫還是鴿子；再看兩劫、十劫、百劫、千劫前，結果看到一萬劫前也還是鴿子；他還是繼續往前看，看到八萬大劫前，還是鴿子。舍利弗說：「八萬大劫前，我看不見。」他看不見了，可是諸佛不必像宿命通這樣去看，而是一念之間就可以知道；不單對自己過去無量劫前一念而知，甚至於一切有情只要遇見了，諸佛想要知道，都可以隨念而知。這種智慧的力量，是只有諸佛才能具足圓滿，名爲宿住隨念智力。

假使有人認爲說：「諸佛是無始劫以前成佛的，釋迦如來怎麼可能看得見？」這麼說是不是違背了諸佛十力中的「宿住隨念智力」？是啊！是違背了啊！因爲諸佛如來的宿住隨念智力之所知道、想要知道，只要一念生起就知道了，都不必用宿命通去看，而且不論想要看見往昔多久以前的事，都沒有限制。那麼這樣的智力，是已成之佛才有的，而且諸佛都同樣具足圓滿。那麼 釋迦如來已經成佛，祂有沒有這樣的智力？有！那麼祂想要知道最早的一尊佛是誰？是何時成佛的，有沒有能力知道？（大眾答：有。）有！如果你說沒有，就是謗佛，問題就大了。

那麼既然 釋迦如來是已成之佛，具足十力、十八不共法、四無所畏、四神足等，那麼祂自然可以知道以往已成之佛是誰，其中又是誰最早成佛，乃至於現在已成之佛，過去已成之佛，是曾經跟誰修學過的，也都是隨念而知，否則祂就不是具足圓滿「宿住隨念智力」，那祂就還不是佛。那麼 釋迦世尊既然全都知道了，已經宣示要講《法華經》之後才入涅槃，那麼祂講《法華》的時候，可不可能把這個很重要的事情漏掉不說呢？不可能。這就表示釋迦如來已經爲我們說過，連續二萬億威音王佛中最早成就的佛是誰了，這就表示 威音王佛可能就是本初佛。那我們把所有的經典查證了以後，其實不一定是 威音王佛最早，這是因爲禪宗祖師這麼說，我們暫且隨順。比祂更早的可能還有曼陀羅花香如來，或是不可思議願勝起王佛等等，但 佛沒有說誰是最早的佛。話說回來，由此可以證明本初佛三字並不是密宗所定義的本初佛的意思，所以不要把密宗說的本初佛，拿到我說《法華經》或佛法中說的本初佛來畫上等號。

佛說的「無量無數恆河沙數劫前，再過無量無邊百千萬億阿僧祇劫前」，有時也說爲「過無量無邊不可思議阿僧祇劫前」，或者說「過去過阿僧祇阿僧祇無量無邊不可稱不可量廣大不可思議劫」，這是 世尊在經中說過的很久的往昔時間，也曾說幾尊佛都是「過無量無邊不可思議阿僧祇劫前」成佛的，看來劫數是相同的，但其實有所差別，只是沒有再施設更大數來說明罷了；並不是文字上的數目相同，本質就全都相同。例如 大通智勝佛成佛以來的時劫也極早：「**乃往過去無量無邊不可思議阿僧祇劫，爾時有佛，名大通智勝如來。**」但 大通智勝佛卻還不是最早之佛，因爲當時已有其他諸佛世界存在了：「**大通智勝佛得阿耨多羅三藐三菩提時，十方各五百萬億諸佛世界六種震動，其國中間幽冥之處，日月威光所不能照，而皆大明。**」當祂成佛時已有「**十方各五百萬億諸佛世界**」存在了，由此應當知道：威音王佛與大通智勝佛同樣是「**過無量無邊不可思議阿僧祇劫**」之前成佛。然而 大通智勝佛還不是最早成佛的人，但最初一尊 威音王佛之前，卻並沒有諸佛世界存在的說法，因此祖師們通常把二萬億尊 威音王佛中的第一尊，定位成最早成就佛果而說爲本初佛。

而且本初佛也是唯佛能知，例如《大法鼓經》卷一記載：【佛告迦葉：「無始者，非一切聲聞、緣覺思量所知。若有士夫出於世間，智慧多聞如舍利弗，長夜思惟終不能知佛之無始誰最爲先，乃至涅槃、中間，亦不能知。復次，迦葉！如大目連以神通力求最初佛世界，無始終不能得。如是一切聲聞、緣覺、十地菩薩，如彌勒等，悉不能知。如佛元起難可得知，眾生元起亦復如是。」】這就是說，只有已成佛的人，才能了知最初佛是誰，這是因為有十力中的宿住隨念智力的緣故，如果想要了知往昔任何已成的事情時，無不能知。而一切佛之所以成佛，全都必須斷盡煩惱障的現行與習氣種子，也必須斷盡過恆河沙數無始無明上煩惱，才能夠成佛，因此沒有誰是無始成佛的。

那麼有人因為說：既然施設了一個本初佛，諸佛都要跟隨祂受學，接著修行很久以後才能成佛，那這位本初佛應該是諸佛之王——佛王，或者說這個本初佛的威力智慧高於諸佛。請問，這個說法有沒有道理？（大眾回答：沒道理。）為什麼沒有道理？（有人回答，聽不清楚。）對！正是因為「佛佛道同」！所謂的究竟成佛，都有一個固定不變的標準，就是說，同樣要斷盡所知障中一切過恆河沙數上煩惱，也就是斷盡塵沙惑；同樣要斷盡三界愛的現行以及三界愛的習氣種子，這些內涵是固定不變的，最初一尊佛乃至諸位將來成佛時全都一樣。

既然成佛的證量都是一樣的，那麼有沒有高下大小的分別？沒有嘛！所以最初一尊佛的成佛是最辛苦的，因為完全不知道成佛的全部內涵，而要自己去摸索；可是摸索出來以後，教導大家來修行實證的內涵則是完全一樣的，都是跟祂的所證完全一樣。那麼二萬億佛中的最初 威音王佛成佛時，同樣有十八不共法、四無所畏，同樣有十力等等，那麼祂有沒有能力來檢驗自己已經成佛？有沒有能力？當然有啊！因爲後來成佛的所有諸佛在過去世都曾經跟隨諸佛學，越早的諸佛就是跟隨第一尊佛修學；可是修學以後繼續努力修行，累劫修行以後所成就的內涵，一定跟最初的本初佛所證內涵完全相同。

既然後佛是跟隨祂修學而成佛，顯然 威音王佛是已成之佛；祂既然是已成之佛，有沒有智慧判斷自己是否已經成佛？這答案很清楚啊！假設有第一尊佛的證量，被後來佛超越了，大家就會說他還沒有成佛。一定是實修圓滿而無法再被超越了，後佛的所證也只是和祂一樣，大家都是已經圓滿一切智了，前佛後佛互相檢驗時全都一樣，才能稱爲已經成佛。所以不必懷疑第一尊佛有沒有檢驗自己成佛的能力，也不必懷疑第一尊佛所證的內容是否多於隨後成佛的其他諸佛；因爲如果有差別，那就是佛陀要分兩級：這是第一級佛，那是第二級佛，那就不能叫作「佛佛道同」。

那麼　釋迦如來捨壽之前——離開我們去別的小世界度眾之前，也應該告訴我們說諸佛有兩等：第一等如何，第二等如何。可是　釋迦如來化緣圓滿了，並沒有這麼說過；顯見諸佛如來都自知成佛，因爲十力都已具足了。那麼也顯見最早的佛，跟未來無量無數諸佛的證量是一樣的，沒有誰大誰小的問題。

譬如考文學博士，請問大家：文學博士有沒有分等級？考過文學博士、拿到文學博士學位的人，有沒有分說：這是第一級文學博士，這是第二級、第三級、第五級文學博士，有沒有？沒有嘛！凡是文學博士，他的考試應當具足的內涵是一樣的。同理，諸佛既然同樣是要修行以後才斷盡所知障、煩惱障，沒有需要斷更多的，也沒有需要證更多的，那麼諸佛的所斷與所證顯然完全相同。既然完全相同，那麼最初一佛跟後面所成的諸佛，證量是不是完全一樣呢？是一樣的！那就不可能成立一個說法：既然後面諸佛隨於前佛修學，所以後面諸佛就不如前面第一佛。這個說法當然就不能成立了！所以諸佛悉皆平等，因爲所斷與所證完全相同，也都是要歷經斷盡二障的過程才能成佛的。

那麼二萬億　威音王佛中的最初　威音王佛，祂成佛之前也是自己要去摸索，那個摸索的時間是非常長久的，因為還沒有人成佛，無法教導祂呀！所以古德說「曠古無佛」。那既然祂也是同樣要修行而斷盡二障才能成佛，顯然本初佛─第一佛─也是有個開始的，那祂修行到那個時劫成佛以後，有沒有把成就佛道的內涵遮蓋起來不讓人家知道？沒有啊！那祂全部都說清楚以後，後面的菩薩們就有一個藍圖，成佛就照這個順序來修行。這裡面每一個順序的內涵是什麼全都知道了，而菩薩們會不會捨棄那個藍圖說：「我自己慢慢去摸索吧。」不會嘛！因為這麼笨的人不可能當得上菩薩啊！（大眾笑…。）

就好像我告訴諸位說：「要有什麼樣的定力，要有什麼樣的知見，什麼樣的福德，然後你就可以開悟了。」你已經知道了，竟然偏偏說：「我就是不要依你的，我自己重新去摸索好了。」這種人是不會開悟的。你們會這樣嗎？不會嘛！人家已經畫好一張圖：從臺北到臺中，路上要怎麼走。你說：「我偏不要依你的，我自己去摸索。」那你要等到何時才能到臺中？沒有這麼笨的人！所以，已經有一尊佛成佛了以後把佛法具足說出來，所有菩薩們就會追隨修學，依照已經畫出來的藍圖去實行，是最快成佛的方法呀！所以大家都不會反對，都會全盤接納；於是成佛就變得快速了，所以後來都只要三大阿僧祇劫就可以成佛了！但是最初佛成佛時，是要經過無量無數不可思議的阿僧祇、阿僧祇劫去思惟、去摸索，跌跌撞撞地修了很多冤枉行，最後才知道說：「啊！這樣修行圓滿時才能叫作成佛！」

既然他那樣跌跌撞撞的過程，大家知道不應該效法，就當作前車之鑑，車子開到那裡時，不要起個妄念說：「啊！前人在那裡翻車，我也來翻翻看！」（大眾笑…）不需要啊！你就直接避開，順利開過去就行了。前車翻車以後，後來是怎麼開過去的，他已經告訴我們了，那我們就用他的方法開過去，不必自己再另開一條路去走，也不必學他翻車看看。他已經把路開好，你就順著他的路開過去，當然也就快速啊！所以後面成佛的過去諸佛（以我們現在來說，祂們便叫作過去諸佛），凡是在　威音王佛之後某一段時間的成佛者，都是曾經受學於　威音王佛座下。

因此天然丹霞禪師說：「威音王以前，無佛名，無眾生名。」這是把「威音王佛」喻為如來藏心，也是把　威音王佛當作本初佛。又如《六祖壇經》

說的，六祖的弟子玄策去度永嘉玄覺時說：「威音王已前即得，威音王已後無師自悟，盡是天然外道。」所以祖師們一向主張：威音王佛之後，不論哪一尊佛要是有因緣拜見，你問祂們說：「佛陀！您成佛之前，有沒有跟隨過別的佛修學？」祂們一定告訴你：「有。」然後告訴你說，祂過去無量劫前是跟隨哪一尊佛學的，後來又跟隨哪一尊佛修學，就一一說給你聽，不必要的當然就跳過去不說。

所以禪師說，打從第一尊佛威音王佛成佛之後，假使有人自稱成佛了，卻公開說他過去世沒有隨學於任何一佛，那他一定是「天然外道」，根本不是佛。「外道」是表示他連菩薩都還不是——連佛弟子都不是，只是一個修學外道法的凡夫來謊稱成佛。因此，如果有哪位祖師的論中說：諸佛是無始的。那全部都是錯誤的說法，因爲有大過失的緣故。如果以往的諸佛是無始的，表示他們那些古昔諸佛都不必斷除所知障，也不必斷除煩惱障，那就是凡夫；那諸佛是無始的，那樣的無始的不必斷二障的佛，顯然叫作凡夫佛。

或者說，他們那些古昔多劫前已成之佛，都是不必修行就已經沒二障存在，是生來就沒有二障的佛，所以本來就是究竟佛。那麼同理，我們一切還沒有成佛的有情，也應該和他們一樣都是生來就沒有二障需要斷除。然而這個道理不通，進退兩面全都失據呀！所以古昔已成的諸佛本來也和我們一樣是凡夫，後來修行斷盡二障以後才成佛的，當然不是無始本來成佛的。再說回來，一切凡夫都不能稱爲究竟佛，因此一定都是要經過修行斷除二障的過程圓滿了，最後才能夠成佛。那麼這樣成佛，就表示往昔已成的諸佛，都是修行到某一個時間點才成就佛果，顯然祂們都不是無始成佛的！所以我說，眾生是無始的，但是諸佛的成佛都是有始的。那麼能不能夠說諸佛是無終的，說諸佛是有始無終，可不可以？請問諸佛成佛之後，會不會進入無餘涅槃？（大眾答：不會。）那麼諸佛會永遠怎麼樣呢？會利樂眾生永無窮盡！因爲被十無盡願所持的緣故。

所以諸佛都是有始無終的，那麼眾生可不可以說是有始無終？不可以！因爲眾生是無始就有的。而眾生可不可以說是無終呢？這可不一定喔！如果他是修菩薩道，一直都沒有變節，都沒有歸投入聲聞道中，他將來一定會成佛；成佛之後利樂眾生永無窮盡，那他就是無終的。可是如果他有一天被聲聞人勸說而心動，變節了就說：「我不再行菩薩道了，唉呀！太苦了！三大阿僧祇劫之中把最勝妙的法不斷送給眾生，眾生還要懷疑我，還要無根誹謗我，算了！我入無餘涅槃去了。」他變節了，那他就有終啦！所以也不能夠說眾生有始無終，也不能夠說眾生無始無終，因為未來的情況往往還會有變化，直到已經心得決定時才不再變化。

但是往前看，一切有情都是無始本有；那麼這樣子來說，既然推溯以前過去已成諸佛，全都是從凡夫位修行而要斷盡二障才能成佛，不可能是本來就已經是究竟佛，那祂們是不是都有成佛的時候？答案是「有」。既然要有修行才能成佛，那麼推溯到超過無量無邊不可思議阿僧祇劫之前，是不是一定會有一尊佛最早成佛？是嘛！同樣，祂要修行才能成佛。那麼這樣子，本初佛這個說法，有沒有道理？有！

今天咱們講經之前，有人心裏面打一個好大的問號，可以說是斗大的問號，但現在心中還有沒有疑？我相信一定還有人繼續有疑，回去以後還是會在電子佛典好好蒐尋，但是依舊不可能推翻我今天之所說。因為這不僅是放諸四海而皆準，更是放諸於十方三世諸佛世界而皆準的法。除非過去已成之佛都不用修行斷除二障，但是這樣邏輯是永遠不能成立的，否則就成為眾生本來就有二種：一種是本來就沒有二障需要斷盡的佛，一種是本來就有二障等待斷盡的凡夫。所以這樣子，祖師們說威音王佛是本初佛，說有最早成就的一尊佛爲本初佛，這是正當的，也是不可改變之理。至於密宗說的「阿里不達」佛——經常抱著女人交合的假大日如來，說是本初佛，就當他們是放屁！因爲他們一向胡說八道慣了，咱們不必理會他們。

接著呢，有外道——當然是密宗外道說：「這蕭平實竟然敢說他無師自悟，顯然是個天然外道。」他們說的有沒有道理？（有人答：沒道理。）所以他們就是不懂佛法，抓住一句祖師說的或者經典裡的話，都還沒有詳細弄清楚那些話的道理，就拿來評論我了。他們也不看看祖師或經中那句話的前面文字是怎麼說的，後面文字又是怎麼說的，他單取其中一句，也就是「斷句取義」來作妄評。人家斷章取義已經被罵翻天了，他竟然斷句取義，然後就說：「這個蕭平實竟然說他自參自悟，顯然是個天然外道。」可是祖師說無師自悟的天然外道，是包括往世在內都沒有追隨任何一佛而修行，是說某人往世沒有追隨諸佛修行而在這一世自參自悟，罵作天然外道。

前面講的是祖師說「威音王佛已後無師自悟」，才是天然外道；不是講某一個人在這一世無師自悟的事，而是說無數阿僧祇劫以來都沒有追隨過任何一佛修學，是自己這一世首度開悟而且一悟就成佛的事。而且他們還汙衊說：「蕭平實竟然說他開悟成佛了！」但我至今都還不知道是什麼時候被密宗冊封成佛了，而我也判定說開悟時只是三賢位中的第七住位，並不是成佛，怎會說我宣稱一悟成爲究竟佛了？所以他們眞的是外道，完全不懂佛法。你若是想要跟他們談論佛法，眞的就像是秀才遇見兵，下一句：（大眾回答：有理說不清。）對嘛！就是有理說不清！祖師們說的是「威音王佛之後無師自悟的人」，那不是單指這一世，而是說追溯到他成佛之前的無量世或無量劫，從無量劫以來都自己修學而自己成佛，往世從來都沒有跟諸佛學過，而在這一世自稱成佛了，那個人一定是天然外道。

也就是說，他是天然佛，是本來已經是佛，是無始成佛的，那就一定是外道，就是凡夫佛，可不是單說這一世自參自悟的事啊！如果依照他們那樣講，而可以講得通，那麼 釋迦牟尼佛在兩千五百多年前在這裡示現成佛，祂也沒有跟過哪一個證悟的人修學過啊！而祂跟隨過的那些外道全都是沒有悟的凡夫，那麼依照密宗他們的邏輯，釋迦牟尼佛也就變成天然外道了，那麼請問：威音王佛以後的兩萬億佛，都不是在　最初威音王佛住世時成佛，後世成佛時也是自悟成佛的，應該同樣是天然外道了？連同二萬億佛中的最初威音王佛，成佛的那一世也都沒有跟任何人學過，那麼他們是否也都是天然外道？所以說密宗他們眞的是謗佛：毀謗過去、現在的無量諸佛，眞是罪業深重啊！

那麼這樣看來，顯然密宗喇嘛上師們全都是外道。但他們爲什麼會這樣無根據就來誹謗我們？是因爲他們認爲成佛只要一世，這一世的成佛，只要跟著喇嘛學就可以成就。但他們是成什麼佛？成抱身佛。是女人抱著男人身體，男人抱著女人身體而成佛的啊！可是偏偏蕭平實都沒有跟什麼人學法，因爲跟隨過的師父，蕭平實把他否定了，所以他們說「蕭平實是無師自悟的外道」。可是他們又罵出另外一種話：「這蕭平實忘恩負義，他跟隨某某法師學法而得了他的法以後，竟然又把他否定。」既然知道我否定了這一世的師父，那我悟了，所悟的內容怎麼可能是他所傳授的法呢？

既然我所悟的不是他傳授的法，我來否定他，不要他誤導眾生，這怎麼能說我得了他的法？怎能叫作忘恩負義？而他誤導我，有何恩於我？我悟的是如來藏第八識，他所說的開悟是第六意識常見外道法，誤導了我，何恩於我？我既未曾得他的法，老實說我也不想要他的法，那我否定他有什麼忘恩之處？我告訴他正確的法，我把每一本書都寄給他，要求他轉變意識境界而回歸於正道，如何是負義？我這樣才是眞正行義之人！所以我其實應該搬到天母行義路去住（大眾爆笑…），而且從那邊來這裡說法時也近一點！所以你看，密宗那些人毀謗我的時候，他們自己說話都是前言不對後語的。

至於他們為什麼會這樣？因為他們的所謂弘法其實是在作生意——他們是在賺錢；我們佛弟子行菩薩道的首要，第一度就是要布施，他們則是要藉佛教、佛法賺錢，跟我們顚倒。所以如果要辦一場法會、要出去說一場假佛法，先要盤算盤算這一場辦下來能賺多少錢？他們最裡層的組織、中圍組織、外圍組織都是要互相算帳的，從七三分帳、五五分帳到三七分帳。達賴基金會的董事長甚至於在法庭上這麼說：「砍頭的生意有人作，賠錢的生意沒人作。」言下之意是質疑說：正覺為什麼要花這麼多錢來抵制密宗？他們有什麼好處？顯然是拿了中國政府很多的錢。

我倒希望他們說的「拿錢」是眞的，我就把整棟大樓買下來，不必老是嫌貴而買不下手，得要斤斤計較，才會買地下室當講堂與辦公室。所以密宗想的是賺錢，因爲他們跟孔方兄是結拜兄弟，從來不分離，這哪是佛弟子？眞正的佛弟子，不但不能從佛法上面賺錢，還要付出給眾生！他們完全無法想像正覺爲了教育社會大眾免於被傷害，願意花這麼多錢、這麼多人力，他們眞的無法想像。因爲我們沒有得到世俗法中的利益，而他們所謂的利益並不是修行上的利益，是指世俗錢財上的利益。所以，你說他們是佛弟子嗎？根本就不是佛弟子！因爲他們連三歸都沒有，連五戒都沒有，這些最基本的佛弟子的條件全都沒有，所以密宗說的就當作是放屁行了（大眾笑…）！啊！對不起！今天這裡蠻臭的，但是我說的是實話。

那麼這樣子，所有的菩薩都是跟隨過去很多的諸佛學習過，最後那一世成佛時當然是無師自悟啊！但這個無師自悟只是一世的表相，不函蓋往昔多世多劫追隨前佛學法的事。話說回來，祖師們說的 威音王佛之後無師自悟都是天然外道，並不是單指示現成佛、示現自參自悟的那一世。如果依照密宗所說的，在成佛的那一世，沒有師父教他成佛之道而能自悟成佛，就是天然外道，那麼 釋迦牟尼佛來此示現成佛的那一世，也沒有別的佛教導祂啊！

在 釋迦佛之前的 迦葉佛、拘留孫佛……等，你繼續往前推，一直推到第一尊 威音王佛下來的第二尊佛爲止，都沒有一尊佛成佛的那一世是有佛來教祂怎麼成佛的，那麼依照密宗的說法，一切諸佛應該都是天然外道囉？所以他們謗了佛，自己都還不知道，還洋洋自得說：「你看！如今蕭平實可被我罵著了吧！」如今看來，密宗還是沒罵著我。那麼這樣子，關於本初佛的疑惑，今天爲大家解答了，接著要進入下一段經文：

經文：【「最初威音王如來既已滅度，正法滅後於像法中，增上慢比丘有大勢力，爾時有一菩薩比丘名常不輕。得大勢！以何因緣名常不輕？是比丘凡有所見，若比丘、比丘尼、優婆塞、優婆夷，皆悉禮拜讚歎而作是言：『我深敬汝等，不敢輕慢。所以者何？汝等皆行菩薩道，當得作佛。』而是比丘不專讀誦經典，但行禮拜，乃至遠見四眾亦復故往禮拜讚歎而作是言：『我不敢輕於汝等，汝等皆當作佛。』四眾之中，有生瞋恚，心不淨者，惡口罵詈言：『是無智比丘從何所來？自言我不輕汝，而與我等授記當得作佛。我等不用如是虛妄授記。』如此經歷多年常被罵詈，不生瞋恚，常作是言：『汝當作佛。』說是語時，眾人或以杖木瓦石而打擲之，避走遠住，猶高聲唱言：『我不敢輕於汝等，汝等皆當作佛。』以其常作是語故，增上慢比丘、比丘尼、優婆塞、優婆夷，號之為常不輕。是比丘臨欲終時，於虛空中，具聞威音王佛先所說《法華經》二十千萬億偈，悉能受持，即得如上眼根清淨，耳、鼻、舌、身、意根清淨。得是六根清淨已，更增壽命二百萬億那由他歲，廣為人說是《法華經》。於時增上慢四眾比丘、比丘尼、優婆塞、優婆夷，輕賤是人，為作不輕名者，見其得大神通力、樂說辯力、大善寂力，聞其所說皆信伏隨從。是菩薩復化千萬億眾，令住阿耨多羅三藐三菩提；命終之後，得值二千億佛，皆號日月燈明，於其法中，說是《法華經》。以是因緣，復值二千億佛，同號雲自在燈王，於此諸佛法中，受持讀誦，為諸四眾說此經典故，得是常眼清淨，耳鼻舌身意諸根清淨，於四眾中說法，心無所畏。」】

語譯：【世尊接著開示說：

「最初的威音王如來既然已滅度了，在正法滅失以後，於像法時期之中，有增上慢的比丘們擁有大勢力，那時有一位菩薩比丘名為常不輕。得大勢啊！是因為什麼樣的因緣名為常不輕呢？這位比丘，凡是有所看見的人：

或者遇見比丘、比丘尼，或者遇見優婆塞、優婆夷，全部都加以禮拜讚歎而這麼說：『我從深心之中恭敬你們諸人，不敢輕心慢心看待你們；爲何我這樣作呢？因爲你們諸人都是行菩薩道的人，未來世中都將會作佛啊！』而這位常不輕菩薩是個比丘，他不像大家專門讀誦經典，他唯一所作的事情就是到處去向一切四眾禮拜；甚至於遠遠地看見比丘、比丘尼、優婆塞、優婆夷，他還故意從遠處走過來禮拜他們、讚歎他們，最後這麼說：『我不敢輕視於你們大眾，你們所有人未來都會作佛啊！』四眾之中，有的人因此生起瞋恚心來；在那些起瞋恚心的人之中，有的人心地很不清淨，就以惡劣的口吻、不好聽的話來罵他：『這個沒有智慧的比丘是從什麼地方來的呢？竟然自己說「我不輕視於你們大眾」，而來爲我們大家授記，說我們將來會作佛。我們不需要這樣的比丘給我們這種虛妄的授記。』像這樣子經歷了很多年，常不輕菩薩都被惡口斥罵。可是這位常不輕比丘始終都不生起瞋恚心，永遠都是這樣子說：『你們未來都會作佛。』當他說這一句話的時候，眾人有時以小木棍或者木杖、或者破瓦石頭打他或丟擲他；這位比丘就避開而走到遠處停下來，口中依然高聲地唱說：『我不敢輕視於你們大眾，你們大家未來都會作佛。』由於他永遠都是這樣子說的緣故，增上慢的比丘、比丘尼、優婆塞、優婆夷們，就給他取了一個外號叫作常不輕。這位比丘到了即將命終的時候，因爲他往世所造的罪業由於尊重大眾，已經償畢了，所以在虛空中聽聞到威音王佛捨壽前所曾演說過的《法華經》，總數有二十千萬億偈，他全部都能夠受持，隨即獲得前面諸品所說的眼根清淨的功德，以及耳根、鼻根、舌根、身根、意根清淨的功德。當他得到六根清淨的功德以後，又更增加了壽命兩百萬億那由他歲；在這個重生的期間裡，廣泛的爲大眾演說這部《法華經》。在那個時候，增上慢的四眾比丘、比丘尼、優婆塞、優婆夷——以前輕賤他而且爲他起了個別號叫作常不輕的名字，這些人看見他得到了大神通力、樂說無礙的論辯之力，以及超過三界禪定的大善寂力量，而且這時又聽聞到他所演說的《法華經》是如此勝妙，因此全部都信受降伏而且隨從於他。這位常不輕菩薩接著又繼續度化千萬億的大眾，教導他們親證菩提而住於無上正等正覺之中。在他命終之後，一世又一世行菩薩道，又值遇了兩千億佛；這兩千億佛都同樣一個佛號，叫作日月燈明佛。常不輕菩薩在這兩千億佛的正法與像法之中，同樣都爲人演說這部《法華經》。由於這樣的因緣，使他又有機會再值遇兩千億佛，同樣都號爲雲自在燈王佛；由於在這四千億佛的諸佛法中，以及更早的兩萬億威音王佛的諸法之中，受持閱讀《法華經》，也爲諸四眾演說這部經典的緣故，所以他得到的是永遠的眼根清淨境界，以及耳鼻舌身意根永遠清淨的境界，因此他處在四眾之中說法的時候，心中完全無所畏懼。」】

講義：現在談到常不輕菩薩了。這位常不輕菩薩，我相信諸位來正覺同修會之前就已經聽聞過了，因爲我也是一樣啊！但我不是從別人口中聽聞，我是自己閱讀經文而知道的。一九八九年我去印度朝禮聖地時，在遊覽車上有位師姊大概比我大十歲左右，所以她今年應該有八十歲了；她在遊覽車上讀經，我好奇問她是什麼經？她說是《法華經》，我就說：「能不能借我讀一下？因爲這個經名聽起來就很歡喜呀！」她很大方就借給我。我借過來讀以後就不肯還她了，我就一直讀，讀到朝聖結束之前才還給她，所以我當時就有讀到這一品〈常不輕菩薩品〉。

我相信諸位有不少人或者聽過、或者讀過，或者從人家的著作中讀過，由於讀過這個名號，才會跟如來藏妙法相應。釋迦如來有一個大願：凡是誰聽聞過祂的名號，未來都可以成佛。你們聽聞過 釋迦牟尼佛的名號沒有？（大眾回答：有。）那麼這意思是什麼？（大眾回答：未來都可以成佛。）對了！諸位未來都可以成佛。所以回家以後記得以開水代酒，浮一大白，保證你未來可以成佛。為什麼這樣呢？就是說，打從 釋迦如來在無量無邊百千萬億阿僧祇劫再更早之前的無數劫前，祂還在菩薩位中，跟隨第一尊 威音王佛學法時就發了這個願，並且還如實履踐。想想看，你們有誰作得到？沒有一個人作得到啦！不論何時，只要看見是學佛的人就恭敬禮拜讚歎說：「你們將來都會成佛，我不敢輕視於你們。」不被人家當作瘋子才怪呢！那祂往昔很久以前就這樣子作了，祂正是以前的常不輕菩薩。

那麼兩萬億 威音王佛的最初一尊佛滅度之後，正法已經過去了，來到像法期中；這兩萬億尊 威音王佛的法中，全都沒有末法時期。威音王佛示現入滅以後到了像法時期，那時增上慢的比丘們有大勢力，如實修行的比丘們沒什麼勢力。為何增上慢的比丘們有大勢力？這就先要探討增上慢，就會知道為什麼他們有大勢力。就好像現在我們身處於這個末法年代，這時的佛教界敢說大話的人就可以號召群眾，然後勢力就大了。

正覺同修會二十年在自然發展的情況下到達今天，會員也才不過幾千人，加上學員還不滿一萬人，有什麼大勢力？可是那一些未悟言悟的大師們，各個自稱是開悟的聖者，甚至於有人自稱是「宇宙大覺者」，等於是宣示說她成佛了！聽說，我說的是「聽說」喔！浴佛節是用她的像在浴佛的。這事，我還是近日才聽說的，好在我沒有一時被嚇壞了。這正是最典型的增上慢人。這一些人敢說大話，眾生不明就裡，於是崇拜到無以復加，她（他）們就能號召幾十萬人、幾百萬人或者據說有一千萬人，而臺灣所有老少總和才不過兩千三百萬人口。在正覺出來弘法之前沒有人敢否定他們，所以他們就有大勢力。

現在回來說常不輕菩薩那個年代，那一些增上慢的佛門四眾都有大勢力；爲什麼有大勢力呢？因爲增上慢而敢說大話。「捨報以後會有什麼果報？誰都看不見，管他的。」所以各個都敢說大話，可是一般人都認爲：「造了大妄語業的人死後都得下地獄，他們敢宣稱成佛或是十地、九地的證量，表示他們是眞的有實證，我們應該恭敬供養他們。」於是絕大多數不明眞相的人就信受了，當然崇拜到無以復加；時間越久，風氣普遍影響之下，迷信崇拜的人當然就越來越多了，常不輕菩薩那個時候也正好是如此。

而常不輕菩薩本身也有往昔的罪業，他是專心想要滅除罪業，才會以這種很極端的方式來滅罪；而那些增上慢的比丘四眾則是反其道而行，努力去大造增上慢的惡業，而且所造的是最大的大妄語業，才會被叫作「增上慢」。既然他們敢公開大妄語，大家想：「那種大妄語業死後是要下地獄的，而他們敢公開這麼宣示證量，顯然是有所本啊！」大家心地善良，認爲他們一定有所證才敢這麼說，所以大家就相信了，他們的信徒越來越多，也就越來越有勢力。

這是因爲一般的佛弟子心性淳厚，都是想：「我不敢大妄語，他們都是聰明人，應該更不敢。但他們竟然敢那麼說出自己的偉大證量，當然不是大妄語，我們寧可信其有。」於是大眾盡皆追隨，他們的勢力就越來越大了。那麼常不輕菩薩爲了滅罪，自己一個人到處去禮拜、讚歎、恭敬他人，還稱讚別人說「未來一定會成佛」，這是兩種極端的情況。那麼 佛陀接著要說明這位菩薩比丘爲何名爲常不輕，就重新呼喚了一次說：「得大勢啊！以什麼樣的因緣，這位菩薩名爲常不輕呢？」好！現在問題來了：爲什麼 世尊要特地呼喚得大勢菩薩？又爲什麼在這一品中，世尊要主動向 得大勢菩薩說常不輕的往昔事情？時間又到了，且聽下回分解。

《妙法蓮華經》上一週講到一百七十一頁第一行第一句，接下來說：「得大勢！以何因緣名常不輕？是比丘凡有所見，若比丘、比丘尼、優婆塞、優婆夷，皆悉禮拜讚歎而作是言：『我深敬汝等，不敢輕慢。所以者何？汝等皆行菩薩道，當得作佛。』而是比丘不專讀誦經典，但行禮拜，乃至遠見四眾亦復故往禮拜讚歎而作是言：『我不敢輕於汝等，汝等皆當作佛。』」世尊開示這些話之前又特地呼喚：「得大勢！」爲什麼這一品要把 得大勢菩薩當作是緣起人？這當然是有原因的。世尊講的是〈常不輕菩薩品〉，卻呼喚 得大勢，向 得大勢菩薩說。

不曉得諸位是否全都讀過《觀無量壽佛經》？在《觀經》裡面說，大勢至菩薩舉足下足時，十方世界悉皆震動，顯示他的威勢極爲巨大，有緣的人都能看見。想想看，咱們有誰作得到？且不說作不作得到，單說他這一下足，咱們世界震動時，我們全都不知不覺懵然無知，哪裡能夠想像人家那個大勢？可是在極樂世界的成佛次第，是先要「得大勢」之後，才能有 觀世音菩薩的大威德，那是已經圓滿了，才能紹繼阿彌陀佛之位而在極樂世界成佛。

但是，你想要成就觀世音菩薩那個威德之前，先要成爲得大勢菩薩，要先具備他這個大威德才行。那麼這一品爲什麼要以得大勢菩薩作爲緣起者，而不呼喚別人，單單要呼喚大勢至菩薩呢？當然有原因啊！這個原因，我們到這一段經文講完時再來說明。假使這段經文說完了，而我忘了講，請諸位提醒我。因爲我的記憶一向不好，我知道很多法，但是我記憶不好；若是有因緣引出來，我就爲大家講出來，因爲我不是用記憶的。

世尊呼喚了得大勢以後，就問：「是因爲什麼樣的因緣，這位菩薩名爲常不輕呢？」接著解釋說：「這一位菩薩比丘，凡是遇到他所看見的人，不論是比丘、比丘尼、優婆塞、優婆夷，只要是佛門中的四眾，他就全部加以禮拜，並且出聲讚歎說：『我從深心之中恭敬於你們大家，我不敢生起輕心慢心，爲什麼我這樣作呢？因爲你們大家都是行菩薩道的人，未來一定會作佛。』」現在世尊的開示是說，凡是他所遇見的佛門四眾，他都同樣如此禮拜讚歎，並且還爲他們授記喔！

可是當他遇到世俗人而非佛門四眾時，他可不這樣作。只針對大乘法中的佛門四眾，只針對行菩薩道中的佛門四眾，他才這麼說。如果他是普遍對一切人這麼說，咱們就說：這位常不輕菩薩沒有智慧。但他只針對大乘法中的佛門四眾，因爲他說：「你們大家都在行菩薩道。」不是行聲聞道、緣覺道，更不是行於凡夫道，所以他這樣作是有對象的。

那麼他針對大乘法中眞正在行菩薩道的佛門四眾而這麼作，只要遇見了，不論對方是什麼身分，凡是合乎行菩薩道的條件，是佛門大乘法中的四眾之一；這時對方或者很多人在一起，或者只有少數人，他就走過去先禮拜，表示恭敬，才說出下面讚歎的話。如果沒有先禮拜、恭敬、讚歎，人家會說：「你這個人好傲慢，竟然敢來爲我們授記！」可是如果先禮拜、讚歎以後，這一開始人家都不會排斥他，只是覺得奇怪，對他產生了好奇心：爲什麼他要這樣作？所以一開始先禮拜，然後讚歎說：「你們大家都在行菩薩道，好難得喔！菩薩道眞的很難，你們竟然能行，所以我從深心之中對你們非常恭敬，你們眞是菩薩根器，無人能及。」以種種可以讚歎之法都拿來讚歎；然後說：「我爲什麼這樣說呢？因爲你們都是行菩薩道的人，你們未來都會作佛啊！」

「而是比丘不專讀誦經典，但行禮拜，」這位常不輕菩薩不是專門在讀誦經典的人，只是有時候讀一讀，不是完全不讀。談到這一句，諸位有沒有聯想到什麼？應該聯想到有一批人專門讀誦經典啊！是不是？是嘛！我出來弘法之前，也不是專門讀誦經典；我這麼說，稍微往自己臉上貼金，其實還不夠格，只是舉個現成的例子給大家看。我弘法之前，四大部《阿含經》，也就是《大正藏》一百冊中的前兩冊，都還沒有全部讀完；至於大乘經，讀得更少，沒有幾部。關於大乘經，是初學佛時有特殊的因緣，人家送給我，所以去讀，因為當年我打定主意就是要從《大正藏》第一冊開始讀的。可是讀到後來，大乘經典都不讀了，專心一意參禪了，所以我當時也是「不專讀誦經典」。

後來參禪破參了，那時節我的時間很多，每天坐在佛堂裡面，在那個矮四方桌的桌面，經架子一擺，把經典放上去，每天閱讀；那時一天最少讀八個鐘頭經典，就在那個時節把腿功練得更好。我以前是不太讀經的，但是悟後讀了兩三年，漸漸的時間就越來越不夠了，也就讀得有一搭沒一搭，讀多少算多少。反過來說那一大批人專作學術研究，號稱爲「研究佛學」，他們是「專讀誦經典」的人，可是今天他們若是眞的想要理解佛法，就得要讀我的書。

我這個人「不專讀誦經典」，而他們專門讀誦經典；這一句話意味著什麼？意味著常不輕菩薩是個「實修」的人，可是如今沒有哪位大師知道其中的意思。常不輕菩薩「不專讀誦經典」，他只是有時讀一讀；因爲這時是他該把實相心拿出來運用的時候，所以「但行禮拜」。他不管見了誰就是禮拜，只要是佛門大乘法中的四眾，不分尊卑貴賤，見了就禮拜。那他禮拜的目的是作什麼？他這個禮拜，一方面把剩餘的「慢」滅除，一方面滅除往昔對那些佛門四眾所曾造作的惡業，因此他證悟之後見了佛門四眾，不論是誰，不分尊卑老少一概禮拜，這樣子一來，慢心是不是滅得更快？

但一般人的想法可不是這樣喔：「我要趕快去正覺求開悟，可是我若去正覺修學，會被人家發覺。那我就不去，我只要買了正覺有關的書籍自己好好閱讀，努力參參看；我要是悟了，可就是開悟的聖僧了，我就可以正式開山弘法，打下一片江山。」好多人是這樣想的。都還沒有開悟就這麼想了，那麼你想，他有沒有機會開悟？這表示他開悟的條件還不夠，因爲他落在「我所」裡面了，怎麼可能開悟呢？然而常不輕菩薩就反過來，他已經悟了，依於所悟的如來藏心，轉依祂的眞如法性，所以不計較世間法上的一切利害得失，「但行禮拜」，不論見了誰，他就是禮拜；那這樣的禮拜，慢心一定可以快速除掉；只要這樣禮拜四眾的時間夠長久，連慢的習氣種子都可以滅除。

慢心是障礙佛菩提道最嚴重的一件事，把這個慢的現行除掉了以後，作的時間夠久，同時也是在滅除煩惱障的習氣種子。像這樣子作還不打緊，他作得多麼積極呢？「乃至遠見四眾亦復故往禮拜讚歎而作是言：『我不敢輕於汝等，汝等皆當作佛。』」遠遠地看見佛門四眾，本來可以當作沒看見，但他還是刻意往前去，同樣禮拜讚歎然後這麼說：「我不敢輕視於你們大眾，你們大家將來都會作佛啊！」像這樣子不斷地持之以恆去作，不但滅除了慢的習氣種子，連同三界愛的煩惱習氣種子也同時滅除，自然也可以把過去無量劫來曾經得罪眾生的各種罪業滅除掉。當他這樣持之以恆地作，這是遠遠超過一切菩薩之所行；沒有人敢這麼作，只有傻瓜菩薩才敢、才肯這麼作。

他明知持之以恆去作的後果會是什麼，但他始終都沒有放棄。所以他持續去作以後，大眾漸漸地產生不悅之心；但不是大家都有不悅之心，而是大眾之中的一部分人生起瞋恚心來。這是因爲一般的佛門四眾見了他這樣作，往往一笑置之，私底下耳語說：「他是不是精神狀態有問題？」只會私底下耳語，然後口頭上客氣地說：「唉呀！你太高抬我了，眞是抬舉我。不敢！不敢！」然後走開了，人家不會罵他的。俗話說「伸手不打笑臉人」，人家陪上笑臉來，手縱使伸出去了也打不下去呀！何況人家不只是陪笑，還禮拜又恭敬地讚歎。所以一般佛門四眾遇見了他，頂多只是側身避開說：「不敢！不敢！您太抬舉我了。」然後就走開了。

可是其中有一些人因此生起瞋恚心來，這一些生起瞋恚心的人，諸位想一想，他們的心態是如何呢？佛說這一些人叫作「心不淨者」，是因爲他們心中不清淨；他們想：「我有時候用這種酸溜溜的話去酸別人，今天他倒是拿來酸我了。」他們想，自己以前也講過這一類的話，都是拿來酸溜溜地損人的，所以認爲常不輕菩薩也在損他們呀！因此心裡面就不高興。可是如果直心的人，一定會側身、合掌說：「抱歉！抱歉！您太抬舉我了，不敢當！不敢當啊！」然後退開。人家恭敬地禮拜讚歎，怎麼可能罵人家呢？換作是你，你也罵不下嘴！

一般人如果心中有疑，頂多只有在心中想著說：「常不輕菩薩是在羞辱我。」但這樣想時就是心中不淨了。只有自己心中不淨，才會想成別人是在損他，所以若是很不高興生氣起來，就惡口罵詈說：「你這個沒有智慧的比丘是從哪裡來的？竟然敢自己這麼說：『我不輕視你。』然後就為我們授記說：『你們未來會作佛。』我們這些人，用不著你這種人來為我們作這種不眞實的授記。」也就是拒絕常不輕菩薩的禮拜、讚歎，這當然是心地不淨的人。然而常不輕菩薩沒有因此而停止他的常不輕行為；「常」就是永遠，是永遠不輕視任何人；這表示不是短時間這樣作，否則人家可能只會叫他不輕菩薩，不會加個「常」字。

「如此經歷多年常被罵詈」，那麼請問諸位了：這裡說的「多年」是幾年？他們的壽命都很長，不是像我們五濁惡世活個八、九十歲就說活得夠老了。他們壽命非常長，所以這個「多年」可不是一百年、兩百年，也不是一千年、兩千年的事情，那麼到底是多少年？說到後面諸位再去判斷，因為後面會說到他因此而增加的壽命增加多少歲，當你讀到那一句的時候再回頭想一想：「這個經歷多年常被罵詈究竟是多少年？」

那麼他始終都是這樣，而那些「心中不淨」的佛門四眾罵他的時候，他都不生起瞋恚。完全沒有瞋恚的心行，更不用說是口行或者身行。當人家罵他、惡口羞辱他，他依舊禮拜恭敬讚歎說：「你們未來都會作佛。」人家已經罵他了，他還這麼說，還繼續爲人家授記，所以有的人忍受不了，就用木棍、或者木條、或者破瓦石頭，拿來打他、丟他。可是菩薩戒中有一條規定說「不故入險處」，菩薩們得要留著道器來修道，所以他就避走，也就是逃避開，跑去他們打不到、丟不到的地方就停下來。但他也不走，就在那邊停住；爲什麼要停住呢？因爲還要繼續爲他們說啊！（大眾笑…）所以「猶高聲唱言：『我不敢輕於汝等，汝等皆當作佛！』」就這麼大聲喊著。諸位想想，常不輕菩薩是「多年」都這樣子作。這個「多年」是幾千年、幾萬年？目前還不知道喔？現在諸位就先把它存疑。

常不輕菩薩一直都是這樣作，永遠都是講這些話，於是那一些心中有「增上慢」的比丘、比丘尼、優婆塞、優婆夷，就爲他取了一個別號叫作「常不輕」，就是永遠不輕視別人。那麼爲什麼說這一些起瞋心罵他、打他的佛門四眾不是全部，只是一部分？爲什麼說這一些人是增上慢者？如果是世俗法中的「慢、過慢、慢過慢、卑慢、高慢」，這些都不叫作「增上慢」；甚至於世間法中明明不如人，他自己不承認不如人，也不肯承認自己只是跟人家平等，還反過來說他勝過別人，像那樣的「慢過慢」都還不叫作增上慢。

可是爲什麼這一些罵他打他的佛門四眾是增上慢呢？因爲「未證謂證」、「未得言得」：還沒有證得般若解脫，就公然開口說他們已經證得了；在世間禪定上面還沒有修證到，竟然也開口說他們已經得到了，這一類人就是「增上慢」的人。那麼增上慢者永遠都會高高在上，所以心情高舉，不肯謙下。因此，當他們聽到別人授記，說他們將來都會作佛，他們心中不能接受，心裡面想：「**如果你是成佛了來爲我授記，還勉強可以接受；你既然不是佛，爲我們授記什麼呢？你的證量遠不如我啊！憑什麼來授記？**」這就是「增上慢」者普遍存在的心態。

但增上慢者不只是如此，當他們看見別人演說解脫的法，演說證般若的法，所說的內容跟他不一樣；雖然別人沒有評論他，他也會出來否定對方。雖然對方在法上完全是如實說，他也一樣要出來否定，這就是「增上慢」者。

那麼這一些增上慢的人，受不了常不輕菩薩每次遇見了就禮拜、恭敬、讚歎，說他們將來會作佛，因此大家就叫他作常不輕，每當遠遠看見了他，就說：「常不輕來了，咱們走開。」如果狹路相逢而走不開，又被禮拜、又被讚歎時，可就要罵要打了。

那麼常不輕菩薩永遠都是這樣子作，一直作到他壽命即將終了時，習氣種子滅盡了，而過去世無量劫來對眾生所造的罪業，也在被罵被打的過程中消滅了，因此當他臨命終時，從虛空中發出聲音來，使他具足聽聞第一尊 威音王佛住持正法於人間時所曾經宣說過的《法華經》，總共有「二十千萬億偈」。二十個千，就是兩萬，他所聽聞的正是兩萬萬億偈；這時他的心很猛利，聽完時全部都能受持，就把自己所證得的眞如心加以一一印證，於是這時他就得到了眼根清淨的功德，同時使他的耳根，鼻、舌、身、意根也都清淨了。

那麼爲何他能夠得到眼根清淨的功德，接著又得到其餘五根清淨的功德？因爲他這樣努力的結果，具足圓滿了三賢位的前五度和般若，導致最後第六度般若跟著圓滿清淨，因此他的意根也是清淨的。他又這樣不斷的去作，千萬億年不曾停止，所以連意根都清淨了。這時六根都清淨了，功德果報就是「更增壽命二百萬億那由他歲」。從他捨報前因為聽聞威音王佛說的全部《法華經》兩萬萬億偈，所以再增加了「壽命二百萬億那由他歲」。那麼諸位來回想一下，他這種常不輕於佛門四眾的行為，是不是遠超過千萬億歲？因為當時他們的壽命就是那麼長啊！

那麼諸位來回想一下，反觀自己：「換了我，我作不作得到？」每一次被人家看見時就被罵神經病，甚至於要打，或是用石頭丟，那時還得要不生氣，跑遠了以後還得繼續高聲讚歎：「汝等皆當作佛！」是要以歡喜心高聲讚歎。我說他這樣作，經過千萬億歲並不為過；因為他們的壽命很長，絕對不止千年、萬年、億年，那麼常不輕的恭敬禮拜讚歎行為總共到底作了幾年？諸位自己定奪一下，我就不定下他的年數。

那麼因為六根清淨，如同前面剛剛講完的；當然，我所謂的「剛剛講完的」已經是好幾週、好幾週之前說的了。而常不輕菩薩那個六根清淨的功德，已經具足都證得了，壽命又延長了「二百萬億那由他歲」，所以他更能夠為人家廣說這一部《妙法蓮華經》，也就是從理上來廣說如來藏的《法華經》，不是依文解義。那他所說的《法華經》之勝妙，可就無人能及了。我要請問諸位，你們有沒有誰聽過像我這樣講解《法華經》，或者像這樣子註解的？你們去會外聽聽看，或是在《大正藏》中找找看，看有沒有？沒聽過喔？也沒讀過嘛！

可是我告訴你們，我這樣如實講解，其實及不上他的百分之一、千分之一、億億萬萬分之一。我這是老實話，不要當作是神話，可是我要把話再講回來：諸位眞的沒聽過嗎？眞的嗎？（有人回答：真的！）從這一世來說，你們是沒聽過啦！但若是從往世來說，你們其實都已聽過很多遍了，只是因爲胎昧所以忘記了！如果往世都沒有聽過這樣講解的《法華經》，今天你們在這裡一定待不住的，一定坐不下來整整兩小時。但你們可以從這部經典一開始講就聽下來，也是從一開始講就坐到現在持續聽下來，表示你們過去世曾經親自聽諸佛或菩薩講過了；否則只能聽得下人家依文解義的《法華經》，像我這樣把《法華經》的講解命名作《法華經講義》的這種說法，你們一定聽不下去的。所以請諸位千萬不要妄自菲薄，諸位剛才還說眞的沒聽過，其實不正確，因爲諸位往世都曾聽過，只是這一世中的以前沒聽過，但往世都聽過了。

那麼常不輕菩薩聽聞第一尊 威音王佛所宣演過的《法華經》中的兩萬萬億偈之後，「得是六根清淨已，更增壽命二百萬億那由他歲」，如果換作是你，你是不是會在這「二百萬億那由他歲」的有生之年，繼續講《法華經》？一定如此嘛！換了我也是一樣的。所以常不輕菩薩在這麼長的時間裡，開始廣泛地爲人家演說這部《法華經》了。話說回來，爲人家演說這部《法華經》，是指哪一部經典？大聲一點嘛！（大眾大聲回答：如來藏經！）欸！這才是我的知音！

但是如來藏經就只有這部《法華經》嗎？不然！所有三乘菩提經典全都是《法華經》，都是如來藏經。常不輕菩薩就這樣子爲人廣說這一部《法華經》，因爲我們的本師 世尊都已經說過了：這一部《法華經》就是如來藏妙心。那麼如來藏妙法得要在三大阿僧祇劫之中才能夠具足圓滿實證，如果用一世時間（雖然那一世的壽命長達兩百萬億那由他歲，畢竟也只是一世，不是三大阿僧祇劫），那麼常不輕菩薩當時要演說的經典可多了；但是就用《法華經》的名義而總其成，他就這樣子「廣爲人說是《法華經》」。這不是狹隘地單說這一部語言文字上的《法華經》，因爲 佛說的是「廣爲人說」。當他開始「廣爲人說是《法華經》」以後，以前那一些對他起增上慢的四眾：比丘、比丘尼、優婆塞、優婆夷，那些以前爲他取了別號叫作常不輕名字的人們，此時看見常不輕菩薩有三種功德：「大神通力、樂說辯力、大善寂力」，所以後來聽聞他所說的《法華經》，全部都信受、降伏而且隨從於他。以前是爲他取一個瞧不起的別號「常不輕」，並且還要打他、以瓦石丟他；現在不但信受，而且心都降伏了，並且願意追隨他了。

可是大眾爲什麼願意追隨他呢？因爲他有三個大功德：第一是「大神通力」；爲什麼大神通力講在最前面？因爲最容易讓人家信受降伏，一切凡夫都很信受有神通的人。假使講經說法明著指名道姓說：「我剛剛說了的法義，某某人你爲什麼不信？你爲什麼心裡這樣質疑？」是不是他馬上就信了？他馬上信受你，因爲不信也不行啊！如果他不信邪，心裡面想：「哼！你只是剛好知道我在想什麼啦，我才不信你！」你就把他心裡後面這句話再講出來，看他信不信；經過三次把他心裡的話都說了，他也就信了。如果再不信，每天晚上入夢去罵他，罵上三個月以後他不信才怪，這就是神通的好用處啊！更何況常不輕菩薩是「大神通力」，不只是大神通，而是很有力量的大神通，先有這個示現出來讓大家都信服。這表示他那時所得到的神通不是一般的神通，而是具足了「方便善巧波羅蜜」才能夠有的神通。

第二個功德是「樂說辯力」，前幾週問大家「四無礙」是什麼，現在記起來了？那時有些人支支吾吾地答不清楚，可是這四無礙具足圓滿時就叫作「樂說辯力」。樂說是四無礙中最後的功德，凡是樂說的人一定能應付一切人的質疑，所以他不但具足了知諸法與法義，一定已經具有理上和言詞上的巧辯能力，這樣才能夠樂說無礙。因此，當他樂說無礙的時候，一定在言語的表達上面也有非常多的方便善巧，讓人家把他演說的深奧法義也能夠聽得懂，表示他言語辯給。

可是若沒有深妙的般若智慧，空有口才也沒有用武之處！什麼時候沒有用武之處呢？遇到了實證的菩薩時。只要有一天來了一個才剛進入第七住位的菩薩，都還沒有進到第十住位，更沒有進入初行位中，他的口才就沒有用武之地了。因為人家是實證的，他只是意識情解思惟想像而加上好口才，來讓人信服；可是遇到了作家——也就是行家，才剛一聽他的說法也就忍俊不禁：「噗嗤！」一聲當場笑了出來，他從此以後只能口掛壁上、嘴似扁擔，再也無所用武之地了，都因為他不是實證者。這意味著說，他是於義不能通達；究竟什麼才能被叫作般若？他不懂，全都是思惟想像的。般若的實證究竟是怎麼樣，他不懂，專靠讀經去思惟，這樣的人就表示他於法完全不通。

但是常不輕菩薩當時有**「樂說辯力」**，不單單是樂說之辯而已，而且是有「力」。有了四無礙辯：法無礙、義無礙、辭無礙、樂說無礙，這樣夠不夠？還不夠？想想看喔！大神通力是幾地菩薩才有的？我來提示一下：於相於土自在。（大眾回答：八地。）四無礙辯呢？（大眾回答：九地。）好了！接著**「大善寂力」**，是非常廣大、非常圓滿究竟至善的寂滅之力，這意思是說，他已經到了**「菩薩究竟地」**了，那是什麼地啊？（大眾輕聲回答：法雲地。）是法雲地。這意思是說，他已經到了菩薩究竟地了，正是「法雲地」。

要想想看人家是這樣修的。因為這個緣故，他的寂滅境界不是諸地菩薩所能想像的，因為他的行陰區宇「無記性的異熟種子」已經斷盡了，已經不再有變易了；那你想想看，這樣的菩薩一定是可以為人家廣說《法華經》的。咱們講述經典到現在為止，都還不敢說是廣說欸！因為才不過講了那麼幾部，內容也還不夠多，眞的只能叫作寥寥可數。我最早講的是《楞伽經》，然後講《起信論》，再講《楞嚴經》，然後是講《優婆塞戒經》、《維摩詰經》、《勝鬘經》，最後是講《金剛經》、《實相經》，現在則是講《法華經》，還不到十部，這眞的不能叫作「廣說」。因爲如來藏妙法「此經」，是那麼深遠廣大，我們才只講解了這麼九部經典，而這一部都還沒有講完呢！所以還不能叫作「廣說」。眞要廣說，得要像常不輕菩薩那樣講上「二百萬億那由他歲」，因爲全都不是依文解義！那麼因爲這個緣故，即使是以前爲他取了別號叫作常不輕的增上慢者，也對他「信伏隨從」。

「是菩薩復化千萬億眾，令住阿耨多羅三藐三菩提；」那麼這位常不輕菩薩，在廣說《法華經》的過程中，又度化了千萬億眾，教導他們都住於無上正等正覺之中。「千萬億眾」跟我們現在來比，我們還眞的是不値一提。咱們弘法二十年，現在會員才幾千人，把還沒有入會的學員們加進來還不滿萬人；比起常不輕菩薩在兩百萬億那由他歲所度的「千萬億人」之眾，何其渺小啊！不但如此，我們度的人還沒有辦法作到每一個人都開悟；但是常不輕菩薩度化的千萬億眾，全部都住於無上正等正覺中，也就是全部都開悟了。想想看那是什麼樣的大功德啊！他度的這一些人全都住於無上正等正覺之中而不退轉，咱們度的人卻是已經有三批人退轉了。談到這裡，只好搔搔後腦勺說：「嗯！我的福報大概就只有如此。」從這裡來反觀，每一次禮佛的時候，有什麼可以依憑而對佛陀起輕慢心？一絲一毫都無。

接著再說，命再長，總也會有命終之時；因為有生必有死，這是法界定律！所以世尊開示說：「命終之後，得值二千億佛，皆號日月燈明，於其法中，說是《法華經》。」就在這樣的度化眾生過程完成之後，命終了以後又能夠值遇兩千億佛，這也是有往世因緣的。當他值遇這兩千億佛，前後諸佛同樣都名為 日月燈明佛，在這兩千億尊佛的正法、像法期之中，常不輕菩薩依舊是為大眾宣演《法華經》。由於這樣的因緣，所以又引伸了後面再值遇兩千億佛的福報，而這兩千億佛同樣都名為 雲自在燈王；他還是一樣在這兩千億佛的正法中，繼續受持、讀誦《法華經》，也為四眾演說這部《法華經》。所以，他的六根清淨就這樣子持續地維持下來，因此他的眼根清淨就變為「常眼清淨」；「常」就是永遠，是永遠眼根清淨；同樣地，也是永遠耳鼻舌身意根清淨；因此他於佛門四眾之中演說佛法的時候，心中都無所畏懼。

諸位聽完 世尊這一段開示，覺得自己是不是很行？再也不會了。且不說你們，我聽了都覺得自己很不行啊！可是我這個常常覺得很不行的人，不是現在才覺得自己不行，而是當年破參後努力去讀誦經典時，由於沒有人能爲我印證（其實也沒有人肯爲我印證，是因爲他們並沒有能力爲我印證），我只好從經典裡面去尋求印證，然後 世尊召見而說明了上一世與此世的一些因緣。但是我這一世從破參以來，不曾覺得自己很行，從來沒有這樣想過；即使有時對佛教界很失望而說：「全球佛教的大師們都悟錯了，就只有我們正覺悟對了。」當我這樣說的時候，心中依舊沒有絲毫慢心生起。所以那時我也一直在探討：佛是明心加上眼見佛性所以成佛，我已明心，也眼見佛性了，爲什麼還成不了佛？這裡面大有文章，問題出在哪裡呢？當年我一悟了就知道自己還不是佛，那又怎麼可能生起慢心？可是密宗那些都沒有悟、或是悟錯了的人，他們卻是各個都說自己成佛了，這眞是一個鮮明的對比。

但是我們不敢起慢心，是因爲知道距離佛地還很遙遠。今天聽完 世尊這一段開示之後，更不敢起慢心了！一定會思考說，我們曾經有常不輕菩薩往昔的那種功德嗎？先想想看喔：不只是千歲、萬歲、億歲去對四眾禮拜恭敬讚歎而說「汝等皆當作佛」，有時還被罵、被打；罵了打了還不生氣，繼續讚歎對方。像這樣子消除習氣種子不曉得是經歷多少歲，單單這一點就已經作不到了。即使你眞的想作也作不到，因爲現代人大多活不過百歲，那可是要有很大的福德因緣活在很長壽的年代。話說回來，就算給你活一億歲好了，你能夠五千年這樣作嗎？大概一個月就說：「我暫時休息好了！」但是常不輕菩薩努力精進去滅罪、去消除一切的習氣種子等等，從來沒有停止過啊！

接著又是「廣爲人說是《法華經》」，時間長達「二百萬億那由他歲」，這是要演說多少經典而度多少人呢？咱們作不到，就不需要再起慢心。儘管外面好多人罵我傲慢啦、狂傲啦，可是我自己知道沒有絲毫慢心，因爲這是事實，由不得我不承認啊！所以我很早就沒有那個慢心。但我們要什麼時候才能夠像常不輕菩薩這樣作到？大家就等待未來的因緣吧！也許未來無量劫之後，你會遇到這個因緣，讓你一生活上「二百萬億那由他歲」，你就得把握機會。

那麼這樣子瞭解了常不輕菩薩是如何精進來修行，在這裡面還得要去瞭解那一些增上慢的佛門四眾，爲什麼會惡口罵詈常不輕菩薩？是因爲意識不淨。意識不淨的原因出在什麼地方——「見取見」。見取見是以鬥爭爲業，凡是有見取見的人，他就是要去跟人家諍勝，這是最糟糕的麻煩；所以有智慧的人，寧可去殺人也不要落入見取見裡面去。因爲殺了人以後，那個被殺的人只不過是一世被害；可是當他有見取見的時候，明明是錯誤的法，明明是害人家大妄語業的邪見，被人家指證出來以後，他還不肯改正，也不肯幫那一些被他陷害而誤犯大妄語業的弟子們澄清，導致那些弟子們跟著他繼續大妄語，而他繼續去辯解說：「我這樣眞的是開悟，這樣眞的是成佛。」那這是不是因爲見取見而自害害他？他就是要跟人家鬥爭，一心一意想要爭到贏！自己錯了還想要爭到贏，糾纏不停，這就是鬥爭。見取見就是以鬥爭作爲事業，作爲他的行（讀作形）業。

都因爲見取見，所以導致他意識不淨；意識不淨就會使他的眼耳鼻舌身根全都不淨，於是意根也跟著不淨；因此，爲了爭到贏，寧可把對的講成錯的、錯的講成對的，於是他失掉了親證法眼淨的機會；失掉法眼淨機會的緣故，同時成就謗法、謗賢聖的種種大惡業，再增長他的意根更加不淨，所以他的道業更難以成就。即使有因緣遇到善知識幫忙他成就道業，剛剛有了法眼淨，他依舊會因爲見取見的習氣還沒有斷除，繼續以鬥爭作爲他的行業；於是又因爲鬥爭的緣故，爲了面子而把正法扭曲說是錯誤的，不免就繼續謗法、謗賢聖，於是又退轉下墮。

所以「見取見」的危害非常嚴重，諸位不要以爲說：我已經悟了，怎麼可能再有見取見？我告訴諸位，我們歷年來退轉的人都是因爲見取見後來復生，以致退轉。在很多阿僧祇劫前，淨目天子、法才王子、舍利弗證悟了，但因沒有善知識攝受，於是身見、見取見等復生，十劫之中造作種種惡業，下墮地獄等三惡道中很久。所以你們如果是剛進同修會，聽到我們一些老會員說：「唉呀！過去曾經有什麼親教師退轉了。」不要覺得訝異，那是正常事，只有悟錯而落入離念靈知心的人不會退轉，因爲住在身見（我見）之中，本是凡夫眾生的常態；除非眞實證悟而且轉依成功，否則都會住在身見等邪見中。所以，我們要效法常不輕菩薩永遠不輕視任何人的心態，然後即使作不到他那樣的精進尊重別人，至少別讓自己落入見取見中，就不會去鬥爭賢聖、毀謗正法，那麼未來世修學佛法的過程再也不會有種種遮難。這就是說，凡是有見取見的人，遲早都會變成「增上慢」者；即使悟了以後還是會失去法眼淨，所以這一點請大家要特別留意。

那麼由常不輕菩薩這一個過去無量劫前的眞實故事，世尊教導給我們，當然有特別的用意，所以我們再來看下一段 世尊的開示：

經文：【「得大勢！是常不輕菩薩摩訶薩，供養如是若干諸佛，恭敬尊重讚歎、種諸善根，於後復值千萬億佛，亦於諸佛法中說是經典，功德成就，當得作佛。得大勢！於意云何？爾時常不輕菩薩豈異人乎？則我身是。若我於宿世不受持、讀誦此經、爲他人說者，不能疾得阿耨多羅三藐三菩提。我於先佛所，受持、讀誦此經，爲人說故，疾得阿耨多羅三藐三菩提。得大勢！彼時四眾比丘、比丘尼、優婆塞、優婆夷，以瞋恚意輕賤我故，二百億劫常不值佛、不聞法、不見僧，千劫於阿鼻地獄受大苦惱。畢是罪已，復遇常不輕菩薩，教化阿耨多羅三藐三菩提。得大勢！於汝意云何？爾時四眾常輕是菩薩者，豈異人乎？今此會中跋陀婆羅等五百菩薩、師子月等五百比丘、尼思佛等五百優婆塞，皆於阿耨多羅三藐三菩提不退轉者是。得大勢！當知是《法華經》，大饒益諸菩薩摩訶薩，能令至於阿耨多羅三藐三菩提。是故諸菩薩摩訶薩，於如來滅後，常應受持、讀誦、解說、書寫是經。」】

語譯：諸位有沒有忘了一件事情，要提醒我說明爲什麼這一品 世尊要以 得大勢菩薩作爲緣起者？好！在這一段一開始，世尊還是呼喚 得大勢菩薩。世尊說：

【「得大勢！這位常不輕大菩薩，供養了像我所說這麼多的若干諸佛，都是恭敬尊重讚歎，而且在諸佛座下種植種種的善根；在這各兩千億佛之後，又值遇了千萬億佛，同樣也都在諸佛法中爲人演說這部《法華經》，功德成就，未來即將要作佛了。得大勢啊！你的意下認爲如何呢？當時的常不輕菩薩難道是別人嗎？其實就是我釋迦牟尼的前身。如果我在過往的無量世中，不受持、讀誦這部《法華經》，不爲別人演說的話，就不可能這樣快速證得無上正等正覺。我在過去諸佛座下受持、讀誦這部《法華經》，爲人演說的緣故，所以很快速得到無上正等正覺。得大勢！當時的四眾比丘、比丘尼、優婆塞、優婆夷中，有的人由於瞋恚的作意並且輕賤我的緣故，在那之後二百億劫之中一直都不能值遇諸佛，不能聽聞正法，也不能看見菩薩僧，並且千劫之中在阿鼻地獄裡面受到了非常大的苦惱。直到這些罪業已經消滅了以後，才又遇見了常不輕菩薩，教化他們無上正等正覺之法。得大勢啊！你的意下如何呢？當時佛門四眾中常常輕賤這位常不輕菩薩的人，難道是別人嗎？如今法華會中跋陀婆羅等五百位菩薩、師子月等五百位比丘、比丘尼，以及尼思佛等五百位優婆塞、優婆夷，現在都已經在無上正等正覺法中不退轉的人，正是他們。得大勢！你應當知道這部《妙法蓮華經》，大大的饒益了諸菩薩摩訶薩們，能夠促使這些大菩薩們到達無上正等正覺。由於這樣的緣故，諸菩薩摩訶薩們，於如來滅度之後，永遠都應該要受持、讀誦、解說、書寫這一部《法華經》。」】

講義：佛陀又開口呼喚說：「得大勢啊！」世尊不斷地呼喚「得大勢」，諸位想一想，在人間誰的勢力最大？（有人說：總統。）總統？可是總統如果有一天讀了佛書說「這個好，我要的是這個」，於是命令屬下到處去問：現在佛法修證誰修得最好？終於問到了，人家說：「唉呀！這某某山大和尚修得最好。」於是趕快去求見了，因為說來說去都說這大和尚很厲害。可是有一天突然間有人又來說：「總統啊！人家說那大和尚的法都說錯了。」「啊？都說錯啦？」「那是不是有人比大和尚更厲害？」「好像是喔！」「那你去找找他的書，我來看看。」結果一看：「喔！條條有理，頭頭是道，大師們都無法反駁，那他最行，我去找他。」結果聽完了開示時說：「你到底在說什麼？我都聽不懂欸！」於是師父說：「那你就放下總統的架子，好好來學啊！」

也許他不是總統而是皇帝，假使他是皇帝，你想他會怎麼樣作？「你不告訴我，我就砍了你的頭。」菩薩說：「要頭，有一個；要法，沒有。你就來砍吧！」頭就伸出去等他砍啊！但他不敢砍。等到有一天想一想：「法得不到，砍了他以後更得不到，那不然就低下氣來，再去拜訪談一談。」菩薩就告訴他說：「你在人間有生殺予奪之大權，可是我無量世以來，已經當過很多世的轉輪聖王，我對所有國王有生殺予奪之大權，但我早已棄如敝屣。」這皇帝一聽，感覺如何？如果他的緣熟了，這時一定嚇出一身冷汗：「好在去年我沒有殺他！」如果他的法緣都沒有一絲絲成熟，聽了誤以為是在威脅他，使他很生氣，就想：「我就把他請入宮中供養，把你變相圈禁起來。」菩薩心想：「行啊！你就圈禁吧。」既然不敢殺，只能圈禁在皇宮裡而名為

「供養」。

被供在宮中每天問法，也就是國師；雖然貴為國師，可是往往一生不許出宮，永遠都住在皇宮裡面，每天就等著皇帝前來問法。這也行啊！菩薩當然沒奈他何，可是他能得法嗎？一樣不得。這皇帝每天來見了禪師禮拜，當然照樣要禮拜，因為他認人家作師父了。菩薩當然會側身說：「啊！禮佛、禮佛！」可是一談到法呢，依舊讓他覺得高深莫測，永遠得不了法，皇帝也是無可奈何。那你說是禪師菩薩比他大，還是他比禪師大？因為他每天見了菩薩也得要禮拜。即使皇帝不禮拜菩薩，至少每天要奉養衣食，還要供給佣人；但他也不敢殺害菩薩呀！因為人家說的是實話，言下之意：「你不過是個人間皇帝，菩薩往昔可是當轉輪聖王而捨棄不想要了。往昔天下諸國見了鐵輪、銅輪、銀輪、金輪，莫不降伏啊！可是人家都不要諸國的國土錢財。他只不過是人間一個皇帝，人家已經都把轉輪聖王棄如敝屣了，他哪能相提並論呢！」這樣看來是誰最有威勢？還是證悟的菩薩啊！

假使皇帝有一天聽到說：「某某比丘好厲害，證得阿羅漢果，而且是三明六通，飛來遁地而去，無所不行。」可是這個三明六通大阿羅漢，來到一通也無的菩薩面前，永遠都開不了口，他也只好恭恭敬敬聽菩薩說法，只能應對說：「是！是！對！對！好！好！」都只能夠講一個字。他不能回兩個字的「不是，不行，不好」，他只能講是、對、好，那你說，到底誰才是「得大勢者」？依舊是菩薩摩訶薩。

明心而不退轉，斷盡三縛結、斷盡五利使，再也沒有邪見、邊見、見取見、身見等。這樣實證的菩薩，即使是三明六通大阿羅漢也得信服。所以他是「得大勢」者。極樂世界 大勢至菩薩，正因爲這樣子而次第進修，後來成爲 得大勢菩薩，又名 大勢至菩薩。將來 阿彌陀佛示現入涅槃，由 觀世音菩薩繼承極樂世界法主之位；但 觀世音菩薩無量萬億阿僧祇劫之後也會示現滅度，就由 大勢至菩薩紹繼爲極樂世界的法主。那你看看啊：爲什麼講到常不輕菩薩這一品，要以等覺位的 得大勢菩薩作爲緣起人？正因爲他往昔受持讀誦《妙法蓮華經》永不棄捨，現在成爲等覺菩薩。所以，想要說明此經的偉大時，就是要說明如來藏妙眞如心的偉大，這可得要借用 得大勢的名號來爲大眾演說。

如同前一段所說，因爲已經在過去無量無數阿僧祇劫前，於 威音王佛座下證得「此經」，所以世世都盡形壽爲大眾演述此經。在演述之前還設法滅掉往世所有的一切罪業，同時設法去滅掉一切習氣種子。爲何能夠如此？都因爲轉依於此經如來藏才能作得到啊！所以證得此經的人就是「得大勢」，阿羅漢們都很恭敬證得此經的菩薩們，反而是五濁惡世之中證得此經的菩薩們，自己不覺得尊貴。在這裡，我再重新提醒大家一個典故：

三明六通大阿羅漢揹著行囊出門，走了幾步就把它交給弟子揹，因爲「有事弟子服其勞」，世間法尚且如此，何況出世間法中？弟子當然要爲和尚揹行囊啊！在路上走著、走著，這弟子想一想，思惟思惟；因爲他聽過《法華經》，聽說行菩薩道將來可以成佛，那是多麼好啊！所以他心中想著、想著就發了一個願：「我一定要行菩薩道，將來可以成佛，我要作菩薩。」他想著、想著，但他師父是三明六通大阿羅漢，以他心智而知道他在想什麼，知道他現在發心當菩薩了，菩薩性已經發起來了，於是轉過身就把行囊拿過來自己揹，這徒弟當然想不通爲什麼師父又拿回去自己揹。繼續走著，這徒弟想：「師父怎麼還不休息？走這麼久了，好累喔！」於是回頭一想說：「不行！跟著我師父這樣子修聲聞道，現在都這麼累、這麼辛苦了，若是要行菩薩道，那可是無量世欸！不斷地爲眾生作事，那不累死人嗎？不行！我不能去當菩薩！」於是這師父立刻就把行囊交給他揹。他覺得奇怪：「師父！您爲什麼剛才拿回去，現在又還給我揹？」師父說：「因爲你不當菩薩了，我當然就還給你揹，你是我的弟子啊！」

只是發菩提心、願行菩薩道，都還在凡夫位中，阿羅漢們就很敬佩了。所以度很多人成阿羅漢，還不如度一個人成爲發菩提心的菩薩，何況是行菩薩道而在人間證悟了。所以諸位千萬不要小看自己，因爲未來無量劫後成就佛道的依憑，就是如今所證的此經如來藏。既然要告訴大家，以前常不輕菩薩這樣子永不輕視於任何人，他就是依止於此經如來藏，所以能行他人之所不能行，忍他人之所不能忍。因此他的這種力量之所從來，就是依止此經如來藏。但是在事相上卻要告訴大家說，理上是依於此經如來藏，事修上面卻必須要依此經如來藏而繼續去修，並不是悟得此經就沒事了。所以才要以得大勢菩薩作爲對象，來演述〈常不輕菩薩品〉。

世尊開示說：「得大勢啊！這位常不輕菩薩摩訶薩，供養像我所說的兩千億日月燈明佛，然後又供養兩千億雲自在燈王佛之後，」這時還沒有成佛，所以不要起慢心喔！「追隨兩萬億威音王佛之後，又得值兩千億尊日月燈明佛，再追隨兩千億尊雲自在燈王佛之後，由於在這四千億佛座下恭敬尊重讚歎，並且最重要的是種諸善根，而且一樣都是要幫助諸佛演述《法華經》。」接著又說：「常不輕菩薩此後又值遇千萬億佛，」不只是一萬佛、一億佛，而是千萬億佛，「也都在諸佛的正法中演說這部《法華經》，使他的功德具足成就了。」世尊說他這時已經將要作佛了。

接著 世尊又呼喚說：「得大勢啊！你的意下如何？當時常不輕菩薩難道是別人嗎？就是我釋迦牟尼佛啊！」那麼聽到這裡，大家可以想一想，我們有沒有能力像祂這樣子作到？如果這個作不到——往世作不到，至少此世也能作個十年吧？否則就不要開口說「我成佛了」，否則他修到下一世時連凡夫都還不是，因為他連人身都保不住了。世尊就特別吩咐我們，讓我們瞭解為什麼祂能夠那麼快成佛。如果 釋迦牟尼佛在過去無量世以來，都不願意受持第八識如來藏經，也就是不願意讀誦第八識《妙法蓮華經》，也不願意為他人解說《妙法蓮華經》如來藏，就不可能快速得到無上正等正覺。

那麼也許有人想：「是什麼經這麼厲害？」我就告訴他：「是《法華經》

啊！」「那《法華經》不過就是這些文字寫出來的經典啊！哪有那麼厲害？」我就反問他：「那你說說看，什麼是《法華經》？」也許他好奇就問：「那就請問您，什麼是《法華經》？」我就告訴他：「如來藏經。」「那到底什麼是如來藏經？」「就是《金剛經》，就是《心經》。」如果他要作無窮問，我就把所有經典的名稱，一部一部拿來回答他，最後說：其實就只是一部經叫作「如來藏」。

所以一定要爲人解說如來藏妙義呀！《法華經》這一些語言文字不過是將　釋迦世尊三時之教作一個總結，而　世尊的三時之教所說一切法，都是在演說如來藏，所以才會在《法華經》中說「此經」就是如來藏。世尊又特別吩咐說：「**我在過去佛的座下，因爲受持此經、讀誦此經、爲人演說此經的緣故，快速得到無上正等正覺。**」世尊說祂很快速得到無上正等正覺，表示說，世尊這一世是應化而示現，不是在兩千五百多年前才成佛的。在前面〈如來壽量品〉中，第一百四十三頁，世尊說祂「**成佛已來**」多久了？無量無邊百千萬億那由他劫。你沒有辦法以現代的數學單位去計算，對不對？那由他劫的單位是以百千萬億來計算的，而且這個百千萬億那由他劫是以無量無邊來標示的，那到底是多久以前？可以說是成佛以來無量久遠啊！

因為祂在兩萬億　威音王佛的第一尊佛時，是在像法時期就已經證悟了；而第一尊　威音王佛成佛是什麼時候？比　釋迦世尊更早，而且早很多，是「過無量無邊不可思議阿僧祇劫」前成佛的。所以人壽百歲，其實沒有什麼可以驕傲的，不過就是百歲而已；而　釋迦如來是那麼早之前就已經成佛，成佛的原因則是因為受持此經、讀誦此經、為人演說此經，此經就是《妙法蓮華經》；《妙法蓮華經》就是說有一個勝妙之法，清淨猶如蓮花出淤泥而不染，卻能生萬法，就是第八識如來藏。因為世世不斷地受持如來藏、讀誦如來藏、為人演說如來藏，所以「疾得無上正等正覺」。

那麼菩薩們應該見聖思齊，我們當然是要效法　釋迦如來的往世，也就是效法往昔的常不輕菩薩，才能設法「疾得阿耨多羅三藐三菩提」，別老是在那邊混日子。因此大家都不要怪我三句不離本行：「啊！不管說到什麼法，導師都是說如來藏。」可是我說，以此一經貫通終始，一直到將來成佛時，還是受持《妙法蓮華經》如來藏妙心，都因為這樣就可以「疾得無上正等正覺」。好！今天先講到這裡。

上週《妙法蓮華經》講到一百七十二頁第二段第五行第一句，今天接著說：「得大勢！彼時四眾比丘、比丘尼、優婆塞、優婆夷，以瞋恚意輕賤我故，二百億劫常不值佛、不聞法、不見僧，千劫於阿鼻地獄受大苦惱。畢是罪已，復遇常不輕菩薩，教化阿耨多羅三藐三菩提。得大勢！於汝意云何？爾時四眾常輕是菩薩者，豈異人乎？今此會中跋陀婆羅等五百菩薩、師子月等五百比丘、尼思佛等五百優婆塞，皆於阿耨多羅三藐三菩提不退轉者是。」

世尊又呼喚 得大勢菩薩，然後說明，也就是特地要大家留意接著要說的這一小段話。假使講經的時候，我突然間呼喚了某一個人，大家馬上就會注意說：老師為什麼呼喚他？這是一種強調的方法。所以 世尊刻意再呼喚得大勢菩薩，大家就會注意這是重要的話。果然是重要，因為 世尊接著說，那時的四眾比丘、比丘尼、優婆塞、優婆夷，因為以瞋恚之心生起了輕慢而瞋恚的意念，那時他們是這樣子輕慢常不輕、作賤常不輕，由於這個緣故，經過二百億劫之久，在這二百億劫之中都是同一個情況：「不值佛、不聞法、不見僧。」這代表什麼意思？代表他們於法上有很嚴重的遮障了；所以縱使經過二百億劫之久，在二百億劫中一定有許多佛出現於人間，但是他們都遇不上，跟三寶就無緣啦！

也許有人想：有可能這樣嗎？那麼我們且不必談遠的，就說現在好了。假使出生在非洲，或是生在美洲，有沒有機會值遇佛、得聞法、能見僧呢？沒機會，因為世尊降生在天竺。你可別說：「這個並不難嘛！我們在這裡隨時都可以遇見正法呀！」然而這是你們的福報，且不說那麼遠，也不說大陸，單說臺灣就好，我們又再把它限縮臺北市中；咱們在臺北市的四個講堂（編案：此書出版時為六個講堂）裡共修，有因緣的話進了正覺講堂，不久可以找到如來藏，這就是見「佛」了！因為這樣子，你可以遙想當年 釋迦如來為大眾說法；假使現在可以在正覺裡面明心了，而說自己「兩千五百多年前不曾親值釋迦如來」，無有是處。一定是當年已經親值 釋迦如來，至於當年有沒有悟入，那是另一回事，但一定曾經親值過 釋迦如來，才有今天證悟的事實出生。

也許有人懷疑我這話，那我再跟諸位說一說當年在 釋迦如來座下，入地的菩薩共有五百，就是示現為凡夫而在佛法中修證，那一世入地被 如來授記，共有五百位菩薩；可是難道就沒有人在當時證悟以後依舊不能入地的嗎？諸位想一想：有沒有這樣的人？一定有嘛！因爲　如來在世，上從妙覺位，下至初信位，每一個階位的菩薩都有啊！每一個階位的菩薩都具足，所以不可能沒有三賢位的菩薩。因此說，你們今天在同修會裡面實證自心如來，並且能夠不退轉而能安忍於這個妙法，繼續進修下去，爲知當年你沒有在　釋迦如來座下明心開悟過？千萬別皺眉頭、不要懷疑，我說的是眞的。

再拉回來說，往昔輕賤於　釋迦如來—常不輕菩薩—那個時候，那些輕賤的人，從那一世以後，兩百億劫之中不值佛，永遠不能值遇諸佛。現在臺北市佛教界中就沒有這類人嗎？正覺現在很有名氣了，可不是二十年前默默無聞之時；可是至今有多少人能踏進正覺講堂來？太少了！甚至於你拿了繩子想要綁他來，他還不讓你綁，都不肯讓你綁進來，那他們可能聽聞正法嗎？也許有人此時心裏面打個問號說：「**怎麼不可能？各大道場都在講佛法呀！他們也能聞法啊！**」然而那是　佛說的法嗎？如果各大道場說的法不符合　佛陀所說，那麼大眾聽了也等於沒聽，也就是「**不聞法**」的人。

那麼眞正三寶之中的僧寶是眞僧，他們有誰得見這樣的眞僧？勝義三寶中對「僧」的定義是很明確的，大乘佛法中所謂的「僧」是你得要明心不退，才叫作勝義菩薩僧，否則就叫作凡夫菩薩僧。如果他硬把 佛所說的法扭曲成常見外道法，或者曲解爲斷見外道法，請問：他是不是僧？他連凡夫菩薩僧都不是，所以他們已經不是僧。當代佛教那麼多信徒跟著那些不是僧的人在學法，那你說他們有見僧嗎？依舊沒有見僧。眞正要說是僧，最廣義的定義，至少得要他所說的法符合 世尊說的法義。不但是他受了比丘、比丘尼戒、菩薩戒，而他出家弘法時所說的法，必須符合 佛所說的法，不能夠扭曲以後把 佛所說的八識論法義，硬加曲解成六識論而同於常見外道，然後硬要誣賴這種錯誤的法義說：「這些都是佛說的。」那就叫作「謗佛」。因爲佛說的是八個識具足，佛從來沒有說誰是只有六識而沒有七識、八識的。因爲他把六識論硬栽贓說那是 佛所說的，那不叫作謗佛嗎？那麼像這種謗佛壞法的人，還能叫作僧嗎？可是好多人跟著那種所謂的僧，在作所謂的學佛等事情時，你能說他們「有聞法、有見僧」嗎？不可能啊！

想想看，在臺北市已經是如此，擴而大之整個臺灣，再擴而大之到了整個中國大陸，再擴而大之整個全球，有多少人能夠「見佛」、能夠「値佛、聞法、見僧」？所以在我眼裡，看你們諸位各個都是稀有動物，在正覺同修會中是要好好保護的。因此，你們不要說：「怎麼可能他們『二百億劫常不值佛、不聞法、不見僧』？不可能吧？」就是有可能！從那時開始整整兩百億劫，凡是受生之處都不在有佛法之處，他們這個遮障到底嚴重不嚴重？嚴重了！所以不要小看嘴巴講話這件事情。眾生都是因爲無明或貪著利養，隨意月旦諸方善知識；而且是在完全不知己也不知彼的情況下，輕易地隨意月旦；所以《雜阿含經》卷四十八說的聖教，是應該說給他們聽的：「士夫生世間，斧在口中生，還自斬其身，斯由其惡言。應毀便稱譽，應譽而便毀，其罪生於口，死墮惡道中。」眞是叫作「斧在口中生」，當他的斧頭從他自己嘴巴生出來以後，四處砍人，最後不但把所有人砍光了，還把他自己未來世實證解脫與實相智慧的因緣給砍了。

這是很現實的事，但也是必然如此；更何況毀謗勝義僧以後的兩百億劫之中，還不是世世當人，而是剛開始的一千劫中，都要在阿鼻地獄裡面受大苦惱。然後得要次第經歷上層的地獄繼續受苦，次第轉生上來，再次第到餓鬼道、畜生道中受苦；最後才能回到人間當人，再遇到眞正的佛法才會懂得信受及修學。而且，別小看阿鼻地獄只有一千劫，阿鼻地獄是比無間地獄更苦的。這在《楞嚴經》中講地獄道境界時講得最清楚了，是無間地獄再下去還有個阿鼻地獄，到了那邊第一個直覺就是永不翻身；就好像一神教的《聖經》講的「打入地獄永不超生」的感覺。那你再想想，在那邊的一千劫，究竟等於人間的多少劫啊？

就算所說的一千劫是人間的一千劫好了，那可是阿鼻地獄，還不只是無間地獄欸！那眞的是「受大苦惱」啊！所以，隨意輕賤於善知識，眞的不是好事。即使隨意輕賤於一般人都有過失，如果隨意輕賤於優婆塞、優婆夷——輕賤三寶弟子，過失又大一些；如果隨意輕賤於比丘、比丘尼，過失又更大了；假使隨意輕賤眞正開悟明心而無過失的人，果報可就很嚴重；假使再隨意輕賤於諸地菩薩，甚至於有人乾脆否定說：「兩千五百年前傳說有釋迦牟尼佛示現在人間，那都是假的，所謂佛法也不是眞正的佛法，只是人類思想進步而演繹出來的。」那更嚴重了！可是話說回來，爲什麼他們輕賤常不輕菩薩的果報這麼嚴重？這就是因爲常不輕菩薩的證量極高。

那麼這個暫且表過，後面再談。單說這一些人捨壽以後連續「二百億劫常不值佛、不聞法、不見僧」，加上「千劫於阿鼻地獄受大苦惱」，之後就能夠立刻回來人間嗎？還不能！因爲正報完了之後還有餘報，這一些餘報導致他們在阿鼻地獄過完之後，來到無間地獄，無間地獄過完之後則是火熱地獄、紅蓮地獄等等，得要一一經歷，只是痛苦漸漸地減輕；當這些地獄全都遊歷完了，他們回來人間假使還記得，可以寫一本《地獄遊記》了。眞的詳細寫出來，才可以成就自己去受苦難的功德，因爲能勸化眾生別再隨意誹謗菩薩們。

由於往昔無數劫前他們輕賤常不輕菩薩，那個過失極重；是因爲常不輕菩薩所作的「常不輕於大眾」的事情，其實是有所本的，菩薩是以所證的如來藏妙眞如心來看待他們而那樣說的，所以他們輕賤常不輕菩薩的過失極重。但是有多少人知道那個過失有多重？在這裡還是得再說分明。他們輕賤常不輕菩薩以後，因爲常不輕菩薩示現了很高的證量，所以他們也懺悔了，然後也跟隨常不輕菩薩受學；但是對常不輕菩薩「起瞋恚意者」捨報之後那個重罪依舊逃不過，所以其後的「二百億劫常不值佛、不聞法、不見僧」，竟然還得立即下墮阿鼻地獄一千劫之久，眞是受苦無量啊！

反過來說，如果誹謗了勝義菩薩之後，不懺悔、不受學、不作任何補救，捨報後的果報如何？這眞的需要講給那些繼續在毀謗如來藏正法、毀謗正覺勝義菩薩的附佛法外道們聽一聽啊！可是我料想他們也聽不進去，咱們只能感嘆地說「奈何、奈何」！這就是五濁惡世的末法現象。所以他們這樣子受大苦惱，餘報受完了，也就是從地獄出來之後，在鬼道歷盡眾苦又去畜生道受種種的苦報，終於受完了，兩百億劫才終於過完而又再度遇見常不輕菩薩；然後爲他們教化無上正等正覺之法，才能夠次第修行，從頭開始。想一想「斧在口中生」，那把斧頭還眞厲害，害死他們自己那麼久！那麼慘！

世尊這樣子說完了，又呼喚說：「得大勢！」就是要讓大家再注意一下，「你的意下如何呢？那時的比丘、比丘尼、優婆塞、優婆夷等四眾，常常在輕賤這位常不輕菩薩的人們，難道是別人嗎？就是如今法華會上跋陀婆羅等五百位菩薩、師子月等五百位比丘、比丘尼，以及尼思佛等五百位優婆塞、優婆夷啊！就是這一些現在已經在無上正等正覺法中不退轉的人，就是他們！」那時你們如果在現場，當場聽到 世尊這些開示的時候，一定會毛骨悚然而不是怒髮衝冠。雖然那時頭髮都會站起來，那其實要叫作毛骨悚然；因爲「以瞋恚意」而在私底下輕賤常不輕菩薩，所以遭遇是這麼之慘。等到那兩百億劫過完之後，才又遇到常不輕菩薩，那時常不輕菩薩已經是好幾地再加一地了，他們則是遲到那時才又從頭開始修學，然後修學到了 釋迦如來的年代，才終於開悟明心而不退轉，其中也有少許人是入地而不退轉。所以那個口業，甚至於有的人用棍子打常不輕菩薩，用石頭擲常不輕菩薩，那一些業都是各有輕重差別，導致他們後來在 釋迦如來座下證悟之後果位不同。

那麼 世尊說，那一些輕賤或打罵常不輕菩薩的人，並不是別人，就是現在法華會中這三類人：第一類人就是賢守菩薩等五百位菩薩。「**跋陀婆羅**」翻譯過來叫作「賢守」，因爲能夠守得住「賢能之心」；這五百位菩薩另外指稱，不跟其他四眾一起講，是因爲這五百位菩薩已經入地了，所以另外講。可是「**師子月等五百比丘**」就是講當場的佛門四眾，他們不能跟跋陀婆羅等五百位菩薩相提並論，所以要另外說；因爲人家入地了，他們還沒有入地。

「**師子月**」翻譯過來就叫作「可畏」，也有人翻譯作「可愛」。獅子是不是可畏？月是不是可愛？沒有誰見了月亮而討厭的，見了太陽也許討厭好熱，得找個樹蔭躲一躲，走路的時候還要想辦法走在屋簷下；可是晚上看見明月幫你把路上照得很亮，又不熱，大家都歡迎，越亮越好。那麼「師子月」翻譯過來就叫作可畏又可愛。這五百位都是出家人；可是跋陀婆羅等五百位菩薩，其中有出家也有在家者；那麼這五百位比丘、比丘尼是全部出家人，他們都開悟而且都不退轉了：「**於阿耨多羅三藐三菩提不退轉者是**」，就告訴我們說，他們都悟了而且不退轉；可是還沒有入地，不能跟跋陀婆羅等五百菩薩相提並論。

這些人當中的最後還有五百位在家人，所以 世尊另外又說：「**尼思佛等五百優婆塞**。」就包含了優婆夷，因爲一定是四眾。那麼當時的四眾之中，前面只講到比丘，還沒有講到比丘尼；這一句經文中又只講優婆塞而沒有講優婆夷；可是明明 世尊說這些人是「四眾」啊：「**爾時四眾常輕是菩薩者，豈異人乎？**」明說是四眾，前面已說菩薩五百人，又說了師子月等五百比丘，當然這五百人中的一部分人是比丘尼；而這句「**尼思佛等五百優婆塞**」也就函蓋優婆夷在內。

那麼這一些人總共是一千五百人，有一些人已經入地了，但有的人悟了卻還沒有入地，而這些人之中有在家者、有出家者。這一千五百人，在很久以前都曾輕賤過、打罵過常不輕菩薩，而常不輕菩薩早在「無量無邊百千萬億那由他劫」前成佛，如今爲應賢劫千佛的往世因緣，又再度來娑婆受生，示現八相成道，就是我們的本師 世尊；但這一千五百人如今還在第一阿僧祇劫中修行，或者才剛開始在第二阿僧祇劫中開始修，都是因爲無量劫前毀謗或打罵常不輕菩薩的口業，才招致這樣的果報。

那麼大家可以再追溯到前面去：他們以前跟常不輕菩薩是同修，而常不輕菩薩已經在「無量無邊百千萬億那由他劫」前成佛，在這個賢劫又來示現爲 釋迦牟尼佛，而他們證量最高的才剛入地，層次低的也還在三賢位中；本來是同修，是平等的，可是就因爲誹謗常不輕菩薩的緣故，導致落差這麼大。所以學佛眞的還是小心一點好，那一些附佛法外道密宗喇嘛們，在網站上隨便寫了貼出去罵：「蕭平實是邪魔外道，如來藏是外道神我。」他們死後未來世的果報令人不敢想像。可是當人們正在無明中的時候，不論你怎麼樣爲他們說明，他們都聽不進去；當你爲他們說如實語，他們還當作你是在恐嚇他們。其實你的本意不是恐嚇他們，但他們卻認爲你是在恐嚇，因此完全不接受你的建議，那他們將來也只能自作自受了。

所以咱們要接受世尊針對這一千五百人所作的這個教誨，要懂得拿來作爲殷鑑。夏朝爲什麼會滅亡？我們要把它滅亡的原因當作一面鏡子，用來檢查自己，說我們這個王朝不要像夏朝一樣被滅亡掉，要避免同樣的故事重演。我們學佛也得如此，釋迦如來告訴我們祂往昔很多劫前所親身經歷過的事情，我們得要拿來作爲一面鏡子，沒有絕對把握以前都不要隨意開口；若無所本就不要隨便說什麼，應當要有所本才能說、才能作，但也還得考慮說了以後對正法有沒有影響？所以如果要評論什麼人說法錯誤，或者要誹謗、舉發什麼人的時候，應該先去瞭解事實眞相，把他說的法弄清楚，或是把他所謂的不如法的行爲清楚確定了，然後才好說出來；如果不確定就不要講，未來世也就沒事。

可是不要因此就害怕。假使有人在同修會裡面悟了以後，有一天他突然開口主張說：「阿賴耶識不是如來藏。」那麼他的過失你儘可以講，只要不是編造的就沒問題。因爲他無所本，而且是否定正法！你所說的卻是有所本，因爲你所作的是護持正法的工作，功德無邊。因此，這樣子瞭解了以後，不要只看這一段經文的表相，能夠深入理解其中的意思以後就可以作爲自己的一面鏡子：今生乃至未來際學佛的過程之中，我們應當如何謹愼保守地看待諸方善知識。有慧眼了、有法眼了，就隨著自己的慧眼或者法眼，將諸方善知識錯說法義誤導眾生的事情加以評論；如果沒有慧眼、沒有法眼，最好是閉口不說。

那麼 釋迦如來以前跟跋陀婆羅他們本是同修，釋迦如來已經在無量無邊百千萬億那由他劫之前成佛，然後依往昔一千兄弟次第成佛之願，又來到兩千五百年前示現成佛，接引這一些往昔的同修們，他們有的入地、有的還在三賢位，與往昔曾是師兄弟的 釋迦如來之間的差異，眞的不可謂小。有智慧的人應該以此作爲殷鑑，可以避免未來佛道的進展遭遇許多的遮障。

接著 世尊又呼喚說：「得大勢啊！應當要知道這一部《妙法蓮華經》大大地饒益了諸菩薩摩訶薩，能夠使諸菩薩們到達無上正等正覺。由於這樣的緣故，所有的菩薩摩訶薩，在我釋迦如來滅度以後，永遠應該要受持、讀誦、解說、書寫這一部《妙法蓮華經》。」

世尊說：「大家都應當要知道，這一部《妙法蓮華經》，大大地饒益了所有的菩薩，而且是大菩薩們。」爲什麼說他們都是摩訶薩？因爲開悟了就叫作摩訶薩。在《大般涅槃經》裡面說的摩訶薩，是眼見佛性者；在某些經典中說的菩薩摩訶薩則是入地了，在《楞伽經》裡面說的菩薩摩訶薩，說的是明心不退的人。世尊的意思是說，這部《妙法蓮華經》可以大大地幫助、利益所有已經證悟的大菩薩們。

為什麼能大大地幫助和饒益大菩薩們呢？因為可以幫助這一些大菩薩們次第修行而到達無上正等正覺的境界。也就是說，證得此經的人就是菩薩摩訶薩。證得此經之後還得要依止於此經繼續進修，可以依此經作為憑據而次第到達佛地。如果不依止於此經「妙法蓮華」，也就是不依止於如來藏，就不可能成為菩薩摩訶薩，更不可能讓他次第成就佛道；至於想要談到成佛，那可就連作夢都夢不到了，套一句古人的話：「猶未夢見在。」所以如果否定了此經如來藏而說他在學佛，倒不如說他是在毀壞佛法；因為那根本不是學佛，連學羅漢都還談不上，他的本質是在謗佛、毀法、壞僧，因為他在誤導一切在家出家四眾弟子，使他們永遠無法實證佛法，也使了義正法無法弘揚。所以全部都要依止於此經如來藏，才能夠成為菩薩摩訶薩。證得此經成為菩薩摩訶薩以後，還是得要依止於此經才能夠次第修學到達佛地。

世尊接著就吩咐說：「由於這樣的緣故，所有的大菩薩們在如來示現入滅之後，永遠都應當要受持、讀誦、解說、書寫這部《妙法蓮華經》。」這部《妙法蓮華經》指的就是這一部經典的經文嗎？不是啦！那只是依文解義的說法。所以有的人發起寫經運動，呼籲大家來寫什麼經？寫經王《妙法蓮華經》，於是大家就跟著寫了。我說日本人最膚淺，他們寫《妙法蓮華經》，是用泥金去寫的；也就是磨成金粉以後加上一些膠，然後沾了去寫，寫成以後也眞是精美絕倫；因爲有的是用黑色的紙去寫，有的是用深藍色的紙去寫，那紙也很精美，可是他們寫來寫去自認爲已經書寫了《法華經》，卻沒有成爲菩薩摩訶薩。

世尊在這裡說的前提是菩薩摩訶薩，不是指凡夫菩薩喔！是說菩薩摩訶薩們在 釋迦如來滅後不但要受持、讀誦，還要爲人解說，還應該要書寫此經，這些開示講的並不是指凡夫菩薩們。日本那一些凡夫菩薩們集資去弄那些金粉，在那邊寫得很工整，對於書寫以後成爲菩薩摩訶薩的事，又有什麼作用？所以他們最會學皮毛。咱們不跟他們一樣，咱們就是要如實的從這一些經文裡面看透。譬如人家懂書法的人往往說：「他寫得非常有力，力透紙背。」但我們也要力透紙背，不過我們是用眼力而不是手力。讀經時的眼力要透過經文紙背，看清楚經文裡面含藏的眞實義，然後我們要成爲菩薩摩訶薩，要永遠「受持、讀誦、解說、書寫」這一部《妙法蓮華經》，也就是要證悟如來藏之後永遠的受持、讀誦、解說以及書寫如來藏妙法，因爲 世尊說《妙法蓮華經》就是如來藏！

那麼 世尊說了四種，這四種要區分爲兩大類：「受持」與「讀誦」是爲自己，「解說」以及「書寫」是爲有緣人。「受持」是自己現觀之後，智慧通達而不退轉，所以這個智慧在捨壽之後的法種仍在，未來世遇緣發起，又繼續受持而不會懷疑，受持之後則要時時去加以閱讀，才能增長智慧。當你找到如來藏之後，要常常去閱讀如來藏，怎麼閱讀呢？在行住坐臥之中去觀察如來藏是怎麼回事？祂有多少的自性？多少的功德？這就是讀誦。

因爲你去觀察祂的時候，爲了加深你的印象，爲了增長你的智慧，你還得要用一些語言文字去加以思索；那你所觀察的內涵，就會有很深刻的印象，以及加深你的深度與廣度，那你的智慧就更能增長，所以「受持」是個基礎。「讀誦」卻是要悟後繼續去作觀行，也就是說，你證得之後心中不懷疑，然後自己要常常去觀察祂，還要用語言文字去思惟整理，讓自己對於如來藏的觀察更深刻，這就叫作「讀誦」。

但是這兩個畢竟都是爲自己，接著要爲別人「解說」。可是解說了以後人家聽了也許就忘了，所以你要設法寫下來成爲書籍，讓人家可以繼續流傳，傳諸後世而不朽。這有點像儒家說的立言，當你用這個妙法蓮花爲四眾佛子立言之後，其實你就是爲自己立功、立德。這就是說，你解說了以後可以利益當代的人，但不能廣利後人，因此你還得要書寫。假使不是有《大藏經》被書寫印製下來，我們今天要弘法就非常困難了；因爲全球就只有我們證如來藏、弘揚如來藏；但我們再怎麼說都說不贏人家，因爲咱們是一個人說，他們是一千個人說，我們的聲音就顯得很小，不論說什麼妙法，人家根本都聽不見，那時正法就沒有辦法流傳。所以得要有經典流傳下來，我們悟後能夠引以爲證，才能夠獨力應付所有佛門中的外道見。

諸位想想看，廣欽老和尚悟了，爲什麼法不能復興？因爲前人的「書寫」，他這一世悟了以後不能使用，他不識字。如果單用機鋒而能有人悟入，那個人一定會引經據典出頭爲他辯護。所以他很有智慧：「給你們機鋒，你們如果悟不了，別怪我，我有為你們施設機鋒了嘛。但是如果你們的悟緣不熟，就不要怪我。即使我廣欽走了之後，你們眾弟子因為沒有得法而要怪我，沒有關係，未來有人會為我辯解。」咱們今天就為他辯解，眞的要讓他蒙冤得雪。

我相信他的很多弟子們都曾抱怨過：「正覺同修會都說廣老是開悟的人，偏偏就不傳給我們。」問題是廣老想要傳給他們時，也得要看看他們是不是這一塊料。孔老夫子有一句話講得很好：「朽木不可怎麼樣？」（大眾回答：「雕也。」）對啊！你要雕刻好的佛像，找不到好的沉香木、檀香木，至少也得找到一塊好的樟木。如果隨隨便便在樹林裡找到一塊已經快要腐爛的木頭，他在那裡小心翼翼去雕，不必幾天以後就雕壞了；即使勉強雕成功了，也維持不久就壞掉了，那有什麼用？眞的成不了大用。

所以證得妙法以後得要書寫，「書寫」是為後人，而「解說」是為今人，你要把現代人與未來世兼顧。那麼這樣子大家聽完這一段經文以後，應該覺得既歡喜又悲哀呀！歡喜的是咱們這一世沒有隨便去誹謗善知識，悲哀的是那一些毀謗正覺妙法的密宗人士，將來要怎麼樣去救？可是從這一個設想上面再轉回頭看時，又應該高興說：咱們道業的成就，會比他們快很多，又應該歡喜啊！所以是兩個歡喜、一個悲哀。雖然如此，諸位今晚搭車回家時還是可以快快樂樂回家。接著 世尊於重頌中又是怎麼說：

經文：【爾時世尊欲重宣此義，而說偈言：

過去有佛號威音王，神智無量將導一切，天人龍神所共供養。
是佛滅後法欲盡時，有一菩薩名常不輕；時諸四眾計著於法，
不輕菩薩往到其所，而語之言：「我不輕汝，汝等行道皆當作佛。」
諸人聞已輕毀罵詈，不輕菩薩能忍受之。其罪畢已臨命終時，
得聞此經六根清淨，神通力故增益壽命，復為諸人廣說是經。
諸著法眾皆蒙菩薩，教化成就令住佛道。不輕命終值無數佛，
說是經故得無量福，漸具功德疾成佛道。彼時不輕則我身是；
時四部眾著法之者，聞不輕言汝當作佛，以是因緣值無數佛；
此會菩薩五百之眾，并及四部清信士女，今於我前聽法者是。
我於前世勸是諸人，聽受斯經第一之法；開示教人令住涅槃，

世世受持如是經典。億億萬劫至不可議，時乃得聞是《法華經》；
億億萬劫至不可議，諸佛世尊時說是經。是故行者於佛滅後，
聞如是經勿生疑惑；應當一心廣說此經，世世值佛疾成佛道。

語譯：【這時世尊想要重新宣示這一段經文裡面所說的道理，再用偈頌這麼說：

在過去無量無邊不可思議阿僧祇劫之前有一尊佛，佛號為威音王，祂的威神智慧無量無邊，攝受以及引導了一切有情，所以被諸天、眾人、天龍、諸神所共同供養。

這一位威音王佛示現滅度之後，在祂的正法即將滅盡之時，有一位菩薩名為常不輕；

當時的佛門四眾因為錯誤的認知，執著於他們所誤會的法中，常不輕菩薩就前往他們的所在，而向他們宣說：「我不敢輕視於你們大家，你們都在修行菩薩道，未來都將會作佛。」

當時佛門四眾聽聞之後，就輕賤以及誹謗他，或者開口大聲辱罵他，而常不輕菩薩全部都能夠忍受下來，繼續如此教化他們。

當他捨報之前，以前遺留下來的輕罪已經全部受畢了，所以捨報之時聽聞到威音王佛以前所說過的《法華經》，而得到了六根清淨的果報，因此有了大神通力和大智慧，也就沒有命終而又增益了壽命，然後又為大眾廣說這部《妙法蓮華經》。

那些錯誤認知佛法而產生執著的增上慢眾菩薩們，後來都因為常不輕菩薩的教化，而得以成就佛法住於佛道之中。

常不輕菩薩命終以後，又值遇了無數諸佛，都是由於為大眾演說《妙法蓮華經》的緣故，而得到了無量無邊的福德，所以隨著他所值遇的諸佛，而繼續演述《法華經》，就漸漸具足成佛的功德，因此快速成就佛道。

那時的常不輕菩薩就是今天我釋迦牟尼佛；那時四部之眾計著於法的增上慢者，聽聞常不輕菩薩說「你們都修行菩薩道，未來皆當作佛」，而生起了瞋恚心，由於這樣的因緣還得繼續再值遇無量無數諸佛；

在這個法華大會中，跋陀婆羅等五百菩薩眾，以及其餘的比丘、比丘尼、優婆塞、優婆夷等四部清信士女，如今在我面前聽聞《法華經》的人就是當時那一些人。

我在過去世中苦勸這一些人，讓他們聽聞受持這一部《法華經》，是世出世間無上第一之法；

我開示《法華》的妙理而教導他們大眾，讓他們可以安住於涅槃之中，他們終於能夠一世又一世不斷地受持這一部經典。

有時得要經過億億萬劫乃至不可思議無量數劫，才能有機會可以聽聞到這一部《妙法蓮華經》；有時是經過億億萬劫乃至不可思議的無數眾劫，才會有諸佛世尊在某個時節演說這一部《法華經》。

由於這樣的緣故，在佛法中修行的人，在我釋迦如來滅度之後，聽聞這一部《妙法蓮華經》，心中不要生起疑惑；

應當要專精一心為大眾廣泛演說這一部《妙法蓮華經》，他就可以一世又一世都能值遇於諸佛，因此而快速地成就佛道。」

講義：世尊在重頌之中，再度宣示前面所說的這一些義理。就是把前面這幾段長行所說的法義，重新作一個比較簡略的說明，讓大眾加深印象才不會忘記。世尊說：

「過去有佛號威音王，神智無量將導一切，天人龍神所共供養。」在過去很早很早之前有第一尊　佛陀出現在世間，祂的佛號叫作　威音王如來；那麼談到這裡，不曉得諸位觀念有沒有改變過來？因爲有的人會想：「眾生是無始以來就存在，同樣的道理，當然應該在無始之前就會有佛存在了。」這個想法看來似乎也是有道理，但是不圓滿。爲什麼我們主張說一定是在很早之前會有第一尊佛出現？而不是早就有佛、無法追溯或判定是一定有最早成就的佛？是因爲一切有情同樣都有二障，所以十方三世諸佛都必須修行斷除「煩惱障」與「所知障」，才能成佛。

煩惱障與所知障並不是一切眾生或少數眾生無始就本然斷盡的，而是同樣都必須經過很長時間的修行之後才可以斷盡的。所以不可能有誰是本來已是究竟佛。因爲眾生之所以「無始」，就是有這兩種無明打從無始以來就存在著。假使眾生不是因爲「無始無明」與「一念無明」，就不會是眾生。所以一定是在這兩個無明都被滅盡之後才可能成佛，當然就一定要經過修行來斷除這兩種無明，然後才能成佛，所以無始以來不論哪一尊佛的成佛，一定是有始。如果有人成佛是無始的，那麼眾生就不應該有無始無明；無始無明是指「所知障」，而這個無明是無始以來就存在的。如果每一個有情都有無始無明，就表示沒有誰是無始成佛；否則他就是沒有無始無明，沒有無始無明才能說那個人本來就是究竟佛。但如果那個人可以本來是佛，我們為什麼不可以也是本來即是究竟佛？他既然可以不必修行就成為究竟佛，我應該也可以不必修行一樣成為究竟佛。也許有人說：「唉呀！你蕭老師算什麼？」那不然，我就承認我真的不算什麼，那麼你應該可以算什麼，那你應該是無始以來就成佛的人啊！

如果我們都不行，地球七十億人難道就沒有一個人是可以無始以來就成佛的嗎？難道沒有一個人可以是本來就沒有無始無明的嗎？因為無始以前既然可以有人是這樣沒有修行之因就已經成佛，那我們地球上七十億人，聽說現在快七十五億人了，不該連一個無始以來就沒有無始無明的人都不存在，而本來成就究竟佛。所以我現在要把釋印順那個奇怪的說法拿來講，印順在《妙雲集》裡面寫的，他的言外之意是說：「釋迦如來在人間成佛只是一個偶然。」他的意思就是這樣。如果真是這樣的話，那他釋印順也可以是個個偶然，成為偶然成佛，而他也自認為已經偶然成佛了！所以他的傳記書名是《看見佛陀在人間》，這是他活著的時候允許人家用的書名，那本傳記也是他自己親自校對的，顯然他是自詡爲究竟佛了。

問題是他那個佛，既沒有斷我見，連初果都不是；他也沒有明心，因爲他否定第八識如來藏，那他顯然一念無明、無始無明都沒有打破，就別說有無斷盡的事。這可怪了！佛法中竟然有這樣的佛？如果是以他這樣的佛，來說他無始成佛，似乎也有道理，因爲一切眾生都是這樣子無始成佛的，那他釋印順這個佛就跟眾生的「理即佛」或「名字即佛」一樣，又有什麼珍貴？可是眞正的佛不但要打破二障，而且一定要斷盡二障；二障中的一個叫作「所知障」，又名「無始無明」；換句話說，每一個人都是無始以來就有這種無明，否則就不稱爲無始無明，那麼這樣子看來，有誰可以無始成佛？一個也沒有啊！所以一定是在無量無邊劫之前有一尊佛是最早成佛的，因爲一定要經由打破二障以後，再經過很長時間的修行來斷盡二障，也因爲沒有誰是生來就沒有這二障的。

那麼每一個有情都有無始無明，所以顯然每一個有情都不可能無始成佛，從現在追溯到超「過無量無邊不可思議不可說阿僧祇、阿僧祇劫」之前，也還是不脫這個正理，這就證明沒有誰是無始成佛而不必經由修行斷除二障的，當然也就不可能有誰是無始成佛的。無始無明這個名詞、這個無明的意涵，就已經告訴諸位說：沒有誰可以無始成佛。過往無量無邊不可思議不可說的阿僧祇、阿僧祇劫之前，如果有誰成佛了，同樣是要經由修行斷盡二障才能成佛；既然都一定要斷盡二障才能成佛，就會有人是在最早之前修行斷盡二障而成佛，那當然就會有最早成就的第一尊佛，不可能有無始本來成就究竟佛的事。

無始無明中的過恒河沙數上煩惱全部斷盡以後，也就是「塵沙惑」斷盡以後，才可能成佛。但是斷這個塵沙惑，並不是無始自然斷除的，而是一定要經由長久的修行之後才能斷除，所以沒有誰是無始成佛的。世尊既然說兩萬億威音王佛中的第一尊佛，是「過無量無邊不可思議阿僧祇劫」以前就已成佛，禪宗祖師也說祂是宇宙中最早成佛的第一尊，咱們就不必再諍論這個題目，去指責禪宗祖師講錯了。這是說明，不論何人、不論是多久以前成佛的人，依舊是要打破及斷盡二障以後才能成佛，沒有任何一尊佛是無始成就的佛。這樣子，假使大家心中還有所疑，今天應該斷乾淨了吧？這個疑根不能留著，一定要斷除盡淨。

言歸正傳：「是佛滅後法欲盡時，有一菩薩名常不輕；時諸四眾計著於法，不輕菩薩往到其所，而語之言：『我不輕汝，汝等行道皆當作佛。』諸人聞已輕毀罵詈，不輕菩薩能忍受之。」這一位二萬億 威音王佛中最初的第一位 威音王佛，祂的威神智慧足以攝受以及導護一切有情，所以被諸天、一切人、天龍以及所有天神所共同供養。那麼第一尊佛滅度以後，在祂的法即將滅盡——到了祂的像法時代，正法即將滅盡時，有一位菩薩名為常不輕，又把祂的法延續下來。這兩萬億 威音王佛相繼出現，都沒有末法時期，只有正法跟像法時期；當第一尊佛的像法時期即將屆滿，可能會進入末法時期時，由於常不輕菩薩的緣故又把像法時期延續下來，那麼我們可不可以援用這個模式？

大家點頭如搗蒜，很有信心喔！我們確實應該有這樣的信心。既然前面有這樣的例子，這是 世尊親口告訴我們的，那我們如果努力去作，把末法時期繼續延續下去而使正法的弘傳不會滅失，將來可以請 月光菩薩慢慢來，不必那麼早來人間，我們再把末法時代的正法延續下去。也許末法時期快結束時，我們再把它延個一千年、兩千年、五千年，甚至於再延長一萬年，讓月光菩薩先再輕鬆一段時間，他來人間末法最後的五十二年，可以多延遲一萬年後再請他來，有何不可？就看我們能力夠不夠、決心夠不夠。只要大家堅定心志，所有人都不當逃兵，發願說：「下一輩子我還要留在娑婆共同繼續奮鬥，一直奮鬥到將來末法時期即將結束時，月光菩薩都不必來。」那時我們應該高興，因爲我們可以藉此成就大福德。如果九千年後看見月光菩薩來了，那是一則以喜，一則以傷、以悲，因爲表示我們延續末法時期的努力沒有成功。既然世尊告訴我們常不輕菩薩這個眞正的例子，我們應該見聖思齊，何況我們全都是常不輕菩薩的弟子！祂老人家用祂的例子來告訴我們，我們如果不肯學，該叫作什麼？（有人說：不孝！）大聲一點！（眾答：不孝！）眞的叫作不孝。這事情是我們大家可以努力來作的，如果努力成功了，大家福德無量無邊廣大，一定可以提早很多劫成佛。

接著回到經文來說：「時諸四眾計著於法，」「計著於法」就表示說，那時的四眾弟子對法的認知錯誤，而又堅固執著不肯改變。「計」就是誤計，也就是錯誤的計算。錯誤的計算引申的意思，就是錯誤的推理、思惟然後認爲那一定是正確的，這叫作「計」。「著」就是當有人告訴他說「你這樣不對，爲何不對」的時候，他們不肯改變，繼續抓住錯誤的認知而不肯放棄。「計著」的情形是很普遍存在的，在像法時期、末法時期這都是正常的。

特別是末法時期的現在，我們從理上舉出很多的道理說「意識是生滅的、是常常會間斷的」，也從聖教裡面舉示出來說「意識是生滅法」；有時舉出聖教說「意識是二法因緣生」，有時舉出聖教說「意識是三法因緣生」；有時更舉出《阿含經》的聖教說明：不論粗細意識，世尊說「諸所有意識，彼一切皆意法因緣生故」。可是到現在爲止，不說大陸，單說臺灣本地的大山頭，他們都讀過咱們的書，也都組成小組在研究咱們的書，可是有誰出來公開宣示說「意識果然是生滅法」？到現在，且不說見不到一個，連半個也沒看見！那你們說說看，他們的「計著」厲害不厲害？太厲害了！假使是像法時代，就不會這樣子，正法時代更不可能有這種現象。在像法時代，只要有誰說出來的法，知道被人家懷疑是落在意識裡面，他就會耳朵燙起來。可是現在大陸的大法師們，你們看！他們耳朵一點都不紅。你若是拿刀子割他們的臉，他們臉皮厚到讓你割不破，你眞的無可奈何。

所以正法的延續就只能靠咱們正覺，不能依靠其他任何道場，他們每一個大山頭都不可仰仗。所以末法時代佛教界「計著於法」的情況，是非常普遍存在著的；在五濁惡世的像法與末法時代，這本來就是很正常的事。那麼「計著於法」的人一定會有一個現象，就是於法自高，於法自高的原因則是「未證言證」。於法自高就瞧不起任何人，也瞧不起妙法，他們誤認爲：「佛法就只是這樣而已，有什麼奇怪的？」很多大法師、大居士都這麼講，大家都不可一世，認爲佛法就只是這樣，開口狂妄地說：「我全部都知道啊！」這就是由於未證言證而產生的自高之心，導致明明沒有實證而竟公開宣稱自己是實證者。以前佛教界，從以前的大陸、隨後的臺灣，以及更後來的南洋，所謂的阿羅漢們遍地都是啊！但一直都沒有人出來詳細自我檢討說：「咱們所謂的證果是不是錯誤了？」甚至於後來出了個正覺講堂，把法的正確與錯誤作了很多面向的辨正之後，他們也都讀了，可是依舊不改其謬，爲了名聞利養還是想要錯到底。

那麼這樣的增上慢其實是末法時代的正常現象，只能怪我自己當年剛出來弘法時，寄望於某些大山頭的大法師，希望他們有人願意得法，我就把法傳給他們，我可以依照自己原來的計畫回故鄉隱居去了。以前我腦袋裡曾經有過一個影像：八、九十歲老到沒辦法跑步了，又遇上冬天手腳更不利索，所以穿著一件長袍拄著手杖，在鄉村小鎮上踽踽而行，過著退休無事的生活。想起來那個畫面還眞美欸！（大眾笑…）可是根本不可能實現，因爲那一些人都不可寄望，得要靠我們來維持正法的延續久住。所以後來我們怎麼樣去扭轉這一種狀態呢？（這是我們應該要作的事，救幾個算幾個！）就開始指名道姓摧邪顯正了。也許他們有哪個大山頭捨報之前願意改變而公開聲明說：「我們以前所謂的開悟是錯誤的，以前所謂的證果是錯誤的，請所有已被我印證的弟子們要記得在捨壽前對眾懺悔。」那麼所有被他們印證證果的佛弟子們，就有機會知道悟錯了而可以改正，死後不下墮三惡道，繼續生在人間修學佛法，這才是我們應該要作的事！只要救得一個人不墮三惡道，功德就無量無邊啊！我們如果可以救得一百個、一千個人，那就不得了，所以我們得要繼續努力作，就別再想退休後在小鎮中過田園生活了。

往昔常不輕菩薩的時代，「時諸四眾計著於法」，我們五濁惡世中的末法時代，當然也會是如此的。既然這是正常的現象，咱們就要心平氣和，心中無妨有悲，但不要有瞋，這樣努力來救護現代的佛教徒，讓他們回歸正法。

四、五年前我聽聞一個人說，他曾親耳聽聞一位大法師說：「我們不要再評論正覺講堂了，因為他們的法是沒有錯誤的。」幾個月前又聽到大陸的一個消息，有另一位大法師說：「我們從今天開始不要再評論蕭平實了，因為他是個實證的人！」這表示我們救得兩個了。（大眾笑⋯）那我們救了這兩位大法師，意味著什麼？他們座下已經有更多的人被救了。

那他們以前自稱開悟而產生的諍勝心就會收回去，他們一定也會懺悔滅罪；雖然不可能公開懺悔，但是總會找來一些人依照菩薩戒的規定如法懺悔，他們死後就不用下地獄了。這個功德很大，但不是我一個人所能成就，而是靠諸位共同幫襯；所以這個功德，諸位每一個人都有一分。但是未來繼續發展下去，將會救護更多人不入三惡道，我們可以這樣期待，也應該這樣等待，才是菩薩應有的悲心。這是已經有兩個例子了，未來還會有更多大師被救護而滅除大妄語業，保住人身不入三惡道，所以這是大家可以獲得的功德與福德。那麼，如果我們還能夠進一步讓佛教界弊絕風清，也就是逼使附佛法外道都離開佛教了，讓他們在佛門中沒得混了，不得不回歸佛教正法而摒棄外道法，這個功德才更大。那麼諸位當然知道我在講什麼，既然都知道，去努力就是了。

接著回來說，那些「計著於法」的「諸四眾」，都不免增上慢，然後就會誤導更多人，常不輕菩薩看見這個情形，就故意去到他們那裡，告訴他們說：「我不敢輕視於你們大家，你們大家都在行菩薩道，未來都會作佛。」現在有個問題了，他為什麼要說「我不輕汝」？又為什麼要說：「汝等行道皆當作佛。」一定有緣故啊！常不輕菩薩絕對不是隨便說、隨便作，也一定不是以意識情解思惟的層次而這樣說、這樣作的，一定有所本。「我不輕汝」，是為什麼不輕汝？

假使你參禪時突然間一念相應，找到如來藏了，你說：「啊！原來菩薩之所以成為菩薩摩訶薩，就是因為找到這如來藏啊！」然後正好一隻蒼蠅飛到眼前來，在你面前找東西吃，你看著就說：「唉呀！這蒼蠅菩薩在為我說法呢。」為什麼這時你會說牠是「蒼蠅菩薩」？牠明明不是菩薩啊！以前在石城禪三的時候，我們有位師姊正在參禪，才剛悟入時還在思索整理，而那個地方是山中，四處有蜈蚣；那時有蜈蚣從背後爬上她身子，她的脖子覺得癢，手一撥就掉下來，她竟然沒嚇著，反而說：「唉！原來是蜈蚣菩薩。」

她沒有嚇一跳，反而說：「原來是蜈蚣菩薩。」妳們女眾平常看見蜈蚣時會怎麼樣？哇哇大叫！且不說蜈蚣，單是看到蟑螂就哇哇大叫了；但她當時竟沒有哇哇大叫，反而說：「啊！原來是蜈蚣菩薩，牠在為我說法。」為什麼叫牠菩薩？

有好多人寫見道報告說：「唉呀，我那一天，剛好一隻蚊子菩薩……。」反正都叫作菩薩，蚊子也叫菩薩了。那麼為何大家都會如此呢？因為看見牠同樣有《妙法蓮華經》，牠同樣揹著這一部經在為你說法，所以你就說牠是菩薩。請問：當你稱蚊子為菩薩、稱蜈蚣為菩薩、稱蟑螂為菩薩的時候，你對牠有沒有輕視之心？沒有嘛！稱人家菩薩就是表示恭敬。想想看喔！對蚊子、對蜈蚣、對蟑螂都恭敬而稱為菩薩的時候，那麼見到正在修行菩薩道的人，他們有沒有揹著一部《妙法蓮華經》？有！敢不敢輕視他們？不敢！所以說「我不輕汝」，眞的有所本啊！可是這個眼睛要力透經文紙背，要能夠看得過去才行；否則老是落在語言文字上面，在佛道上起不了什麼作用。

那麼常不輕菩薩當時向大眾說：「我不輕汝，汝等行道皆當作佛。」是說，你們大家都在行菩薩道，未來都會作佛。這是什麼緣故？我再幫大家把記憶拉回來，把我們講這一部《妙法蓮華經》的時空拉到最開始時；我們是二〇〇八年開始講解，到今天已是三年多了；《法華經》剛開始講的時候，有沒有這麼說：來到法華會上，向 佛陀一稽首；向 佛陀一舉手；向 佛陀一合掌；或者向 佛陀禮拜、問訊，然後坐下來聽《法華經》，說這一些人未來皆當成佛？有沒有？還記得嗎？那時講過「**皆已成佛道**」了，有沒有？有！

當時講解的經文中說乃至「**小低頭**」，就是稍微點一下頭，並沒有頂禮 世尊，他就坐下來聽經，他未來也會成爲究竟佛；但是當時經文中說這些人都已經成佛，是說他們在理上都已經成佛了。這些經文的道理，如今大家還記得麼？記得了！我記得經文中有說到「**小低頭**」，有沒有？有的人來到法會現場坐下前，對 佛陀點頭點得很大，是表示說「**我很恭敬您**」；雖然他其實不是很恭敬，因爲他只是點頭就坐下了！但有的人比他更不恭敬：見了 佛陀便直接坐下來。也許稍微點一下頭，你幾乎沒有看到他在點頭，就這麼稍微點一下，他就坐下來，就直接聽 佛陀說法了。即使如此，佛也說這樣的人，也是已經成佛了。然而爲什麼是已經成佛了？是因爲在理上他本來就是佛啊！因爲他身上也有一部《法華經》，就是佛。所以又說「**漸見無量佛**，自成無上道」，就是將來悟得這部經典時，繼續奉侍諸佛、努力修行以後，未來世一定會使他成爲究竟佛，因此說，能夠使他未來成爲究竟佛的成佛之性是本來就存在的，這個佛性就是這部經如來藏。

既然這樣子，都已經說他們本來成佛，請問：常不輕菩薩遇到的那一些佛門四眾，他們各個都在行菩薩道，未來是不是一定會成佛？當然會成佛！這樣首尾相應，前後連貫，就知道常不輕菩薩當時這麼作是有所本啊！單單是見了如來的聖像，當時點個頭或是舉手打個招呼，或者合掌乃至禮拜、問訊、供養等等，未來都是會成佛的；若是已經在行菩薩道的人，就更不必說了，當然是「皆當作佛」！所以常不輕菩薩正因爲看見他們這樣在行道，由於「尊敬此經」的緣故，就告訴他們說：「我不輕汝，汝等行道皆當作佛。」不但沒有過失，而且有大功德。

甚至有的人聽不進去，需要人家戴高帽子，常不輕菩薩也可以爲他們戴高帽子，就先稱讚他們：「你們學佛學得太好了，眞的很有成就，大家都讚歎你們，我更不敢輕視你們，你們都是大菩薩。」甚至於有的人慢心更重，他還得再加上禮拜。人家說伸手不打笑臉人，難道可以伸腳去踢禮拜自己的人嗎？不可能嘛！所以他就用這樣的方法攝受大眾，因此就有許多大眾被攝受；那些被暗中攝受的人，最多只是笑一笑走開；只有增上慢者才會罵他、打他、丟他，所以我說，他的所說所爲眞的有所本。

可是增上慢者看見他這樣禮拜、讚歎，看見他說「**我不輕汝，汝等行道皆當作佛**」，都還悟不了，你說他們可憐不可憐？可憐啊！所以才要留到現在——到了兩千五百多年前才能開悟啊！那你們說他們可憐，我也覺得我很可憐啊！（大眾笑…）因爲是到兩千五百多年前才能開悟呀！你說我可憐不可憐？我當時就在那一些人裡面，都是無量劫前有增上慢的緣故。這眞是糗事，但這糗事是我自己的；說是我也得，說不是我也得。若要說是我，畢竟是一世又一世延續下來，不會錯的；若要說不是我，爲什麼也行？因爲前世的五陰又不是這一世的五陰。所以，如今我讓前世的五陰沒面子也無所謂，害不到我這一世的五陰沒面子。好！那麼這樣子想清楚了，大家可都不要再犯前過。人家駕車到那裡不小心翻車了，我們來到同一個地方時就要懂得避開，不必說「**我也來試試看翻車的滋味**」，那個滋味不好受啊！

所以我說常不輕菩薩眞的有所本，那他這樣子對四眾既讚歎又禮拜，如果對方是沒有慢心的人，他只要這樣子讚歎說「我不輕汝，汝等行道皆當作佛」也就夠了。但有的人得要讚歎以後再加上禮拜，可是有的人，常不輕菩薩讚歎後再禮拜也沒用，他們依舊繼續罵說：「你是什麼人？敢跑來爲我授記？」其實常不輕菩薩當時並不是作授記，而是讚歎他們、鼓勵他們，給他們證悟的機緣，並不是授記；是因爲他看見大家都有《妙法蓮華經》，所以這麼努力修行菩薩道，未來一定會成佛。這是鼓勵大家、讚歎大家，他不是自大來爲人授記的。

可是那一些人沒有辦法接受，因此聽聞讚歎之後都因爲增上慢，對菩薩輕毀罵詈。輕毀罵詈之後，假使你是常不輕菩薩，你該怎麼辦？若是生氣起來說：「哼！以後不鼓勵你們了！」那你就沒資格當常不輕菩薩了。世尊往世這個過程，我們要效法；祂之所以這麼快成佛，我們要學習，才能快速滅盡往昔無量劫來所餘的無量微細惡業；千萬別像跋陀婆羅那一些人一樣，自己遮障道業。那麼常不輕菩薩雖然聽到別人這樣輕視他、毀辱他、大聲訿斥他，他全部都能夠忍受，這表示當時他已經有了「生忍」和「法忍」。這眞的不容易啊！有生忍，是表示他對於四眾們的身口意行爲能夠接受；有法忍是顯示他已經看見四眾大家都有《法華經》，因為這個法，所以他能忍。能忍受之，就必定有功德。那麼這個功德到底怎麼回事？啊！時間又到了，只好下回再分解。

《妙法蓮華經》上一週講到一百七十三頁第二行第一句，今天先要講第二句「**不輕菩薩能忍受之**」，這是延續上一週所說，常不輕菩薩去到佛門四眾面前向他們說：「**我不輕視你們大眾，你們都在行菩薩道，未來都會作佛。**」眾人聽了以後，或者嘲笑他、辱罵他、打他，或者拿東西丟他，而常不輕菩薩都能夠忍受。那麼現在這一句說他都能夠忍受之，他為何能夠忍受？他究竟是忍什麼？不可能一個很有智慧、很調柔的人，而能夠平白無故忍受那一些不平等的事情，能夠平白無故忍受自己不斷地造作這樣看來好像很愚癡的業行，所以這背後一定是有原因的。

我在上週也問諸位說：你們能不能作得到？不說要作那麼久，單說是作三個月就好了，有誰能夠作得到？沒法子呀！所以他能夠那麼長久安忍不斷，一定是有道理的，一定不會是愚癡地「忍」。愚癡而忍是忍不了這麼長久時間的，而他被人家又罵、又譏笑、又打、又拿東西丟，永遠都不退轉；

這背後的原因是值得我們讚歎，但是更值得我們探究。但要讚歎這個背後的原因之前，一定要先探究是什麼原因；弄清楚了那是什麼原因，然後讚歎時才能夠至心而說，否則就變成虛假的言說了；那個讚歎也就沒有價值，更不可能願意接受。

那諸位想一想，《法華經》是一切經之王，佛把所有經典收攝在此經之中。可是竟然會讚歎這樣一位看來好像精神狀態有問題的菩薩，這不是沒有原因的；所以背後這個原因我們得要探究一下，他到底是忍了什麼？忍於什麼的時候一定背後有個原因，那就是：「他爲什麼能忍？」也就是說，常不輕菩薩那時敢這樣作、肯這樣作，而且永遠不退轉，一直到即將捨壽；而他們那時的壽命又很長，這眞是難行能行、難忍能忍。當時的佛門四眾這樣子輕賤他，可是他都不輕賤他們，連自己也不輕賤，所以轉而尊重一切佛門四眾。那他到底是在忍什麼？而「不輕菩薩能忍受之」？

諸位當然馬上會聯想到說：「啊！我知道了，他就是能忍於此法、忍於此經，此經就是如來藏嘛！我早就知道了，你蕭老師要說什麼我還不知道嗎？我聽這麼多年了。」（大眾笑…）對啊！你們也知道我三句不離本行，我這一生就像老王賣瓜「賣如來藏、住如來藏、說如來藏、行如來藏」，將來死了還會死在如來藏裡面。不過大家別誤會喔，就說會游泳的人總是死在水裡，（大眾笑…）我不是指那個意思，我是說了生脫死，所以將來死的時候依舊是死在如來藏裡面，死了就是回歸如來藏；未來世出生時還是從如來藏裡出生，依舊活在如來藏中啊！能夠現前這樣子觀察，不就是了生脫死了嗎？生從何來、死往何處？這不就全部解決了嗎？

這就是說，即使哪一天你告訴我說：「蕭老師！我知道啦！原來你將來會死在如來藏裡。」我說：「對啊！我就是死在如來藏裡，只不過死得很風光，死得很安心，死得非常『得理』；但我不是『不饒人』，而是饒一切人，從來不計較任何人對蕭平實這個人如何誹謗。」因爲那些誹謗的人，未來世要當你們的徒弟，會來當我的徒孫，他們只是一時迷失罷了。譬如小孫子不懂事，爺爺不跟他們計較；但去到未來世時，他們的父母親——身爲父母親的你們，就要跟他們計較，就要把他們教訓教訓而拉回家裡來安住。拉回到什麼家裡來住？如來藏家裡呀！諸位都懂啊！

所以說，對眾生應該是這樣的忍：能忍於一切眾生。因爲一切眾生遲早都必定要走向佛道，即使他們流轉無量無邊不可思議阿僧祇劫之久以後，終究還是要走向佛道，因爲只有佛道才最究竟。那就像你家裡一個迷失的孩子流浪在外，縱使有時由於無知而在外面罵你，你也能忍，因爲你想：「這是我的孫子啊！」那你跟他計較幹嘛呢？他依舊是你的家人呀！只是說，他什麼時候要回家來？問題只在這裡，其他都不是問題！所以這樣看清楚了，你就能夠忍。常不輕菩薩當時不就是這樣忍的嗎？所以他能忍，而且是很長時間的忍，都不厭煩，表示當時他是早就開悟了，所以他才能夠長久安忍。

那麼他說：「汝等行道皆當作佛。」確實是有道理的；在《妙法蓮華經》剛開始講解不久，有說到：有的人來到法華會上，或者來到 釋迦如來講經的法會上，禮佛三拜、繞佛三匝然後坐下；有的人禮佛三拜坐下，有的人繞佛三匝坐下；有的人既不繞佛也不禮佛，只是開口問訊一下說：「世尊！您好。」就這麼一聲問訊，然後點個頭坐下；有的人不問訊，來了只是舉個手對 佛陀打招呼，然後坐下來就聽經了；有的人不舉手打招呼，來了只是對佛陀輕輕點個頭就坐下了。但 世尊說，這一些人未來皆當成佛，還記得嗎？在《法華經》開始不久就談到 世尊這個開示了，大家要把 世尊所說前後對照來理解才行，千萬別落入文字表義中。

所以說，這個道理並不是那一些假名善知識說的：因爲這一些人都有善根，所以見了佛一低頭、一舉手、一稽首，或者禮佛、繞佛……等，是因爲他們都有善根，所以世尊說他們未來都會成佛。大法師們這一類的解釋都叫作言不及義，因爲世尊的意思並不在這上面啊！對於這一些經中的語句，是應該用禪宗的眼光、證悟後的般若智慧來看待。

那麼常不輕菩薩就因爲這個緣故，讚歎大家「你們都在行菩薩道」，行菩薩道的過程裡面，法就更多了。可是，雖然法的內涵更多，前面說的一低頭、一舉手乃至禮拜、問訊、繞佛等等，難道都不作了嗎？也一樣都有。但是會作得更多，而且努力地遍行六度，怎麼可以說這一些人將來不成佛呢？眞的沒道理啊！因爲連一舉手、一低頭都能夠成佛了，何況是努力修六度萬行而行菩薩道的人呢？因此說，常不輕菩薩由這個地方，看得透徹、忍得徹底，所以，當那些人對他所作的讚歎、禮拜、恭敬甚至於勉勵成佛，雖然心中不接受，對他嘲笑打罵，他一樣能忍；是因爲他很深刻看見這一些人將來必定會成佛，也爲了正法得以久住的緣故，所以他都能夠忍受。

而這個忍受，一定是從般若實證的現量，也就是從實相法界的現觀來看待佛門這一些四眾的行為。所以他從這個現觀上面去看見一切的佛門四眾，遲早都會證得有情自性平等的現量。也就是說，他已經看見這一些佛門四眾，未來或者快或者慢，都會證得「一切法都是自心現量」；所以當這一些人拿石頭丟他，他一看：「那個如來藏在丟我。」這一些人拿棍子打他：「那些如來藏在打我了。」「那一些人在罵我，如來藏在罵我了。」……等。實際理地，如來藏其實什麼都沒幹，可是他都看清楚了！當正觀、反觀全都看清楚以後，什麼都能忍了！

所以他要作的工作就是讓大眾知道將來一定會成佛：不管對常不輕菩薩作了什麼，將來都一定會成佛。因為，「一切有情的自性平等，一切有情本來常住」的這個法性，永遠都是如實不變的。自己跟那一些被他禮拜、恭敬、讚歎、授記的佛門四眾的法性全都一樣，由於這個法的現觀及安忍，所以他能忍受。那麼當他能夠忍受的時候，就顯示出他的證量層次；他是從法性上面去看見大家都一樣，所以不管是怎麼樣的逆境都能忍受；目的就是要以這樣的方式，去促使佛門四眾警覺。

其中有智慧的人一定會觀察：常不輕菩薩明明是很有智慧的，可是爲什麼竟然作這種事情？而且是那麼多年終究不改變？這意思是說，這是他藉著這一種方法去刺激佛門四眾深入瞭解的一個手段，也能同時來滅除自己久遠劫以來還不曾滅掉的大大小小的罪業，這樣滅罪的速度是最快的！因爲他是從實相的層次來滅罪，不單是在意識與五陰的層面去滅罪，所以那一些人不管對他如何不合理，他全部都能夠忍受。

「其罪畢已臨命終時，得聞此經六根清淨，神通力故增益壽命，復爲諸人廣說是經。」好！這就要問了：他這樣子安忍，未來究竟有什麼樣的果報？這是想要快速成佛的人都必須要留意的地方。如果悟了以後度眾生或者攝受徒眾們，總是有暴戾之氣，或者總是不能夠以寬容的心來對待他的徒眾，那他們想要滅罪就會很慢；徒眾們也沒有辦法完全信服於他，所以他攝受的有情範圍就狹小，不能廣大；而徒眾們道業進步也很慢，他就無法快速成佛。

當你把禪宗公案翻出來，看看那一些禪宗證悟的祖師們，有的手頭很儉，對待徒弟又很苛刻，你可以把他們歸類到一類——成佛遲緩。如果像老趙州、雲門、克勤、大慧宗杲，你就可以歸類到另一類——成佛快速。那如果禪師兩者兼而有之，變幻不定，你可以這麼說：這個大師成佛速度中等。你就可以判定了！所以從常不輕菩薩之所以要這麼作，之所以能夠持續不斷地忍受那麼久的時間，得要知道他未來的果報就是「眷屬和合」；他所攝受的眾生心地和同，不會鬥爭得很厲害。除非是處在五濁惡世示現成佛，到了像法的末期才會開始鬥爭。這是說，那些人由於不懂 釋迦如來慈悲的開示，才會那樣子；如果眞懂《法華經》的話，當他們讀了〈常不輕菩薩品〉，只要眼力夠，看透了經文背面的眞義，就懂得該怎麼作了。

世尊是以祂往世的親自經歷來告訴我們，成佛想要快，就是得這樣作：尊重一切人，不要把眼睛看著天上。要儘量往下看，不是有一句話說「菩薩低眉」？菩薩不能一天到晚怒目沖天、怒髮衝冠；也就是說，眉毛可以生得很斜，甚至生直了也沒關係；人們不都說「眼橫鼻豎」嗎？就算是生來鼻豎、眉也豎，那也沒關係，只要你的態度是和緩的，是慈愛的，都能夠攝受眾生。那麼，因此說，要如何效法常不輕菩薩？那就要先讓自己瞭解這樣作的未來世結果是什麼，就是四眾歸心。所以說，當你這樣子努力去行，大眾就因此種下了將來得法的因緣。

常不輕菩薩早就看清楚了這一點，因此不管大眾對他怎麼樣，他都能夠忍受，因爲不論是誰打了他，他就滅了一件往世的罪業；罵了他，又滅了一件罪業；丟了他，又滅了一件罪業；譏笑他，又滅了一件罪業。他一天到晚去跟眾生禮拜、恭敬、讚歎說：「你們將來都會作佛。」大部分人都會罵他。假使將來一千個人罵他，他就滅多少罪業？證得實相以後，從實相這裡去看待眾生，這樣滅罪業最快。《金剛經》有講過：「受持此經，如果被人輕賤，」都還不到打與罵喔！只是輕賤說：「那個如來藏外道神我。」就這樣輕賤你，那麼你的「先世罪業則爲消滅」，更何況是打罵嘲笑，不只是輕賤？那你說他滅罪快不快？

所以 世尊接著說：「其罪畢已臨命終時，得聞此經六根清淨，神通力故增益壽命，復爲諸人廣說是經。」他正因爲「此經」的緣故，所以努力勸大家行菩薩道，未來都可以成佛。因爲這樣的緣故，不懂正法的人之中，輕賤他的、罵他的、譏笑他的、打他的、丟他的，所在多有，因此「其罪畢已」，也就是往世大大小小的罪業已經受報完畢了，臨命終時 威音王佛以前所說過的《法華經》，就讓他重新再聽一遍，因此智慧增上而得到了六根清淨果報。

那麼大家想一想，爲什麼 威音王佛爲常不輕菩薩重新說了一遍《法華經》，別人聽不到，就只是他聽得到？因爲「其罪畢已」！所以儘管人家罵你說：「唉呀！你們在正覺學什麼如來藏？那是外道神我啊！」你就合掌，肅然恭敬感謝他說：「謝謝您喔！幫我消滅了先世罪業。」然後好好向他彎腰問訊。可不要禮拜喔！禮拜會折了他太多的福，你就只是彎腰問訊說：「謝謝您滅除我先世的一分罪業。」什麼都不用講，你就走開幹你的事去。因爲你若是要釣那一條大魚，線要放長一點，別攀緣他；有一天他忍不住了要問你，因爲他一定很好奇：「我罵了他，竟然還感謝我？」

他一時間沒會意過來，回去家裡一定想了再想，有一天一定會好奇問你：「爲什麼那一天我罵你落入外道神我之中，你還感謝我？」你就問他：「請問您讀過《金剛經》沒有？」「有啊！」「那《金剛經》裡面說的是什麼心？」「金剛心。」「離念靈知是不是金剛心？」「是啊！」你就告訴他：「不是！當您睡著時，離念靈知哪裡去了？」「那麼是會中斷的啊？」「是啊！會中斷啊！所以不是金剛心。那您認爲金剛心是哪一個呢？」他這時只好搔搔後腦杓，不知道該怎麼答了！但你可以告訴他：「《阿含經》說，有一個本識出生了名色。離念靈知只是識陰而已，是從那個本識中出生的；從本識中出生時，還得要藉意根與法塵爲緣才能出生，當然不是金剛心。只有能出生名色的識，那才是金剛心，佛說那個金剛心又名如來藏！」

他這一聽：「啊！有這回事喔？」你這時就可以點破他：「《金剛經》講的無住心就是第八識如來藏。我受持金剛心如來藏，而您那一天嘲笑我，也就爲我滅除先世罪業了。《金剛經》您讀過了，不是嗎？」他這時候想一想：「這張三說話時對我這麼恭敬，而且才只闊別三年，現在這麼有智慧了。」於是開口讚歎說：「欸！你在正覺學得眞有受用啊！」「當然啦！不然今天怎麼能爲您說明這一些道理呢。」那他回去就得思考、思考：「咱家學佛三十年，不如他學佛三年。」未來總有一天，他會醒悟過來，那他就會進入正覺來；未來世你當法主時，他就是你的徒弟，跑不掉的；將來你成佛的時候，他將是你座下的得力助手，大家都要瞭解這一點。

話說回來，「得聞此經六根清淨」，這是當時常不輕菩薩所得到的 威音王佛給他的恩典。至於爲什麼會挑選他呢？因爲「其罪畢已」。能夠這樣子快速滅罪，眞的不簡單啊！從 佛陀在人間示現一直到現在以來，有誰能像他這樣？還眞找不到一個呢！所以，因爲這樣的緣故，威音王佛選擇了他，讓他重聽了一遍《法華經》的偈頌以後，他就得到了六根清淨功德。正因爲「其罪畢已」，這回重聞 威音王佛所說《法華經》的偈頌之後，智慧增長不可思議，而且神通力超勝於一切人——超勝於一切諸天、諸菩薩眾。又發起了超越一切有情的最寂靜禪定，所以他因此而能夠增益壽命；因爲這時具足了「四神足」，所以他能增益壽命，來爲人講更多內容、更久的《法華經》。那麼諸位想一想，他是因爲「此經」而得到那麼大的功德，所以他所增益以後的壽命，是不是還要用來爲人講解此經呢？換作是你，也是一樣的啊！換作是我，也還是一樣啊！就好像我們增上班的同修，正因爲受持「此經」，所以知道自己正在快速增長智慧，有了很大的功德受用，所以當然要繼續受持「此經」決不放棄。

「諸著法眾皆蒙菩薩，教化成就令住佛道。」當然要依據此經努力受學然後快速進步，快速進步以後就更有智慧去作一件事，就是利樂眾生。當你證得「此經」以後去利樂眾生時，不管是多麼小的事情，也都是大功德。也許有人想：「眞的嗎？我怎麼沒有感覺到？」那我們就從聖教量來說明，有一天舍利弗供養食物給 佛陀，佛陀也供養了食物給舍利弗，佛說：「你供養給我，福德無量無邊，因爲你是阿羅漢，我是佛陀。」這眞的叫作「福田勝」，同時也是施主勝。因爲施主是阿羅漢、入地的菩薩，而被種的福田是 佛陀，那福田更殊勝了。可是 佛陀又說：「但是，我布施給你，我得到的福德比你布施給我更大。」是因爲「施主勝」，意思是說：「我釋迦如來布施給你的時候，你這福田雖然不如我施主這個福田殊勝，但我是佛陀，人天至尊，是世間最大福田，因此我布施給你的時候，所得到的福德更加廣大無量無邊。」

那你想一想：一個初果人去布施時，遠不如二果人布施所得的福德；乃至於三果人布施時遠不如四果人布施所得福德；可是四果人布施時，不如一個發起菩薩性而行菩薩道的凡夫菩薩所作布施。很奇怪吧？但不奇怪，是因爲「心勝」，所以阿羅漢們都恭敬發菩提心的凡夫菩薩。可是凡夫菩薩的布施，卻遠不如證悟的菩薩所作布施的福德；所以你悟後假使拿了宣傳單、拿了口袋書給有緣人、給陌生人，這既是財施也是法施。你證悟了，當然知道自己在作什麼，知道這個福德極大。

所以聰明人悟了以後更努力去種福田，是因為「施主殊勝」。所以增上班的同修們，為什麼不是悟了以後就什麼義工都不作，而是悟了以後去作更多？原因就在這裡；是因為施主很殊勝，清楚的知道自己所作的每一件事情，都會對有情產生什麼樣的影響。而且依於自己的實相智慧功德來看待這一些事情時，知道這一些有情只要願意伸出手來接過你那一張傳單，未來世就會歸你所度；要瞭解這一點，你們與有情眾生這個緣就結上了。

所以這樣子努力去作，越發得到那些偉大的福德與功德；看清楚了以後，你未來世當然更要為人解說「此經」。因為你之所以能夠證初果、二果，乃至發起實相般若而讓那一些不迴心阿羅漢們無法猜測想像，這個智慧之所從來卻是證得「此經」——就是能夠具足諸法的妙法蓮花第八識。常不輕菩薩也是一樣，他是由於「此經」所以「能行難行之行」、「能忍難忍之忍」。然後因為這樣子滅罪之後，又承蒙第一尊　威音王佛的加持，再聽聞《法華經》中的偈頌，因此得到六根清淨，又增益了壽命。那他增益以後的那一些壽命，當然全部都要用來為人解說「此經」，解說之不足還要廣說啊！

那我們就要知道　世尊以自己往昔的經歷來告訴我們，就是要我們深刻的體認「此經」如來藏的重要性；讓我們瞭解依止於「此經」、受持「此經」以後，要好好從理上去「讀誦」，讓自己對「此經」的瞭解更多，智慧更加增長；然後還要「爲人解說」，還要設法「書寫」下來能傳之久遠。這就是世尊以常不輕菩薩的親身經歷來爲大家說明，而有〈常不輕菩薩品〉演示出來的原因。所以「復爲諸人廣說是經」，並不是狹義的《妙法蓮華經》這一本經典，而是每一個人「家家」都有的最難唸的經典，叫作「如來藏經」，又名「妙法蓮華」。

「家家」各有一本難唸的經，可是每一個人都唸不好，因爲太難唸。也許有人想：「那是他們不會唸經啊！我們學唸經學了十幾年，每天課誦很純熟，還不會唸？」哪一天遇到誰這麼說，你就告訴他說：「那你唸唸看，你最熟的是哪一部經？」「《金剛經》啊。」「喔！《金剛經》，好啊！那你唸給我聽啊！」他就唸起來：「如是我聞：…。」飛快地唸完了；你看著錶說：「嗯！不錯！二十幾分鐘竟然可以唸完。」你心裡面想：「他眞的像機關槍。」可是嘴巴講出來說：「原來你不會唸經。」當然他要問你：「那你很會唸嗎？」你就說：「對啊！我很會唸啊！我唸《法華經》比你剛才的速度還要快。《金剛經》那麼短，你還要唸二十幾分鐘。」他當然要問你嘛：「那你《法華經》可以唸多快？」你說：「唉呀！用不了一分鐘啦！」「不然你唸給我看，我不信！我現在就要檢驗。」你就舉起手來：「請問你，現在幾點？」把錶給他看，他說：「喔！現在是下午三點五分。」你就告訴他：「我唸完了！」（大眾笑⋯。）管保他丈二金剛摸不著頭腦。他一定會問你說：「你拿我開玩笑啊？」你就告訴他：「三十年後遇到個明眼人，把今天這件公案告訴他吧。」你就走了。應該要這樣受持《法華經》，讀誦《法華經》，為人演說《法華經》；所以凡有所說都是《法華經》，凡有講經都是《法華經》，不管講什麼經都是《法華經》，因為一切經都收攝圓滿在這一部「妙法蓮華」裡面。

所以常不輕菩薩就這樣子去繼續「廣說是經」。世尊就告訴我們說：「諸著法眾皆蒙菩薩，教化成就令住佛道。」所以以前那些執著於法，自以為很行的菩薩們，以前嘲笑他、譏笑他，以及有些菩薩眾們不譏笑他、也不打罵他，客客氣氣地說：「謝謝！謝謝！」然後走開了；不論哪一類人，所有人同樣都承蒙常不輕菩薩教化他們「要受持此經」。於是大家因為常不輕菩薩以身作則這樣示現，全部都住於佛菩提道中，再也沒有誰願意修聲聞道了。

由於常不輕菩薩告訴他們：要受持此經才能像我這樣子有智慧、有大神通、有大寂靜，所以大家都努力修菩薩道。這時諸位想一想：常不輕菩薩會不會再跟他們說：「那我以前禮拜、恭敬、讚歎你們未來皆當作佛，你們信不信？」諸位想，他會不會這樣講？會啊！怎麼不講？講了才會讓他們信受說：「對！我們應該要效法常不輕菩薩那樣：未來皆當作佛。」憑什麼未來世「皆當作佛」呢？憑著「此經」。所以這一些人都是蒙受了常不輕菩薩的教化，以「此經」教導他們安住於佛菩提道中。

「不輕命終值無數佛，說是經故得無量福，漸具功德疾成佛道。」接著說，常不輕菩薩爲大眾演說這部《法華經》，眞的是講了很久、很久，那麼長的時間，以我們的壽命而言，都要好幾度輪迴生死了；等於是我們度過好幾世以後，他才算講完而捨報。因爲這個功德，所以他捨報以後又能夠親值無量數佛，每一尊佛都不空過；只要有佛示現他就能夠遇見，都因爲受持「此經」的功德；他在每一尊佛座下，也都同樣爲人廣說這一部《法華經》；也就是教導大眾如來藏的妙理，由於這個緣故又得到了無量的福德。這不是有量的福德，有量的福德是世間法，無量的福德是未來世在佛菩提道中，有很多的因緣可以值遇了義正法，才叫作「無量的福德」。因爲這個緣故，所以常不輕菩薩漸漸具足了成佛所需要的福德；這個福德資糧使他可以快速成就佛道，所以常不輕菩薩就是後來的 釋迦如來，比往世的九百九十九位兄弟，早了無量無邊百千萬億那由他劫成佛。釋迦如來在這個地球上的成佛只是一種示現，其實在無量無邊百千萬億那由他劫之前已經成佛了，是爲了往昔無數劫前的九百九十九位兄弟共同發願：等到將來所有兄弟都能成佛時，再一起來人間示現爲一千佛次第成佛。

「彼時不輕則我身是；時四部眾著法之者，聞不輕言汝當作佛，以是因緣值無數佛；此會菩薩五百之眾，并及四部清信士女，今於我前聽法者是。」世尊告訴大眾說，那時的常不輕菩薩就是我，而那時佛門四眾執著於法、自以爲是而有增上慢的人，他們聽聞常不輕菩薩說：「你們大眾都在行菩薩道，未來世都會作佛。」聽了以後都會生起瞋恚之心，對常不輕菩薩或者輕賤、或者打罵，不能立即信受，因爲這個緣故，所以未來世還要再值遇更多、更多的佛，才能夠成就佛道。而那一些人就是現在法華會上這五百位不退轉的菩薩，以及「四部清信士女」，也就是比丘、比丘尼、優婆塞、優婆夷；所以世尊說：「如今在我面前聽聞《法華經》的人，就是往昔那一些人。」

講到這裡要回到前一頁的經文：「今此會中跋陀婆羅等五百菩薩、師子月等五百比丘、尼思佛等五百優婆塞，」這樣看起來有沒有四眾？好像沒有？從文字上看來確實沒有具足四眾，只有三眾。可是在這首重頌裡面，請大家回到重頌來看，世尊說「此會菩薩五百之眾」，然後說「并及四部清信士女」，表示這五百菩薩眾顯然是在「四部清信士女」之外；那麼再回來剛才那兩句經文對照：「今此會中跋陀婆羅等五百菩薩」，並不在「四部清信士女」之內；這表示說，師子月等五百比丘指的是出家二眾，省略了比丘尼眾，是函蓋了比丘尼眾在內的。至於「尼思佛等五百優婆塞」，當然就包括優婆夷在內，只是省略了優婆夷未說，其實是函蓋優婆夷在內的；因爲在重頌中世尊說的是：「四部清信士女」以外另有五百位菩薩眾。

所以古人對這幾句經文作了考證，卻都沒有抓到要領，各說各話講不清楚。今天這麼一講，諸位就知道了：菩薩是在「四部清信士女」之外，是另外有五百位菩薩。顯然這裡說的「師子月等五百比丘」是包括比丘尼在內，而以比丘眾作代表；而「尼思佛等五百優婆塞」則是包括優婆夷在內，以優婆塞作代表。所以，古人曾有這麼斷句的：「今此會中跋陀婆羅等五百菩薩、師子月等五百比丘尼、思佛等五百優婆塞。」就不符重頌的意旨了，就跟重頌所說的內涵牴觸了。因此應該以我所斷句、所解說的為準。

這就是說，「五百菩薩眾」是獨立出來說的，而「四部清信士女」既然說是四部，就表示有比丘、比丘尼、優婆塞、優婆夷，那難道這「四部清信士女」都不是菩薩嗎？都不是嗎？如果不是菩薩，為什麼坐在法華會中而不離席？為什麼又能夠被 佛授記將來成佛？因此他們顯然也是菩薩！可是為什麼不跟菩薩五百之眾合在一起說？因為跋陀婆羅等五百菩薩之眾都已經入地了，所以要另外指稱。而這「四部清信士女」都是還在三賢位，應該另外合為四部之眾來說。

世尊說：「如今這一些在我面前聽法的人，就是當時或者譏笑常不輕菩薩，或者罵他、打他、丟他的，就是這一些人啊！」世尊就這樣跟 得大勢菩薩說。因此我們要來探討一個問題：「時四部眾著法之者，聞不輕言汝當作佛，以是因緣值無數佛；」他們看到常不輕菩薩為他們恭敬、禮拜，也聽到常不輕菩薩讚歎說：他們行菩薩道，將來皆當作佛。於是產生了瞋恚之心，或打或罵、或者譏笑，所以下墮地獄，而且是阿鼻地獄；然後一一往上受生，苦報漸輕而去了畜生道，然後才回來人間。後來又在兩百億劫的時間，都沒有值遇諸佛；他們受這一種果報，是常不輕菩薩的過失嗎？不是！當然不能怪罪常不輕菩薩，是因爲他們有增上慢的緣故。

如果他們沒有增上慢，最多只是跟常不輕菩薩說：「謝謝！謝謝！」然後就走了。心存仁厚，所以只會跟常不輕菩薩道謝，然後離開，但是有增上慢的人就會譏笑、打他罵他。所以問題出在這一些人本身的心態，不在於常不輕菩薩身上。那麼他們因爲這個因緣，受完很多劫的果報回來之後，還得要值遇更多的佛，重新再去修集福德；然後在兩千五百多年前才終於能夠在釋迦如來座下證悟。但是跟 釋迦如來已經相差好遠了：本來是同修，後來是 釋迦如來先在「無量無邊百千萬億那由他劫」前成佛；可是他們五百菩薩之眾如今入地了，距離 釋迦如來的境界卻還是非常遙遠；如果是還在三賢位的「四部清信士女」，可就距離 如來更遠了。

大家要以這個事情作爲自己的一面鏡子，假使有因緣證悟了，可不要用下巴看人；不要老是眼看天上，因爲眼看天上其實沒有意義，因爲天人也是凡夫，你不用高看他們，你要平視看人。看見人以後，把他們當作你的福田來種，這樣才容易成佛。所以假使有因緣在同修會裡面證悟了，自己可以思量、可以打量一下自己：「我是不是那『四部清信士女』之一？」或者說：「我是不是那五百菩薩眾之一？」因此，證悟後沒什麼可以傲人的，全都是因爲釋迦如來的恩德，才有今天的證悟。也是因爲那個慘痛的經歷，所以下定決心把慢心傲氣給捨了，後世才有辦法悟入。如果悟了以後，在正法道場中，爲了某一件事情不順心，就開始否定如來藏、否定第八識，那表示什麼呢？大家想一想啊！那意味著什麼？所以這菩薩五百之眾以及「四部清信士女」們，都不應該怪往昔的常不輕菩薩；反而因爲常不輕菩薩的緣故，所以他們能夠被攝受，能夠堅定地在佛菩提道中繼續修行。

所以這個道業進展很緩慢的事情可不能怪別人啊！假使有因緣遇見了以前法華會中五百菩薩之一來到人間，你遇見了，可以問問他：「你是這樣，所以在釋迦如來座下才能入地的，你怨不怨往昔的常不輕菩薩？」他一定跟你說：「我受的教訓難道還不夠嗎？怎麼可以怨呢？」如果有誰夢見了自己是那「四部清信士女」之一，更應該深刻地記住：「再也不要有慢心，再也不要輕易否定第八識了！」因爲　世尊已經這樣告訴我們無量劫前的事實了，而我們應當深刻地觀察然後接受。

所以，開悟了以後値得傲慢嗎？不値得！看見人家如今正在謗如來藏，又毀謗說《法華經》是後來的佛弟子們共同撰寫的；你搖搖頭覺得他們好可憐，可是不必輕賤他們，因爲他們未來皆當作佛。咱們再回過頭來想一想自己，往昔那時不也是輕賤過常不輕菩薩？遠比人家今天輕賤如來藏的行爲更惡劣。但是我們今天終於滅盡了罪業，可以實證佛法了，這樣兩相對照，所有的慢心，所有的增上慢就全部消失無蹤了。再也不會趾高氣揚說：「哼！我是證悟的聖人。」再也不會了。那麼能夠這樣從這一品裡面吸取了這一些教訓與智慧，未來的菩薩道成就將會走得很快速。

「我於前世勸是諸人，聽受斯經第一之法；開示教人令住涅槃，世世受持如是經典。」諸位有沒有想到說：這四句聖教，會不會有人誹謗？一定會有！但問題出在哪裡？出在誹謗的人自己不懂佛法，而且心性高傲。依於他們的想法，他們會判斷說：這《法華經》胡說八道。他們想：「常不輕菩薩既然在前世勸導大眾，聽受這一部《妙法蓮華經》是至高無上之法，也開示教導大眾住於涅槃中，怎麼可能還世世受持這一部經典？入了涅槃以後怎麼還能在未來世受持這一部經典？」是不是呢？對啊！

他們有這個疑問，我說既是正常、又不正常。說正常，是因爲他們是凡夫；說不正常，是因爲他們根本不懂佛法。在正覺同修會弘法之前，佛教界所認爲的涅槃就叫作「灰飛煙滅」，就是一切滅盡；涅槃成爲斷滅空的代名詞，那他們所知的涅槃跟斷見外道的說法，豈不是就同流合污了？眞的同流以後又合污——都在污染學人的心靈，都因爲他們不懂涅槃。

順便預告一下：我最近開始寫一本書，叫作《涅槃》，是因爲編譯組通知我說：「您還有一篇文章可以連載六個月，六個月過去以後就開天窗了！」我說：「啊？要開天窗了？」因爲很久沒有演講，也就沒什麼可以連載的了。但我也不想再辦什麼演講，因爲時間眞的不夠，我就想：那我就來寫《涅槃》吧！因此說，不懂佛法的人都是誤會「涅槃」，那我們就要好好把涅槃正理細說一下，我就寫專書來講涅槃，教導佛教界所有大師與學人們，一起來瞭解佛菩提道中具足的四種涅槃。如果瞭解了，他們就不會再毀謗《妙法蓮華經》了！對這四句經文也就沒有疑慮了。

他們在想：「常不輕菩薩既然開示了大眾涅槃，也教導大眾證得涅槃了，那麼證涅槃以後捨報入無餘涅槃，怎麼可能還有後世的無量後有，而為大眾演說、而世世受持如是經典？」讀完我寫的四種涅槃以後，他們就不會再有這個懷疑了。因為他們讀了我寫的《涅槃》以後，他們會知道除了二乘涅槃以外，還有菩薩所證的「本來自性清淨涅槃」；證這個涅槃的菩薩雖然不生也不死，卻無妨繼續生死而世世接受後有，而且將來是有無量世的後有，但是全都在涅槃當中。當他們切實懂了這一點，慢慢就會理解說：「啊！原來佛的無住處涅槃是這個道理！」這樣懂了以後重新再讀大乘經典時，就不會再人云亦云說：「大乘經典是偽經，那是後人創造的，只是為了對佛陀的永恆懷念，才會集體編造出大乘經典。」以後就再也不會這樣講了，也就免了他們的口業，死後就不必下墜三塗了。（編案：此書出版時《涅槃》一書已經校對完畢，即將出版。）

可是我最怕的是他們都不讀，那就無法救他們免墮三塗啊！所以祖師常常說的一句名言就是「牛無吃草意」，你把牛頭按到草堆裡去也沒有用，或者你割了一大堆青翠的青草，把牛頭按到草裡面，牠的嘴就是不張開，你眞的無可奈何！那就只能留到未來無量世後再來度他們了。但是畢竟你把他們得救的因緣作給他們了，你就說「未來世他們皆當作佛」，還是可以為他們授記啊！因為這個種子已經種進去他們心中了。所以世尊說，祂在前世勸導這四部「諸著法眾」以及那「五百菩薩」，要聽受這一部《妙法蓮華經》中所說的世出世間第一之法——第八識如來藏；開示這個勝妙的道理，教導他們實證「本來自性清淨涅槃」；然後住於這個性淨涅槃之中繼續修行，捨報之後同樣都能夠世世受持這樣的經典。

世尊又開示說：「億億萬劫至不可議，時乃得聞是《法華經》；億億萬劫至不可議，諸佛世尊時說是經。」這是說聽聞這部《法華經》各有因緣，不是你想聽就能聽到；但是如果你有因緣，每一尊佛演說《法華經》時你都可以遇到。所以才說「億億萬劫」至不可思議的億億萬劫，要那麼長的時間才能夠聽聞到這一部《妙法蓮華經》的人，究竟是什麼樣的人？正是一天到晚否定第八識正法的人啊！他們眞的聽聞不到如實演述的《妙法蓮華經》。諸位不要以為說：「豈有可能！」我就告訴你：眞的有可能！都因為那個謗法的種子、謗法的邪見不能滅除的緣故才會這樣。

那爲什麼這一些種子跟邪見不滅除，未來無量世中就會這樣？諸位想想看：他的邪見種子一直存在，他的謗法惡業也一直存在，所以下墮阿鼻地獄、無間地獄、火熱地獄、寒冰地獄，然後歷盡畜生道等眾苦以後，漸漸才回到人間來，剛開始到人間的五百世卻是盲聾瘖啞，不可能聽經、聞法、修道。後來終於正常了，他也不會想要修道；接著又過了很長遠的時間以後，就是經過很多劫、很多劫以後，想一想：「**難道人的一生就這樣生了又死，死了又生？**」喔！終於又想要修道了！可是開始修道時才一聽到如來藏妙法，又毀謗說：「**啊！這是外道神我，這是常見外道法。**」然後就繼續毀謗到底，同時毀謗弘揚正法的賢聖，都不肯改變而放棄邪見，那他未來世中能夠遇到哪一尊如來？都遇不到；他只能夠在像法、末法時代聽聞到佛法，然後又否定「**妙法蓮華**」如來藏，死後又下去三惡道了。

下去以後又是很久、很久、很久，又得重新經歷三惡道的種種眾苦，報盡才又回到人間；但由於邪見種子、惡業種子的習氣，又使他聽聞到如來藏時繼續謗法；這樣的人是沒有辦法生在有佛之世的，在像法、末法時期聽聞到妙法時又繼續毀謗，又下三惡道去，就這樣子重複不停。因爲他沒有福德因緣遇到眞正的善知識爲他說法，無人教導他回歸正道。所以邪見種子如果不滅，謗法、謗賢聖的習氣不滅，就繼續這樣子重複不斷。像這樣重複的結果，當然叫作「億億萬劫至不可議，時乃得聞是《法華經》」；這種人得要經過「億億萬劫」或是乃至等到不可思議的億億萬劫之後，終於才有機會聽聞到一次眞正的《妙法蓮華經》。至於他聽聞的時候是不是如來親口所說？那就不一定了，很可能他只聽到凡夫菩薩演說《妙法蓮華經》。這眞的叫作自作孽、不可活啊！其實不是別人害他，是他自己害自己。

一般人縱使有後面這兩句說的：「億億萬劫至不可議，諸佛世尊時說是經。」也是沒機會聽聞的。可是如果始終信受此經，那就是生生世世常值佛法僧寶，得聞此經，因爲凡是有應身佛在人間示現時，你都有因緣在那裡出生，可以親自值遇；即使福報差一點也沒關係，常常都會值遇實證的菩薩演述這一部《妙法蓮華經》，那也不錯啊！總比那些永遠聽不到的人要好太多了。也許有人正在想：「那麼兩千五百多年前，我有沒有聽過如來講這一部經？」我相信一定有人這樣想，那我告訴你：「你已經聽過！」這不是阿諛巴結你，而是因爲眞的聽過。如果當年你沒有聽過，如今聽我這樣講解《法華經》的眞實義，一定聽不下去的。

你也不要想說：「**對不起啦！我今天是第一次來，我到現在都還沒有歸依三寶。**」別擔心！你過去世早就歸依過了，否則半個鐘頭前你就走人了，哪能繼續聽到現在？但是今天第一次來，還能坐在這裡一直聽，而且聽了信受，那你過去世一定聽過；所以你是有因緣的，不要去懷疑，懷疑只有對自己不利。那麼因此，我們要當這樣的菩薩：「**億億萬劫至不可議，諸佛世尊時說是經。**」未來世一定會遇到每一尊佛，未來世只要有佛出現，我們就能夠往生到那裡，就能夠遇見，就親耳聽聞諸佛世尊每一次演說的《妙法蓮華經》；因此每一次都可以看見 多寶如來，前來聽受《妙法蓮華經》；而我們也同樣讚歎、恭敬、禮拜、供養 多寶如來，這樣成佛就很快了。

接著 世尊就吩咐大家：「**是故行者於佛滅後，聞如是經勿生疑惑；應當一心廣說此經，世世值佛疾成佛道。**」你們要不要快速成佛呢？能否快速成佛的關鍵就在這裡！誰不想快速成佛？傻瓜才不想快速成佛。可是我告訴你，從另一方面來說，傻瓜才是會最快成佛的人；因爲他沒有企圖心，他沒有想說：「**我要趕快成佛，就可以廣受人天恭敬供養。**」他不爲自己著想，他想的就是「我如何為眾生作事？我如何讓正法久住廣利人天？」他只是這樣一心一意去作，沒有想自己能不能快速成佛。他想的就是如何令正法久住，只要正法久住就能廣利人天。

你千萬不要懷疑說：「令正法在人間久住，不過就是利益人類，哪裡能利益到天人？」那我就說，你眞的就像俗人說的「淺想」。「淺想」聽懂嗎？（有人答話，聽不清楚。）對嘛！只要正法在人間久住，天眾自然增廣，那不就是利益了天眾嗎？假使正法在人間久住，諸天都很歡喜；假使人間的佛門四眾不依正法修行，老是在搞外道法，諸天天眾就每天哀聲嘆氣說：「修羅眾增長，天人消滅啊！」因為人類死後往生為阿修羅的人數越來越多，而往生到諸天來的人就越來越少；所以忉利天的諸天眾，大家都憂愁不樂。不但大乘經中這麼說，二乘經中也這麼說，所以你們在《阿含經》裡面也會讀到這樣的記載。那麼現在忉利天眾開始歡喜起來，但他們有些擔心：這正覺同修會能存在多久？這都是事實。

所以世尊告訴我們說：由於前面所說這一些事情的緣故，凡是菩薩道的行者，在如來示現入滅以後，聽聞到有人在說明這一部經有這些大功德的時候，心中不要生起了疑惑，應當要「專精一心」信受，也就是要堅定而不懷疑地信受，並且要好好奉持，還要爲人家廣爲宣說這一部《妙法蓮華經》。那麼請問，這一部經是什麼經？（大眾回答：如來藏。）就是如來藏這部經典！

世尊特別說大家都要「一心」信受，就是說心中絕對不懷疑，要認定「此經」而永遠不改變，然後要爲人家廣說。那你可不要說：「那我又不會講解，我能怎麼辦？全都是你蕭老師一個人在講，也輪不到我講。」怎麼會輪不到呢？你明天遇見了學佛的張三、李四，就問他們：「《妙法蓮華經》在講什麼？」他們會好奇問你說：「你爲什麼問我這個道理？」你就告訴他：「因爲大家都不知道《妙法蓮華經》在講什麼啊！」那他們一定會說：「我知道啦！你不要小看我。我拜過《妙法蓮華經》的，那裡面有序品、方便品、譬喻品……。」他還沒有講完，你就說：「原來你不懂得怎麼拜《妙法蓮華經》。」

他一定會跟你抗議說：「我怎麼不懂？我每天一字一拜，拜了好幾年才拜完一部欸！」你就說：「原來你眞的不會拜經。」然後你就把這個道理告訴他：「在《妙法蓮華經》裡面世尊說此經叫作如來藏，請問你怎麼拜此經？

此經是如來藏啊！你是怎麼拜如來藏的？」「喔！有這個道理喔？我怎麼沒聽過？」你就告訴他：「你回去好好重新讀一讀，讀通了，你就知道怎麼拜此經。你現在眞的不會拜此經，我以前學佛也沒有拜過此經，但是我現在卻是每天在拜此經。」「啊？怎麼有這個道理？」「有啊！等你去正覺學法證悟了自然就知道。」那請問諸位，你這樣是不是在講解「此經」？是啊！而且還不是略說呢，你眞的是廣說了；因爲你說的那個意涵太深、太廣了，根本不是他們所能想像的，這就是「廣說」啊！

所以不論是誰，都應當要「一心廣說此經」。遇到李四，你就用另外一套說法來說，把他們從《妙法蓮華經》這個文字引導到第八識來，那你另外的這種說法就叫作「廣說」了，根本不必侷限於哪一種說法。那麼只要你能夠這樣作，就可以「世世値佛疾成佛道」。（有學員手機響了好一會兒…。導師說：趕快把它關了吧！）能夠這樣作的人，不怕不遇到諸佛，一定會永遠生在有佛法之世，世世遇見眞佛，這就是「値佛」。生在有佛法之世，一聽聞到此經，心中愛樂歡喜，於是好好修學以後接著又實證「此經」；實證了「此經」的時候是不是値佛？値遇眞佛了！所以不必擔心未來世不能「値佛」。

好多人眞的很可笑，每天抱著佛睡覺，每天跟著佛一同起床，然後每天抱怨說他沒有值遇諸佛，眞的好可笑！所以他們讀到了這一段經文，心裡很不服氣說：「世尊說：『應當一心廣說此經，世世值佛疾成佛道。』請問蕭老師：你不是很努力一心廣說此經嗎？那你這一世爲什麼沒有值佛？因爲經文說的是『世世值佛』，你這一世爲什麼沒有值佛？」說得好像有道理喔？其實眞的沒道理，因爲他誤會「此經」了。當你能夠一心專精爲人廣說「此經」時，表示你已經證悟了；那麼證悟以後未來世遇到佛法時，你還會繼續證悟的。證悟以後就每天抓著自心如來，永遠都不放手呀！哪一天你願意把如來放掉？你都抓著如來不放手，每天都是跟如來「夜夜共眠，朝朝共起」，什麼地方沒有值佛？怎麼說你這一世沒值佛呢？那你還要怪誰呢？還要懷疑誰呢？眞的不應該懷疑《法華經》這部經典啊！不管是文字上的這一部經典，或者是實義上的這一部經典。如果你能夠這樣作，難道不會「疾成佛道」嗎？一定都是很快速就可以成就佛道的。那麼這一品就這樣子講完了。

可是諸位要從這一品裡面去瞭解一個事實：也就是說，凡是證得此經的人，即使是遇到毀謗此經的人——遇到了毀謗演述此經的謗法者，還是要利益他，不捨棄他；所以我們要從 世尊的教導裡面，去領受 世尊要告訴我們的背後的眞正義理。就是說，那一些在毀謗如來藏、毀謗大乘的人，那些抵制了義正法的人，你也不放棄他；你要講得更深、更廣，然後再用各種譬喻、方便善巧，講到他能夠理解。

雖然他們也許是爲了名聞、爲了利養、爲了面子而要繼續抵制你，但他心中理解你所說的法，知道你說的法才是正法。縱使他們繼續抵制、繼續毀謗，而正法種子已經種進他們心裡面去，他們捨報以後下墮了地獄，未來世回到人間一聽到你這個法，他就會認同了，不會再懷疑了。例如那一些抵制以及譏笑、誹謗或者擲打常不輕菩薩的人，未來世還是會因爲誹謗、抵制、打罵常不輕菩薩的緣故，繼續再跟常不輕菩薩相遇；因爲常不輕菩薩已經把勝妙法開示給他們了，他們心中有信受了。

那麼如果在這一世讀了我們那麼多的書籍、開示、演說，心中信受了，他們繼續抵制誹謗也沒有關係；只要他們心中有信受，未來世還會再相遇。正因爲信受的緣故，所以未來世會再相遇。即使他們心服口不服，都無所謂，我們也接受啊！我們從來不在心裏面去詛咒說：「這一些人好可惡啊！抵制如來藏、毀謗賢聖，死後一定要下地獄。」我從來不曾在心裏面生起過這個念頭，因爲我們未來世還要攝受他們，要幫助他們進入正道裡面實證。

這本來就是菩薩應該作的事，本來就是菩薩應有的心態；所以連心裏面都不會有那種惡念，何況出之於口、書之於手呢？所以，演說《法華經》的人遇到了誹謗此經如來藏的眾生，一樣要攝受他們，一樣要把這個法講得更深入、更廣泛，讓他們可以在心中接受。即使此生是騎虎難下而不得不繼續抵制到底，未來世還是會有因緣再遇見你，那時他們便得度了！也就是說，誹謗正法與賢聖的人，你可以先在他們心中植入正法知見，延續到很久遠之後利益他們；這個久遠劫之後利益他們的因，就是從這一世你爲他們廣說此經而種下的因緣。

那麼諸位想一想，你詳細爲人家廣說此經的緣故，種下了這個未來無量劫後的因緣，使他們未來劫中可以實證此經；如果是聽聞之後就能夠信受，或者更進一步得到親證而有勝解的人，當然更能夠疾得此經的功德與利益，一定是很快速的。這就是我們從這一品裡面應該瞭解 世尊在告訴我們的道理。那一些人往世誹謗 常不輕菩薩，後來雖然接受了，被常不輕菩薩攝受，但是以前罵也罵過了，打也打過了，石頭也丟過了，那個業畢竟依舊存在著；因果不可逆轉，所以他們死後要下墮阿鼻地獄，很多劫中都不值佛。然後才又因爲後來的信受，才能再遇到常不輕菩薩的教化，在無量劫後的兩千五百多年前，被　釋迦如來所攝受而證悟或入地。這就是告訴我們說：業是存在的。但是信受以後還是有功德，千萬不要說：「反正我造了這個業，死後下去就下去，我以後就是同樣不聽他啦！」那可就是傻瓜了，叫作愚不可及啊！再笨的人也沒有笨得像他那樣。所以因爲後來的轉念，信受修學以後還是有那個功德存在；否則就會像前兩句說的：「億億萬劫至不可議，時乃得聞是《法華經》。」那就很不値得了。所以說，能不能在未來快速成佛，全都在這一念之間。

那麼從這一品，我們來追溯到前面，還記不記得〈如來壽量品〉？〈如來壽量品〉中告訴大家：釋迦如來在「無量無邊百千萬億那由他劫」之前已經成佛。所以說　釋迦如來是古佛再來，從成佛到現在已經這麼久了，這就是　釋迦如來的壽量。而　世尊在人間示現受生爲悉達多太子，乃至八相成道全部，都只是一個示現，並不是　如來成佛以來的眞正壽量。有那麼多的菩薩，因爲聽聞到〈如來壽量品〉而在心中如實信解，因此得到了很大的功德。這在告訴我們，世尊宣演「如來的壽量」並不是爲了炫耀，因爲二障都已經究竟斷盡了，不可能再有炫耀的心行存在；所以〈如來壽量品〉的宣演，目的是爲了讓大家可以如實信解而能夠信受，因此增長了更廣大的功德。由於這個緣故，大眾就願意更加精進修行，在更精進修行的過程中，功德就更加快速增長。但是 世尊告訴我們〈如來壽量品〉的時候，也告訴我們：祂之所以能夠這麼快速成佛，都因爲「此經」。如果不是此經「妙法蓮華」——如果不是此經如來藏，就不可能這樣快速成佛啊！

那麼在〈如來壽量品〉以後，接著又告訴我們法師的功德，所以有〈法師功德品〉告訴我們說：爲人家演說《妙法蓮華經》的人就是眞正的法師。而這樣的法師有很大的功德。所以告訴大家說，如實宣演《妙法蓮華經》的法師，現世可以得到理上的六根清淨功德，未來世可以得到事上的六根清淨功德。所以先由理上六根清淨的功德切進去之後，漸次上昇、漸次上進，就是由於「一心廣說此經」；正因爲他爲人廣說《妙法蓮華經》的功德，一心不疑而使他快速的增長智慧，滅除性障，因此可以快速獲得六根清淨的事上功德，所以釋迦如來才能那麼快就成佛。

這是在告訴我們說，應該要如何受持此經，讀誦此經，進而要為大眾演說此經，以及書寫此經利益人天。這就是告訴我們，不論你怎麼樣去推演、分析、歸納，最後都要歸結於「此經」；「此經」又稱為「妙法蓮華」；「妙法蓮華」就是如來藏。因為只有能生萬法的心才能叫作「妙法」，而這「妙法」的自性本來清淨無染，卻示現在三界污泥之中，才能叫作「妙法蓮華」，這就是如來藏妙眞如心，再也沒有別的法可以稱為「妙法蓮華」了。

也正因此，世尊演述了〈常不輕菩薩品〉，這是互相有前後聯結的。在這個〈常不輕菩薩品〉裡面告訴我們說：常不輕菩薩因為能安忍於此經，看見一切有情都有此經，依於此經而得忍；所以看見佛門四眾都在行菩薩道時，為了讓大家注意到此經，所以恭敬、禮拜、讚歎，並且告訴大家說：「你們都在行菩薩道，未來皆當作佛。」那麼聰明的人就會警覺到：行菩薩道之所以未來可以作佛，是緣於什麼呢？正是緣於此經如來藏！如果沒有此經，一切有情死後就斷滅了，哪能夠成佛？所以就這樣子告訴大家，一切都歸結於「此經」。

而常不輕菩薩又因爲「此經」，所以能夠再增延壽命，也能夠滅掉種種罪業，因此又以增生的所有壽命，全部時間都用來爲人演述「此經」，才能夠那麼早以前成佛。因此從這裡來說，我們還是要歸結到「此經」來。所以演述《妙法蓮華經》的時候，絕對不能依文解義，不應該離開「此經」如來藏心而演述《妙法蓮華經》。這就是 世尊在這三品裡面前後聯結貫串起來，想要告訴我們大家的道理。

那麼諸位也可以反觀自己的第八識如來有多少壽量？眞的沒有壽量可言，因爲不能計數祂的壽量，祂是超越時間的無分別心、金剛心，又名「妙法蓮華」。反觀自己有沒有這種「法師功德」呢？（有人答：沒有。）應該說「有」，因爲你自己身中這位法師，不斷地在爲你自己說法，也都在爲眾生說法。然後要看看自己是不是有一位常不輕菩薩？你每天在 佛前供養禮拜時，常不輕菩薩都在讚歎你而授記說：「你將來一定會作佛。」那麼從理上現觀以後，你就懂得〈常不輕菩薩品〉的眞實義了！時間又到了，今天講到這裡。

《妙法蓮華經》

〈如來神力品〉第二十一

經文：【爾時千世界微塵等菩薩摩訶薩從地踊出者，皆於佛前一心合掌，瞻仰尊顏而白佛言：「世尊！我等於佛滅後，世尊分身所在國土滅度之處，當廣說此經。所以者何？我等亦自欲得是眞淨大法，受持、讀誦、解說、書寫而供養之。」

爾時，世尊於文殊師利等無量百千萬億舊住娑婆世界菩薩摩訶薩，及諸比丘、比丘尼、優婆塞、優婆夷、天、龍、夜叉、乾闥婆、阿修羅、迦樓羅、緊那羅、摩睺羅伽、人非人等一切眾前，現大神力，出廣長舌上至梵世，一切毛孔放於無量無數色光，皆悉遍照十方世界；眾寶樹下師子座上諸佛，亦復如是出廣長舌，放無量光。釋迦牟尼佛及寶樹下諸佛現神力時，滿百千歲，然後還攝舌相，一時謦欬，俱共彈指。是二音聲，遍至十方諸佛世界，地皆六種震動。其中衆生，天、龍、夜叉、乾闥婆、阿修羅、迦樓羅、緊那羅、摩睺羅伽、人非人等，以佛神力故，皆見此娑婆世界，無量無邊百千萬億衆寶樹下師子座上諸佛；及見釋迦牟尼佛共多寶如來，在寶塔中坐師子座；又見無量無邊百千萬億菩薩摩訶薩及諸四衆，恭敬圍繞釋迦牟尼佛。既見是已，皆大歡喜，得未曾有。即時諸天於虛空中高聲唱言：

「過此無量無邊百千萬億阿僧祇世界，有國名娑婆，是中有佛名釋迦牟尼，今爲諸菩薩摩訶薩說大乘經，名《妙法蓮華》，教菩薩法，佛所護念。汝等當深心隨喜，亦當禮拜供養釋迦牟尼佛。」彼諸衆生，聞虛空中聲已，合掌向娑婆世界作如是言：「南無釋迦牟尼佛！南無釋迦牟尼佛！」以種種華、香、瓔珞、幡蓋及諸嚴身之具珍寶妙物，皆共遙散娑婆世界。所散諸物從十方來，譬如雲集變成寶帳，遍覆此間諸佛之上。于時十方世界通達無礙，如一佛土。】

講義：今天要從〈如來神力品〉開始講起。在上一品中說，世尊勸諭大家應當要受持、讀誦、爲人解說以及書寫此經之後，也告訴大家說應該這樣子作，可以很快速成就佛道，所以說完之後轉入這一品來，是〈如來神力品〉。

語譯：【這時，在這個娑婆世界有一千個小世界磨成微塵數目那麼多的菩薩摩訶薩，是前面從地踊出的那一些大菩薩們，這時都一起在佛前專精一心，向佛合掌，瞻仰世尊的尊顏，同時向世尊稟白說：「世尊！我們這些大眾在世尊示現滅度以後，世尊有分身所在的國土以及滅度之處，我們都會來爲大家廣說此經。爲什麼這樣呢？因爲我們也想要像世尊一樣，由於受持、爲人演說此經，而獲得這個妙法蓮花的眞實清淨無上大法；我們會效法世尊一樣受持、讀誦、解說、書寫而供養《妙法蓮華》。」

這時世尊就在文殊師利菩薩爲首的無量百千萬億本來就住於娑婆世界的菩薩摩訶薩們，以及這世界的諸比丘、比丘尼、優婆塞、優婆夷、諸天、天龍、夜叉、樂神、阿修羅、金翅鳥、歌神、蟒神以及人非人等一切大眾之前，顯現了無量偉大的神力；於是這時世尊出示了廣長舌，這廣長舌往上一直到色界世間；同時一切毛孔放出無量無數的光明，全部都遍照十方世界。眾寶樹下師子座上的釋迦牟尼佛分身諸佛，也是像這樣示現了廣長舌，也同樣一切毛孔放出了無量的光明。釋迦牟尼佛以及寶樹下的分身諸佛，示現這樣的神力滿足了百千歲，然後把廣長舌相收回，同時間出聲謦欬，而且同時間彈指。

這兩種音聲普遍傳到了十方諸佛世界，諸佛世界的大地都有六種震動。其中所有眾生，比如天、龍、夜叉、乾闥婆、阿修羅、迦樓羅、緊那羅、摩睺羅伽、人、非人等，由於佛陀威神力的緣故，所以全部都看見了這個娑婆世界，以及娑婆世界中無量無邊百千萬億眾寶樹下釋迦牟尼佛分身，各各坐於寶樹之下師子座上；又看見釋迦牟尼佛以及多寶如來，在寶塔中坐在師子座上；然後又看見了無量無邊百千萬億的大菩薩們，以及比丘等佛門四眾恭敬圍繞釋迦牟尼佛；這樣子看見了以後，大家都非常地歡喜，是從來不曾有過的歡喜。這時諸天在虛空中很大聲地唱出來說：

「超過無量無邊百千萬億阿僧祇數的世界，有個國土名為娑婆，那裡有一尊佛名爲釋迦牟尼，如今爲諸大菩薩眾們演說大乘經，名爲《妙法蓮華》，教導菩薩法，是諸佛所護念的。你們大眾應當要從深心中同樣爲這件事情而歡喜，也應當要禮拜和供養釋迦牟尼佛。」十方世界諸佛國土的眾生們，聽聞到虛空中這樣的聲音以後，就合掌向娑婆世界這樣子說：「歸命釋迦牟尼佛！歸命釋迦牟尼佛！」隨後又以種種花、香、瓔珞、幡蓋以及種種莊嚴色身器物、珍寶妙物，一起向娑婆世界遙遠地散過來。當這些供養的寶物從十方世界遙散過來，到達娑婆世界虛空中的時候，就好像大雲匯集一樣，然後變成了一頂很大的寶帳，遍覆於娑婆世界釋迦牟尼佛、多寶如來，以及釋迦牟尼佛的分身諸佛上方；正在這個時候，十方世界看起來好像是互相連接在一起，看起來是通達無礙的，猶如同一個佛土。】

講義：現在 如來示現神力，是要告訴我們什麼？得讓大家來聽聽看，才會信受說：釋迦如來其實不是兩千五百多年前才成佛，而是無量無邊百千萬億那由他劫之前早已成佛，這回只是因爲大慈悲而來示現八相成道。諸位可能還記得我以前也講過說：應身佛會爲大家演說《法華經》，化身佛不爲大家演說《法華經》。《法華經》就是要給菩薩們修集大福田用的，那麼我們接著就從這一品來理解 世尊在教誨我們什麼道理。

「千世界微塵等菩薩摩訶薩」，是指〈從地踊出品〉中告訴我們的，那一些帶領大家進修的菩薩摩訶薩們；他們是眞正的摩訶薩，不是只有明心或加上眼見佛性而已，他們都是八、九、十地的大菩薩們；而他們各自所率領的菩薩眾，雖然各有不同，但是數目加起來可多得嚇人，我們在人間無法想像。諸位如果再回憶一下以前說的〈從地踊出品〉那些菩薩們，那就知道他們的數量實在非常巨大；這一些菩薩們的總數，譬如有一千個小世界磨成微塵那麼多的數量。他們當時從地踊出以後，一直都沒有離開法華會上，這時聽聞了 釋迦如來的開始教導，就在 佛陀面前一心不亂向 世尊合掌，瞻仰世尊的尊顏，然後向世尊稟白說：「世尊！我們大眾在如來示現滅度以後，凡是世尊分身所在的國土，以及已經滅度的地方，我們都會廣說此經。」

那麼從這裡，諸位就應當要體會一個教導：凡是世尊分身所在之處，還沒有示現滅度之前，你聽不到《妙法蓮華經》；所有的分身諸佛，並不演述《妙法蓮華經》，因為沒有那個威德力促使 多寶如來前來聽聞。那麼 釋迦如來無量無邊的分身諸佛，祂們如果講《法華經》的時候，是應該由誰當主角？是祂自己要當主角來講《法華》嗎？祂可以這樣嗎？假使你成佛了，你有無量無邊分身諸佛在十方世界無佛之處示現成佛度化眾生，祂們是你的化身佛，而你是應身佛；你開始演講《法華經》，多寶如來依祂的願，所以「寶塔踊出」並且示現祂的金身，來聽聞你演說《妙法蓮華經》；那你的分身諸佛假使也都這樣作，也都講《法華》；請問：多寶如來，來不來聽？

譬如某一個國王跟你約定，假使你作某一件事情時他一定會來；可是你的部下也跟著效法你作同一件事情，你那位國王朋友來不來？這樣譬喻就懂了！假使釋迦如來的分身佛也講《法華經》，那時誰是成佛的主角？難道祂的分身佛要說祂自己成佛嗎？祂可以這樣嗎？不行。那如果祂講《法華》的時候多寶塔不示現，多寶如來不來聽聞，那祂講的《法華經》還算是《法華經》嗎？所以只要是分身佛就不會開講《法華》，當分身佛示現滅度以後，在釋迦如來座下親承釋迦如來本尊，而聽聞過《妙法蓮華經》的菩薩摩訶薩們，就在那邊演說《法華經》，這個問題就不存在了。

因為，分身的所有化身佛都不能夠說：「**我過去無量無邊百千萬億那由他劫之前已經成佛。**」畢竟不是祂成佛的啊！是本尊釋迦如來以前成佛，那麼分身佛是由應身佛分身的，當然不能、不會也沒有作意這樣講。那麼《法華經》中要講十方諸佛世界的事，有時也要說明過去無量無邊久遠劫之前，誰已經成佛的的事情等等，都不是化身佛有資格可以說的。化身佛也不能夠稱說祂自己成佛，所以教化了多少菩薩；到時候從地踊出的大菩薩們都說：

「我們不是你度的，我們是釋迦如來本尊度的。」那時該如何收場？所以《妙法蓮華經》祂們是不能講的，而祂們也是在本尊佛的主導之下，在本尊佛的作意下，去各世界示現八相成道的，不是自己有能力決定的。

所以能講《妙法蓮華經》的佛，就是應身佛；是因爲我們這一些人得度的緣成熟了，所以祂來示現。因此祂講《法華經》的時候，分身十方世界的諸佛都得要回來。如果是分身諸佛也講《法華經》，要召請十方分身諸佛都回來，是不是要把應身佛也召回來？若是某一分身佛演說《法華》時，釋迦如來本尊也要召回來；召來的時候是不是該由釋迦如來本尊接著來演講？分身佛不是已經沒資格講了嗎？因爲本尊來了，那麼分身佛是不是得要退下來？這時《法華經》是由兩尊佛同說，還眞是有很多問題。

可是從來沒有人知道由分身佛講《法華》時會有這些問題，也沒有人知道這些問題的原因很多，那我就再講個比較有趣的一個問題：因爲他們之所以不知道這個問題，是因爲他們不相信《法華經》。這個答案比較有趣，也比較不會太嚴肅。老實說，末法時代的佛教界，沒有幾個人眞的信受《妙法蓮華經》，因此以前也有人說：「《法華經》講得富麗堂皇，那是佛教小說的經典之作。」意思大約是如此。這還是名聞四海專門講禪的大法師講的。為什麼他會講出這種可笑的話來？因為心中根本不信！為何不信呢？因為不懂所以懷疑。為何不懂？因為沒有般若智慧；為什麼他沒有般若智慧？因為沒有開悟明心，他悟錯了——不相信有如來藏可證！所以這部經中許多的密意他都讀不懂，因此他當作佛教故事小說來讀。

所以我說，這一些問題在末法時代的佛教界中都沒有人知道；而這一些菩薩摩訶薩們其實是告訴我們：當分身佛的世尊示現滅度以後，他們就得要為大眾廣說《妙法蓮華經》，教導大眾瞭解應身佛與分身佛的事，要讓大眾瞭解分身佛不講《法華經》。可是在 世尊的十方世界分身所在的國度中，當世尊的分身還在度眾的時候，菩薩們可就不能講《法華經》。如果菩薩們講了，諸位現在設想一下：假使你是那一尊分身佛（當然不可能，我說的是假設），當你是分身佛，座下有大菩薩來講《妙法蓮華經》的時候，大眾聽了一定會來問你：「原來世尊您那麼早就成佛了！我們都不知道。」這時你該怎麼辦？你要稱說「是」、或者說「不是」？或者不置可否？你要選哪一個？三個都沒辦法選。所以你看，這些菩薩摩訶薩們其實是暗示大家說：是在分身佛所在的國土講解這一部經，而且是分身佛已經滅度了的地方才可以講。諸位學佛到這個地步了，如果明心後連這個佛教倫理也不懂，未來人家要笑你的老師沒好好教導，可就是我的過失了。

如果那位分身佛還沒有示現滅度，他們就不能講；諸大菩薩們這樣簡單的兩句話：「我等於佛滅後，世尊分身所在國土滅度之處，當廣說此經。」隱藏了這個意涵，可是竟沒有人知道，這是很奇怪的事。可是奇怪的事並不奇怪，因爲五濁惡世的凡夫大師們，善根低劣智慧不好，所以這是很平常的事情，當然也就不怪了，因此我說大家要見怪不怪。那麼這些菩薩們當然知道應該要在什麼樣的場合、什麼樣的時節，才可以爲人廣說《法華經》；一定不能在分身佛仍然住世時就出來演說，否則會造成困擾，也等於是當面拆了分身佛的臺。

這一些菩薩們爲何要這樣說？他們說：「在釋迦世尊分身佛所在國土已經示現滅度的地方，我們就會廣說此經。」不是只有像在娑婆世界我們人壽這麼短的時節來說，而是在人壽都很長的時節，不斷地把它廣說。那他們爲什麼要這樣發願？是因爲「我等亦自欲得是眞淨大法」，這就是目的所在啊！

能夠演述《妙法蓮華經》，這是應身諸佛的偉大功德；所有大菩薩們也都想要成佛，當然也希望同樣擁有這樣的功德，將來成佛時示現這麼偉大的威德，可以請得 多寶如來乘著多寶塔在大眾面前示現；也能召回無量無邊分身諸佛，讓無量無邊的菩薩大眾得以信入，而且得以實證，由他們再教導後世的弟子們；這就是這些菩薩們想要得到的大功德，所以他們才會在佛前瞻仰之後合掌一心而說：「我們大眾自心之中也都是想要得到這種眞淨的大法。」

「眞淨大法」是什麼樣的意涵？還是得要瞭解。眞實的「淨」是只有到達佛地才有的，如果諸位已曾讀過大乘部的《大般涅槃經》，其中有非常多的分量在爲大家解說「常樂我淨」，只有常樂我淨四法全部具足了，才能叫作「眞淨」。然而常樂我淨是佛地的境界，外道凡夫們聽聞了以後，總是錯認爲就是常見外道所說的「常」；佛門裡面的凡夫大師們——特別是末法時代的大師，看到大乘經裡面講諸佛的「常樂我淨」，於是他們就說：「這樣的說法已經是跟外道常見者合流了，顯然這種大乘經是後代的佛弟子們，在佛法演變的過程中，漸漸趣向外道常見而與常見合流了。」我們讀了以後也只能夠說他們是在講夢話，因爲到底他們講了什麼夢話，自己也不知道。眞實的清淨，是要滅盡二種煩惱的，諸位都瞭解，就是所知障與煩惱障。煩惱障的現行和習氣種子二者全都滅盡了，並且把所知障所含攝的過恆河沙數上煩惱——又名塵沙惑，都全部斷盡了；這時第八識改名爲無垢識，不再稱爲阿賴耶識或異熟識；這時如來藏中所含藏的無量無邊種子都不再變異了，所以說已經滅盡了變易生死，這樣才是究竟的常；究竟的常即是究竟的淨，才是眞正不變異的眞我；這時成佛前一切所應作者都已成辦——所作已辦，才能說是眞樂。這樣才是佛地常淨我樂的眞義，那釋印順何曾稍微懂得一點點？竟敢毀謗說這種究竟義的大乘經典，是後代佛弟子們與常見外道合流而撰寫出來的，不但是井蛙窺天，也眞是不知死活而膽大包天啊！

剛明心的時候看見了如來藏性如金剛、不可毀壞，就說這如來藏眞的是常；因爲永不可毀壞，窮盡十方諸佛的威神力，也不能毀壞任何一個低賤有情的如來藏，所以說祂就是常。但這時說的常，只是如來藏心體名之爲常，因爲體性猶如金剛而不可毀壞；可是祂所含藏的各類種子不斷地變異，因此就不能夠說是究竟的常，只是心體的常。這個道理，在末法時代是正覺同修會開始弘法以後才講了出來，以前都沒有人講。所以他們才一聽到說如來藏是常，就說這是跟常見外道合流；意思是說，正法本來是與常見外道不同的，然後因爲佛法流傳的演變，而跟常見外道的邪見匯合成爲同一條河流。

可是常見外道的常與究竟佛地的常，這裡面的差異他們不懂，我們是可以原諒的；但他們講這一句話來否定常樂我淨，則是不可原諒的，因爲斷送了許多人的法身慧命啊！只要信受了釋印順的邪見，從此以後盡其一生，全都無因緣可以實證法身，實相般若的智慧命根也就跟著斷絕了。但是當他們都還不懂得要怎麼質疑的時候，我們不是已經有一本口袋書在流通了嗎——《眞假開悟之簡易辨正法》。那是我弘法早期就已經印出來了，是藉往世的智慧而寫出來對治當代佛教界的大妄語行爲。

我在裡面主張說：證得如來藏才是證得中道，因爲如來藏這個法永遠不墮兩邊。墮於常，會落到常見外道那邊去，不是墮於佛地的常。如果是墮於佛地的常，那我們巴不得趕快成功；可是末法的大師們總是落到常見外道那邊去，然後就執著說這個離念靈知是常。然而證悟的菩薩們都說如來藏是常，而如來藏是常這個事實，悟後進修時其實不該執著，因爲常而不壞的如來藏中有非常之一面，是由於祂含藏的種子不斷地生滅變異，還需要悟後起修到究竟清淨位才能不再更易，不能說是究竟的常；而常見外道主張的常，卻是把非常當作常，是把離念靈知或是有念靈知的識陰生滅心，當作是常住的眞我，所以完全不一樣！

由於這個緣故，釋印順他們不該說：「你主張如來藏是常，那你就是常見外道。」對於這種人，有一句臺灣俗話說他們：「一丈差了九尺。」不是只有差一點點。所以如來藏永遠是中道，非斷非常；而祂永遠不會斷滅，但不意味著祂就是永遠的常而不變，是因爲祂含藏的種子不斷地變異；一直要進修到佛地，一切種子都已淨善而圓滿了，才算是不再變異的境界，這樣才算度過了變易生死，才能夠說是眞實的常。唯有這種眞實的常，才能跟佛地眞實的淨扯上關係。

可是也還有別的道理要說：當你修到佛地，煩惱障的種子全部滅盡，所知障的塵沙惑也全部滅盡了，如來藏中含藏的種子永遠不再變異更新，是眞實的常，這時你才能夠說是眞正的快樂。爲何這麼說？譬如世間人如果家裡有個小孩子出生了，大家都來慶賀說：「恭喜、恭喜！恭喜弄璋（弄瓦）。」

可是另一家的家裡有個老人家快要往生了，你們會去恭喜嗎？不能恭喜欸！為什麼不能恭喜？因為即將有死，死在等著他，死不是快樂的事情；如果你去跟人家恭喜說：「恭喜你們老人家快要解脫了！」他們一定罵你。有的人會罵你說：「你是說我不孝嗎？我虐待他嗎？不然怎麼說他死了就解脫？」有的人還會罵你：「你是要咒我爸爸早死嗎？」總而言之，你去祝賀人家死亡時，罵你的理由或內容可以有很多種，可是原因只有一種——因為討厭死。

那麼現在我們說，把這個粗糙的死，漸漸把它縮小，從分段死縮小到種子的變異死，是不是死？也是死啊！譬如一個念頭，這個念頭剛生起時你可以說它生了，然後這個念頭就開始在運轉，過五分鐘、十分鐘之後它滅了，滅了就說這個念頭死了；可是眾生不會感覺到這個也是生死。在佛門裡面——二十年前的佛寺裡面，如果有在用功辦道，你都可以在他們大殿上看見他們那邊壁上貼著大字條：「打得念頭死。」另外這邊貼著：「許汝法身活。」原來都是以定為禪，就這樣貼在大殿兩邊牆上對照著。可是縱使他們真能把念頭打死了以後，念頭就死了嗎？並沒有啊！還有淨念存在。這個淨念什麼時候會死？他們也不知道啊！就等他們中午過堂完，漱了口，進了寮房，禪床上一躺就死了，這時淨念才算是死了！可不是語言文字打死了就能叫作念頭死。

念頭死了是什麼意思？是意識死了嘛！咱們努力作事，意識一天裡也要死好幾趟。早上起來一直忙到晚上睡著，好像只有死過一趟，其實不然啊！半夜裡起來洗手，那是沒奈何，因爲膀胱無力，洗過手又上床睡著，意識又死一次。好了！再過個兩小時，又要起來洗手：「唉呀！眞麻煩！越老越麻煩。年輕時一覺到天亮，眞好。」然後又上床睡著，又死了。所以，半夜起床洗手完了回去躺下又死一遍。到明天天亮時醒過來，不就是生了嗎？這樣子，即使每天中午都沒睡午覺，一天裡也要死上三、四回。

很多年輕人出家以後，他們一天至少也要死兩回；因爲中午得要躺下來睡個午覺，否則整個下午都沒精神，因爲早上四點鐘就起床忙活了，那不就又死了一回嗎？如果講最粗淺的：談一件事情，一分鐘談完了，那念頭就是死一遍，換作離念靈知出生了；等一下遇到某乙比丘又有事情談，於是這個離念靈知又死了，然後又有另一個念頭出生；就這樣不斷地生死。爲什麼說這樣也叫作「生死」？因爲他的種子會因爲這一些事情的討論而有變異、而有更易。可是諸佛如來不論討論什麼，祂的種子終究不變異、不更易；所以都沒有死，已經度過兩種死。不管大的死、小的死都不見了，這不是最快樂的事嗎？這才是佛地的究竟樂。

一神教徒說：「我死後要生到天國去得永生。」問題是，得永生時有沒有生？有沒有生？有生！有生則必有死。凡是有生之法，無有不死者，所以「生天國得永生」，我跟它下個註腳：將來必死。但是他們知道這道理嗎？全都不知道。所以他們生天國其實不是眞快樂，只是比人間長壽而已；在天上享樂日子很容易過，然後每天享樂不一會兒就說：「唉呀！我怎麼開始五衰相現了？這到底是怎麼了？」於是去問上帝，上帝說：「你快要死了！」可是上帝竟然笨到還不知道他自己也會這樣死。

那不過是欲界天的境界，可是咱們沒關係，繼續世世生在人間：「你上帝看著我這一世死了，但我死後生到哪裡去，你上帝也不知道；等我下一輩子來了，智慧回復了，你上帝什麼地方說錯了，我繼續又批判你。」爲什麼我們可以這樣？是因爲生死一如！本來就不曾離開過如來藏：生也在自己的如來藏中生，死也在自己的如來藏中死；現象上看有生死，實際上卻沒有生死，菩薩們無妨就這樣子一世又一世邁向佛地。

可是不管怎麼說，如來藏心體在理上是這樣沒有生死，實際上種子的變易生死也還是存在著，而煩惱障習氣種子的變易生死也一直還存在。既然悟後都還有這兩種死，當然就不是究竟快樂的事，所以菩薩即使修到了等覺地，也還不是究竟的快樂，因爲畢竟還有變易生死啊！所以等覺菩薩也不會說：「我好快樂啊！」因爲老想著說：「我距離佛地還要一百大劫。」這一百大劫取得生命的目的就只是要捨內財與外財，實現福報而受生到某個家庭的目的，是要取得大量外財來布施，然後連內財都用來布施。那內財布施的時候痛不痛？不痛？眞那麼厲害？人家要眼球，調羹（編案：瓷製的湯匙）拿來就挖給他；痛不痛？痛啊！就這樣子百劫布施內財，你說他會是眞正的快樂嗎？所以眞正的快樂得要是眞正的常，才能說是樂，否則都是苦中作樂啊！就像一句俗話說的，在黃連樹下彈琴，那叫作苦中作樂。所以只有**眞正究竟的常**，才有究竟的樂。

那麼有究竟常、究竟樂的時候，才能說是眞實的我、究竟的我。學佛人剛開始都要說一向無我，不能說有我；哪個大師要是敢說有我，善知識就要出來講他：「唉呀！你落到我裡面去了，你怎麼不懂無我呢？」這時大師耳根就要發燙。這是古時候，可是末法時代的大師耳根都不用發燙，因爲沒有人會說他講錯了。所以近代臺灣一直有大法師說：「要當自己，要把握自己，要作自我。」可是從來沒有人告訴他說：「你這樣就不是無我。」

因此，關於我與無我，佛教界縱使有人知道，也沒有人敢談；就是我大膽，十幾年前就講了《我與無我》。這是因爲要教育佛教界：我與無我不是相對立的法，我與無我是不即也不離的。但「無我」講的是什麼對象？「我」是講的什麼對象？可得要弄清楚。這個分際如果沒有弄清楚，學佛永遠不成功，永遠無法入門。

那麼最初階的我跟無我，就是說五蘊十二處十八界，以及所有的六入都是生滅無常，所以無我。可是這個無我的背後有個眞實我，叫作第八識如來藏；這個如來藏因爲不是無常無我性的蘊處界諸法，所以是眞我，就稱爲我。無我性的意思是說，蘊處界等我都沒有眞實不壞的我，所以是無我性；可是蘊處界卻都是我，因爲眾生執以爲我。但是這些無我性—眾生所知的我—的背後是如來藏，而如來藏沒有蘊處界等眾生我的我性，而祂卻是蘊處界背後的眞實法，才是每一個有情自己背後眞正的我；可是這個眞正的我卻沒有蘊處界的我性，所以實際上也是無我性（祂這個法就是這樣的奇怪，沒有親證的人聽了總是不懂，越聽越迷糊），所以祂就叫作「無我法」，證了祂就說祂叫作大乘人無我；進而實證了祂所顯示的一切法都沒有實我，就說是法無我。

但這只是爲初階入門的人而這麼說，如來藏這個法雖然是無我性的，祂卻是眞實常住的我；可是祂從來不自知爲我，也不自我執著爲我，只是這樣子隨緣任運。在實證般若的初階，就因爲這個緣故，所以說如來藏是眞實的我，乾脆就告訴眾生說：「如來藏是我，蘊處界非我。」這是要教導大家實證。但這不只是大乘經才這麼說，在阿含部諸經裡面已經如是說了。阿含諸經裡面有一句話，印順法師也常常引用的，就是說：「非我、不異我、不相在。」在這幾個字的前面是講什麼呢？世尊說：「一切色，粗色、細色，現在色、過去色、未來色，是我還是非我？是常還是無常？」弟子眾答：「無常，非我。」然後 世尊又問：「受有三種受，或者有五種受，不論是強烈的受，微細的受或者是捨受，常或是無常？」「無常。」「是眞實我嗎？」「非我。」就這樣子繼續問下去，乃至於最後問：「識陰有六個識，主要是意識；

但過去意識、現在意識、未來意識，粗意識、細意識，是眞實我嗎？」「不是，非我。」「常或無常？」「無常。」世尊又說名色由識生，或說名色緣識生，說這個識是我，然後 世尊就說這個能生名色的識與五陰的關係：「五蘊非我、不異我、不相在。」那麼五蘊就是色受想行識，細分為十八界，也就是十二處加上六識，於是就有六入！既然五蘊不是我，也不異於我，但是這個五蘊跟眞實我不相在，是可以分離的，這是不是既說了無我也說了我？對啊！

那麼眾生所知的我，就是五蘊、就是十八界、就是十二處，再加上六入。既然五蘊都不是我，也不異於我，但是這個五蘊跟我不相在，是可以分離的，這是不是既說了「無我」也說了「我」？對啊！既然說五蘊不是「我」，但是五蘊也不能夠說不是「我」，而第八識眞實「我」是跟五蘊不相在的；只是暫時在一起，未來死後是可以分離的；並不是我在你裡面、你在我裡面而不可分割；是死後可以分離的，所以叫作「不相在」，所以死的時候就分離了。那麼這樣子，阿含諸經裡面講這個「五蘊非我，不異我，不相在」，這本來不就是大乘經嗎？偏偏被二乘聖人跟凡夫們結集成為二乘經了。

那麼這樣看來，其實 世尊是爲初學者開示說：有一個眞實我，這個眞實我跟五蘊非一非異，所以說五陰非眞實我，是無我。那麼五蘊又不異於眞實我，因爲五蘊就是從眞實我中出生的；被眞我如來藏出生以後，跟如來藏混在一起而這樣在共同運作；所以五蘊不能夠說異於我，不能夠說五蘊不是如來藏；但五蘊也不等於如來藏，所以五蘊又叫作「非我」。或者我們就說：五蘊非如來藏、不異如來藏，但五蘊跟如來藏不相在，死的時候就分離了。

那麼這只是初階，讓你知道出生名色的第八識是眞正的「我」；等到你證得眞我如來藏時，就會告訴你：這還不是眞正的常。這時就告訴你：如來藏非斷非常，祂心體自己永遠不會間斷，但是祂又有種子不斷地生住異滅，生住異滅就不能說是常啊！但是你又不能夠說祂心體自身會中斷，所以成就「非斷非常」的道理。如來藏自身是常住的，而種子是生滅變異的，因此合起來看時就是非斷非常。如來藏與五陰非一非異，不能說五陰就是如來藏，可是也不能說五陰不是如來藏，因爲五陰是如來藏心體中的一部分。

譬如你不可以講：「我這根手臂不是我。」不可以這麼講，因爲這手臂是你的一部分。如果你膽敢說：「我這左手不是我。」我就拿刀把你的手砍了。那又不是你的一部分，你就不能抗議嘛！對不對？因為那手不是你啊！所以我把你的左手砍了，你不能抗議說我傷害你，去法院告也不可以，因為你說那不是你的手。既然不是你的手，我砍了跟你有什麼相干？然而你一定不肯讓我砍，顯然那是你的，正是你的一部分。同樣的道理，五蘊既是如來藏裡的一部分，就不能夠說五蘊不是如來藏；但五蘊終究不是如來藏，所以五蘊死的時候雙方分離了。因此你得要說祂與五蘊「非一非異」，兩個層面都要函蓋。

所以這時又開始觀察如來藏中的種子會不斷地變異，也許有人想：「你說這個種子，我不太瞭解，能不能說白一點？」你想要知道，我們就講個譬喻。譬如前年你來聽我演說《法華經》，你對於《法華經》的認知已經不斷在演變；到今天晚上為止，你對於《法華經》的認知已經跟前年第一次聽經時完全不同了，那你對於《法華經》認知的心中種子是不是變異了？是！因為顯然落差很大了，再笨也會知道完全不同了！其實十分鐘前到十分鐘後的現在，你對《法華》的認知又不一樣了，而你心中的種子不也是變異了嗎？既然是有變異，顯然如來藏心中含藏的這些佛法種子就不能稱之為常。但也不能指稱如來藏心體非常，因爲你如來藏心體始終恆常不變，心體永遠常住而不可壞。

所以說，這時不能稱爲究竟的常；既然不是究竟的常，就表示你這個眞我如來藏心中的種子還在變異，怎麼可以說是眞我？而佛地眞正的我是從裡到外永不變異的。所以對於凡夫來說，要告訴他們如來藏是眞我，永不變異。你可以這麼說，因爲如來藏的自性清淨，永遠如是，祂的心性永遠都不會變異，所以對初階者要說如來藏是眞我。可是等你悟了，我就告訴你：「如來藏還不是眞我，你得要繼續修行，把如來藏中的種子都修行清淨，究竟了，永遠不變異了，這就是眞正的我，這樣才是眞常、眞正的眞我，這才是究竟的清淨。」因爲這時無有任何一法可以染污祂，所以是究竟的清淨。

常見外道說的常，只是人間不離五欲的識陰境界，識陰六識與這六識的種子，都是時時刻刻生滅變異的，而且是會每天中斷的無常心；但如來藏心體恆常不斷，而且又是悟後進修而把所含藏的一切種子究竟清淨，都不再有變換更易了，像這樣的「常樂我淨」，怎麼能夠說是常見外道的境界？所以有一位臺灣所謂的佛法導師完全不懂其中這麼大的差別，竟然敢說：「大乘經裡面講什麼常樂我淨，就是佛法演變以後跟常見外道合流。」我看他是感冒發燒而把腦袋燒壞了！這兩者之間是截然不同的，而常樂我淨是連等覺菩薩都不能想像的境界，所以菩薩們開悟以後都還不能想像，他一個凡夫憑什麼說常樂我淨是常見外道的境界？所以說，人之愚癡，愚至於斯。我只能送他四個字：「嗚呼哀哉！」因此說，眞實的清淨是究竟佛地的事，不是剛開悟後的境界。

所以，「從地踊出」的無量無邊菩薩摩訶薩們，爲什麼要在 佛前同聲發願說：「世尊您滅度之後，將來十方諸佛世界，只要有您分身在那裡化度的地方，我們不說《法華經》；但是您在那些世界裡的分身佛示現滅度了，我們就會開始演述《法華經》。」眞的要把握機會啊！如果是在沒有佛法住世的時候，你心中那一大部《法華經》要說給誰聽？那麼有化身佛示現的時候，你又不能講；所以一旦有某一尊化身佛示現滅度時，你就要趕快去好好演講；慢了一步可就由別人去講了，那功德卻是別人修集的，你得要再等候下回的機會了。

這時你再看看諸佛世界，有哪個世界，那所有的世界你能去講嗎？還輪不到你啊！人家應身佛自己要講如來藏妙義，哪能輪得到你來講？直到有化身佛示現入滅了，你才能依著 世尊演說的這一部經典的文字內涵，去把其中的妙義如實演繹出來利樂人天，所以把握機會還是很重要的！因爲機會其實不多，那麼多的大菩薩們在等著講《法華經》的機會呢！所以咱們大家應該怎麼辦？我們的智慧離那些大菩薩們還很遠，該怎麼辦？精進向上啊！努力奮前啊！趕快讓自己具有將來可以演述《法華經》的能力，這才是最重要的事。

那他們「**從地踊出**」的諸大菩薩們想要得到這個「**眞淨大法**」，當然得要努力啊！並且要先在 佛前發願，而且是在大眾面前先發願。前面幾品中不是有人發願要宣講《法華》？對不對？然而當時 佛說不用他們來講，正是因爲他們還沒有機會可以講，世尊就不讓他們講，因爲他們資格還不夠。當時世尊不是說了嗎：「**不用你們去講，也不用你們護持，我自有弟子大眾，可以爲大眾廣說。**」然後才有「**從地踊出**」的這些無量無數菩薩摩訶薩們。所以 世尊已經爲這些從地踊出的大菩薩們預先保留機會了，因爲這一些大菩薩們都是 世尊的嫡傳弟子；那麼這一些菩薩摩訶薩們，當然懂得把握機會，於是就在　佛前趕快當眾宣示：「只要世尊的化身佛入滅度的地方，我們就去演講這部《法華經》。」別人就不能再來搶了，這就是他們的專利。

這樣子，諸位把這幾品前後連貫起來，體會到什麼呢？沒有體會到什麼嗎？前後連貫起來以後可以體會到的是：釋迦如來多麼照顧自己所度的弟子四眾，沒有把好機會送給十方諸佛前來的弟子。就是這個道理啊！這就是《法華經》說的「奉侍善知識」，因為他們無量劫以來就跟隨著　釋迦牟尼佛，無量劫來奉侍善知識　釋迦如來，所以這個最好的機會就要留給他們。其他的菩薩們說未來要講解《法華經》，如來都說：「不用你們，我自然有弟子們會護持這部《妙法蓮華經》。」所以現在就是由他們出來宣示，意思是：將來我們自然會講，不煩你們諸佛座下的弟子大眾。這就是　如來特別照顧他們的地方，因為這種大經典就是要留給這些大菩薩們來講，才能圓滿具足。

這一些摩訶薩們接著就說明，他們想要怎麼樣來廣說，有四個層面「受持、讀誦、解說、書寫」；用這四個方式來供養《妙法蓮華經》。「受持」是自己以「妙法蓮華」如來藏作為依據，一步一步邁向佛地；「讀誦」是讓自己對如來藏中的種子，有更深入的理解、更多的體驗，讓智慧更加增長。所以說，受持與讀誦是爲自己，「解說」是爲別人。可是解說的時候難道對自己沒有利益嗎？有啊！俗話說教學相長，另外一方面也利益了大眾，也就是同時攝受了佛土。

教學相長不但是世間法中如此，佛法中也是如此。因爲假使是單純自己而去詳細地思惟，其實不會有很強烈的意願和耐心，大約只是略作思惟，不會去作更深更廣的思惟。都是爲了要爲大眾解說，才會去深入加以觀察而爲大眾宣說。因爲若是只爲自己而深入觀察的人，有很重的自了漢心態，不是眞的菩薩。菩薩都是爲了大眾，所以努力去作更深入的觀行與理解，才能夠爲大眾演說，這就是佛門裡的教學相長。

如果你叫我對某一些經、某一些論，爲了自己深入去研讀，那麼我就會懶懶散散地讀，不會深入思惟。以前人家問我說：「你讀過什麼經？」我說：「我講過了就讀過了，還沒有講過的，大部分都還沒有讀。」因爲想要爲大眾去演講的時候，我才會深入去讀出這裡面到底在講什麼；如果只是爲自己讀，就是讀過就算了，不會很深刻地把其中的意思全部都勾稽出來。菩薩本來就是這樣，所以不必覺得奇怪。

那麼第二個利益剛才說是攝受佛土；因爲《法華經》需要講的層面是非常廣大的，而且其中的妙理是非常深遠的，並且是眾生難以信受的；那麼你能夠一講出來就讓大家歡喜信受，而且願意奉行，大家在道業上就會有進展，甚至於有的人進展神速；當大家的道業越快成長，你成佛的時間就跟著越快，就好像水漲船高的道理是一樣的。如果你駕著一條船，水老是升不上來，老被泥沙擱著，你的槳再怎麼划也還是在原地，動不了啊！可是水一旦漲上來，你不必怎麼用力，輕輕划幾下它就走很遠了，這就是攝受佛土！不要怕弟子大眾在法上進步，因爲怕就是在障礙自己成佛的速度，如果大家都沒有辦法成就道業，那你成佛就不必想，永遠成不了佛，所以還是應該要利益大眾啊！

利益大眾時當然得要「解說」，總不能夠召集大眾來修學《法華經》時把經文唸一唸，再把古德依文解義的註解或科判拿來唸一唸，照本宣科混完兩個鐘頭就說：「好！我們今天《法華經》的修學圓滿了。」法會就結束了。眞要是這樣的話，大家自己在家裡讀便行了，不必浪費路上來往的時間。所以大師們講《法華》時在那邊講什麼科判、註解等等，我勸諸位：「不要浪費生命啦！不如在家裡自己讀、自己去思惟，至少不會被誤導。」所以只要你眞的懂《法華經》，就應該爲大眾解說；解說之不足，還得要「書寫」。爲什麼世尊總是勸大眾要「一心廣說」以及「書寫」？因爲你不寫，別人會亂寫很多。你是正確的法卻不寫出來世諦流布，別人錯誤的法寫了一大堆，印了出來以後簡直是汗牛充棟，整個佛教布滿了那些亂說佛法的著作，而你這個眞懂的人偏偏不寫來利益今世後世佛子，我只能夠感嘆說「眾生何辜」啊！於是「相似像法」就遍滿佛教界，廣泛誤導佛弟子們。有一句廣告詞說：「好東西要跟好朋友分享。」了義而且正確的佛法正要這樣！你有正確的法，不該自我埋沒，應該顯揚出來；因爲這個聖教並不是你獨有的，是釋迦如來流傳下來要給眾生的，是大家共有的聖教，不是你一己的聖教。

既然如此，你已經發揚了聖教中的密旨，自己親證了，就應該顯揚聖教而利益學人。所以還得要「書寫」，不然那一些胡說八道的假佛法書籍汗牛充棟，你要找到眞實善知識的著作何其難哪！不信的話，你們去到佛教書局或各大書局的佛學類書櫃去看，其中有幾本正法的著作？少之又少！這一、兩年還好，是因爲諸位很努力推廣；早年想要在書局看到我們的書，非常困難；因爲各書局每次進貨時，每一個分店都只分配到一本，被人買走了他們也不續訂，然後這本好書就不見了，你在書局的架上一本都找不到。再往更早期來看可就更少，因爲我們當時只有一、兩本好書，書局覺得沒名氣，不太理我們，讀者去書局也沒得買。現在是著作多了，然後又因爲諸位的努力，正覺的名氣打開了，現在正覺就好像佛教界的名牌——至高無上的名牌，而且也沒有人可以仿冒；世間法中的名牌都可以仿冒，正覺的法是無法仿冒的。即使如此，你到各大書局的佛學類櫃子去看，我們的書能有幾本？也不多啊！能有二十本就算很不錯了。

所以說，「**相似像法**」跟眞實的正法混淆了，正法就會消滅。世尊說，一切外道不能毀壞 釋迦如來的正法，但是後末世有「**相似像法**」流行，當這些好像是正法流行以後正法則滅。這樣看來玄奘菩薩說的「**若不摧邪，難以顯正**」，還眞是至理名言啊！因爲你如果不加以辨正，那「**相似像法**」看起來也跟了義正法一樣，眾生還沒有實證，憑自己的智慧是分辨不出來的，他們能有誰分得清楚呢？而 世尊早就說了：當「**相似像法**」流行的時候，了義正法就滅沒了，因爲被大量的「**相似像法**」淹蓋了。

所以當你能如實演講《法華經》時，就應該把它寫下來廣爲流布。因此，我們講的《法華經》將來要整理成書，就叫作《法華經講義》，不是講記。因爲我們的《法華經》所宣講的是眞實義，所以叫作**講義**。因此說，「書寫」也是供養《妙法蓮華經》的方式之一，就是把它落實到文字上，讓它久遠流傳。我們這一世如果沒有把它整理出來流傳下去，未來世我們這一些老師會不會上來講？我不知道。就算我重新再來，未來世有沒有機會再上來講也不知道，未來世的因緣很難說。所以我們現在要怎麼樣去把未來世的因緣培植成熟才行，就算是現在整理好印出來流通了，我希望未來世還有機會再來講一遍，但不一定要我來講，我們的老師們誰可以講就再講一遍也行啊！總之就是要把「此經」裡面的眞實義理多講幾遍，眾生就會信受。若是講得少，眾生不信受，大家都會說：「這部經好冷門喔！」好冷門久了以後，就會有人出來指說這是僞經；因爲都沒有人能夠如實宣講，也沒有人要來正確註解。

可是僞經往往有一堆人註解，大家也就信了；你們看密教部那些僞經，例如《一切如來心祕密全身舍利寶篋印陀羅尼經》，又如《佛說一切如來金剛三業最上祕密大教王經》，或者是《金剛頂經》、什麼《蘇悉地羯羅經》，又是什麼《大日經》——《大毘盧遮那成佛神變加持經》，全部都是僞經，因爲全都違背三乘菩提正理，而且都是落入欲界人間的識陰境界中，連欲界天的境界都及不上啊！可是卻有一堆的「古德」註解以後，就有很多人信了。然後愚癡的日本人就收入《大正藏》裡面去，結果助長了密宗的流傳以後，眞實的正法就開始滅沒了。

日本正統佛教的滅沒，東密要負百分之九十九的責任；東密其實跟唐密一樣，因爲東密是從唐朝傳過去的。東密表面上是沒有傳雙身法，實際上有沒有呢？有啊！如果沒有，爲什麼出家人住在寺廟裏面，娶妻在寺廟裡面生孩子，成爲住在寺院中的在家人，那他們到底有沒有雙身法？有！只是不對一般信眾傳，正因爲他們的根本經還是《大日經》。就這樣「相似像法」廣爲流傳以後，日本曹洞宗的了義正法還能存在嗎？不可能了，於是也就消滅了。所以不但爲人解說很重要，「書寫」也很重要。

但是不要擔心說：「那你把書寫出來，才只有這麼一部講義，人家講了一大堆，早就把你淹過去了！」別擔心這一點，只要有眞正的講義流傳下去，就好像一堆的廢紙堆裡，你雖然只是星星之火藏在其中，但是久了以後會怎麼樣？足以燎原啊！把它們全都燒光。十五年前我們弘揚如來藏妙義，一天到晚被六識論的比丘、比丘尼們斥罵：「自性見」、「外道神我」。現在還有誰敢再寫書、寫文章罵？一個也沒有了！因爲只要有誰敢出來罵「如來藏就是外道神我」，佛教界就會回應他們說：「啊！原來你是個門外漢！也是謗佛者。」他們現在已經不敢再亂講了。所以正法之劍銳利無比，無堅不摧；我們的了義正法就像這樣子，面對「相似像法」時也是無堅不摧，我們就應該把它整理出來流傳下去。但我們不用寫的，我們用印的，要把它流傳下去。

那麼這一些大菩薩們都知道這個道理，所以就說：「我們也是想要像世尊您一樣得到這個常樂我淨的眞淨大法，所以我們在世尊您的分身諸佛滅度之處，就來宣講《法華經》。我們會用四種方式來供養《法華經》，就是受持、讀誦、演說、書寫，讓《法華經》的正義廣爲流通，要這樣來供養《法華經》。」往往有凡夫學人把《法華經》經典每天請下來放在供桌上，再擺上飯菜供養，也上了香供養，那一部《法華經》有吃到他供養的飯菜嗎？（大眾笑⋯）有沒有嗅了他供養的清香？都沒有啊！那是什麼飲食供養啊？原來都沒有供養。可是我卻要爲他加個註腳：未來悟了以後同樣要作這樣的供養，這才是眞供養。

也許有人聽了說：「奇怪！悟了跟沒有悟之間，爲什麼一個是眞供養？而另一個卻是假供養？」因爲你悟了以後，你每天還是得要祭五臟廟，你就算飯菜擺上去供了以後，過一會兒撤下來，你祭了自己的五臟廟，祭這個五臟廟時才是眞的供養《法華經》啊！可是如果你還沒有悟，每天祭上十二回五臟廟也不算供養。因爲悟後每日三餐祭五臟廟這個供養，就叫作受持《妙法蓮華經》；那你如果懂得這樣受持，供養時就順便把祂「讀誦」：每天讀一讀你這一本經，每天誦一誦你這一本經，你的智慧不斷地增長，這也是供養《妙法蓮華經》，就是法供養。然而這都只是爲自己，當你這兩個部分作好了，當然要轉過來利益大眾——今世的大眾、後世的大眾都要利益。所以得要爲人「解說」以及爲大眾「書寫」，這樣才是眞供養。

那麼他們這樣發了大願以後，「世尊於文殊師利等無量百千萬億舊住娑婆世界菩薩摩訶薩」面前，以及「諸比丘、比丘尼」等包括天龍八部大眾面前，示現了「大神力」。這個且先不說，先說爲什麼要特別提到 文殊師利？因爲這一些娑婆世界中舊住的無量無邊菩薩摩訶薩眾，所有人都是 文殊師利菩薩之所教化。諸佛示現人間時，不可能由應身佛一一直接教化所有大眾，一定會有一些分工合作的情況，來推展正法利樂人天。如果每一個人都是由 釋迦如來親自教化，那麼你縱使生在 如來在世的時節，有沒有機會輪到你來接受 如來的教化？不一定有喔！因爲弟子們人數那麼多啊！所以一定會有許多菩薩們同時降生人間來幫忙。

就好像聲聞法中有許多阿羅漢們幫忙 世尊度化弟子成爲阿羅漢，是一樣的道理。因此一定會有許多大菩薩們前來幫忙教化，但同樣都是 釋迦如來的弟子。而這一些「舊住娑婆世界」的菩薩摩訶薩無量無邊，當然都是 釋迦如來的弟子，卻是都由 文殊師利菩薩領眾，也都由 文殊菩薩爲他們說法教化。那麼在《法華》會上還有比丘四眾、還有天龍八部等等，包括鬼神界的眾生也都有，因爲凡是成爲佛弟子，都可以參與《法華》盛會。

這時 世尊「現大神力」，「出廣長舌上至梵世」。現在有個問題，如來三十二大人相說 世尊有廣長舌，說 世尊舌頭可以覆蓋整個面門到達髮際，這裡爲什麼卻說「上至梵世」？「喔！所以這部經亂講嘛！」會不會有人這樣講？會啊！這就是不瞭解其中的眞實義，就好像很早以前有個寫小說的人說：「世尊常常作師子吼，那這個師子吼流傳下來，而日本有一種戲劇叫作『能劇』，他們唱出來的那個聲音就叫作師子吼。」這眞的叫作胡說八道，把師子吼給物化，變成一種歌劇裡的某一種腔調了。其實完全不是他說的那個意思，而是破邪顯正救護眾生，一切外道莫之能禦，這才叫作「師子吼」。都沒有外道開口的餘地，才能叫作師子吼，並不是學著雄獅那樣子吼叫。日本的「能劇」再怎麼學都不像啦！乾脆去爲雄獅錄音來播放，不是更像一點嗎？所以不能依文解義而會錯意。

這個「出廣長舌上至梵世」就是上達色界天，也就是警覺一切有情；世尊宣說大法的音聲從人間一直往上到達色界諸天，去警覺一切有情，讓他們感覺到　釋迦如來正在演述了義勝妙的無上大法。所以不能依文解義說：「釋迦如來舌頭好廣好大好長，往上伸到了色界天去。」如果是這樣的話，是不是違背了物理定律？也對色界諸天沒有什麼利益。所以「出廣長舌」的意思要看是什麼樣的前後文字、是在說什麼，這並不是用舌頭伸到色界天去，而是經由舌根放出一種聲音，警覺了人間、欲界天、色界天的一切有情。可是爲什麼沒有到達無色界天？因爲無色界天的眾生都住在四空定的等至位中，具足愚癡；你再怎麼樣去警覺他們，他們都感受不到。所以假使有人說：「我可以出廣長舌上至無色界。」那就是凡夫外道。

不但是如此，世尊還「一切毛孔放於無量無數色光，皆悉遍照十方世界」，這是一切應身佛演述《法華經》時才作的事，演述其他諸經時的放光就不這樣作。如來有時從頂門放光、從腳底放光，或是從哪裡放光，就是沒有全身毛孔放光，只有演述《法華經》到這個時節才這樣作。「出廣長舌上至梵世」，是在示現什麼？示現說，諸佛所能度化的眾生法界；換句話說無色界的眾生非所度化，三惡道的眾生非所度化，就只是度化人間以上到達色界諸天爲止。

「一切毛孔放於無量無數色光」，表示說，因爲所應該化度的眾生心性與種類非常非常之多，所以從一切毛孔放光，不是單由某一個部位放光。那麼「無量無數色光」顯示說，如來有著無量無邊的勝妙諸法，函蓋人天善法；函蓋世間法，函蓋出世間法，也函蓋世出世間法，無所不包；所以放出來的光明是「無量無數色光」，不是單一色，也不只是幾十種、幾百種顏色，而是「無量無數色」。這樣放出來皆悉遍照十方世界，告訴我們說：其實有諸佛如來，不是只有娑婆世界中的一尊佛、一個世界，而是有無量無邊十方世界，在無數世界中有無量無邊諸佛在度化眾生。

大部分的宗教，可以說除了佛教以外，他們眞的叫作眼光如豆；他們所謂萬能的天神所看見的，比起諸佛菩薩來，就只有一顆豆這麼遠。最大的豆是什麼豆？蠶豆吧？還有沒有更大的？皇帝豆？皇帝豆跟蠶豆差不多啊！豆莢不算數，我說的是豆子本身。與諸佛菩薩的所見來比，外道天神們最多就只看這麼遠，沒辦法比啊！諸佛的所見是沒有限制的，且不說諸佛，單單比諸位就好了，上帝說：「世界是我創造的，我創造的世界是平面的。」諸位說：「我們住的世界是圓球形的。」那麼請問，你的眼界跟上帝的眼界一樣不一樣？

原來上帝所見的大地世界是平面的，顯然他的所見不過是幾十公里，所見才會是平面的。那你如果搭了飛機到天上去看：「唉呀！原來世界是有一點圓圓的呢！科學家們說的是正確的。」其實也不必搭飛機去看，你們家裡孩子讀書時往往會買地球儀，你把它拿出來看：我們現在這裡是幾點鐘？地球另一邊現在應該是白天或是晚上，應該是幾點鐘？電話打過去一問，果然如此；證明你的眼界比上帝高，所以他們那些所謂的天神，眞的叫作眼光如豆，其實只是活在地面上的鬼神罷了，都還到不了天上去看呢！才會講出可笑的說法來。

現在你們悟了如來藏，也拿到一顆聲聞法中的水果揣在懷裡了，如今聽我如實演說《法華經》又聽了那麼多年，你們的眼界，上帝可就不能想像了；不但上帝，即使是上帝所無法揣測的出三界聖人阿羅漢們，也無法揣測，何況是外道上帝呢？但是，除了佛教，一般宗教全都是這樣啊！他們爲教徒們所說的世界，永遠不能超脫於我們這個人間的世界；而且他們所說的我們這個世界，最多只有到欲界天裡的四天王天爲止。你們去看現代外國那一些宗教，有哪一個是超過欲界四王天的？都沒有，因爲他們連忉利天的境界都還不知道，也講不出四天王天的境界。

古天竺的婆羅門教是超過欲界的，可是後來的印度教呢？又只在欲界的人間裡轉來轉去了。可是縱使婆羅門教中眞有實證的人，也只是在色界天以下輪迴，他們自己所謂的阿羅漢也不是眞的阿羅漢。但是 如來所說的，不單單是這個世界的三界六道，還包括十方世界的三界六道在內。因爲諸佛如來示現於十方世界，所以，既然《法華經》講到這個地步時，是應該幫助諸佛如來一同教化一切眾生，讓十方世界的眾生或者菩薩們，都知道原來 釋迦牟尼佛的境界如是不可思議。

所以講《法華經》時得要這樣作，可千萬不要誤會說：「釋迦如來這麼愛現。」當然不是愛現，而是應該幫助十方諸佛如來座下的弟子們，建立對於他們各自所依止的如來的大信心；因為他們這一看到娑婆世界 釋迦如來放光，這時就會看到原來那麼遠的地方還有娑婆世界，還有 釋迦如來；而他們藉 釋迦如來放光的因緣，還可以看到其他世界和其他如來，也瞭解他們所追隨的如來平常都教導過的「佛佛道同」正理，於是心裡面想：「我們自己所跟隨的如來，原來是跟釋迦如來一樣，證量都是這麼高深而不可思議。」所以 釋迦如來這個放光，不是愛現或不愛現的問題，而是藉這個機會幫助十方諸佛如來教化眾生。所以這時「一切毛孔放於無量無數色光，皆悉遍照十方世界」，是在顯示諸佛如來所說的法，都是函蓋十方無限虛空中的無盡國土。這就是顯示佛法的深廣度，所以這兩句經文是有連帶關係的。好，那麼今天時間又到了。

一年容易又秋風，很快的，一年好像又要過去了，已經十月了，所以我們又要辦禪三。禪三審核一向都很費精神，照例也會有很多人沒錄取；但沒被錄取的人不一定是沒資格錄取，可能是因爲上回才去過，所以這回請他讓賢，因爲報名的人眞的很多。因此，在這個情況下還是不免會有遺珠之憾，好比要選出來敬獻給 佛陀的寶珠，規定就只有那麼幾個定額。其實很多人都應該被錄取去打禪三，但因爲名額就只有這麼多，不免有遺珠之憾。

不過，看見有人寫禪三報名表的內容——他自己寫的福德欄內容，我覺得還是有必要再爲大家講解一下；因爲有的人在福德欄寫著以前在密宗道場時他護持了多少錢、作了多少事，來到正覺反而不太護持也不太作事。其實以前在密宗護持，在佛法中全都是損福，不是福德——護持密宗破壞佛教正法，是損了自己的福德，還寫上福德欄中。這是很奇怪的事，不曉得是他的親教師沒有教好，還是他自己上課時打瞌睡，把親教師教導的道理都沒聽進去？錯將破法損福當作護法植福。還有人是支持外道的，他們以前在外道的基金會或是某某會捐了款，也常常去那邊作義工得到獎狀，還印給我當作修福的證據。（大眾爆笑……。）

看大家的表情好像認為他很「古意」，我記得講過幾遍：「你在華南銀行存錢，到期時不能到臺灣銀行去要本息。」這個知見大家還是要記住。在相似像法的道場種了福田，不能來了義正法的道場要收割稻子，因為了義正法的稻子不歸他所有；因為他在那一些「相似像法」的道場種福德、修福德，是幫助「相似像法」弘傳而抵消了義正法的力量，我不看重那種世俗福德。

這是為什麼呢？世尊在《阿含經》裡面說過：外道法不足以毀壞正法，而正法的滅沒是因為「相似像法」的興盛，所以了義正法就被大量的相似像法掩蓋了，因此逐漸滅沒。不但 世尊這麼說，當來下生 彌勒尊佛在《瑜伽師地論》裡面也同樣這個說法。所以說，他以前在外道法中、在某某山多麼努力護持，來到這裡都不算數，因為他以前在某某山的護持，其實幫他們把正覺的正法加以遮蓋，是損福而不是植福。

除非他想得到的是某某山的相似像法，那就很簡單了：雖然他是在那邊種福田來正覺了，我也可以幫他開悟：「你先把無相念佛好好修三個月，當你淨念相繼了，然後把淨念捨掉，成為一念不生，我就恭喜你：開悟了！」假使他想要這樣的相似像法，這也可以啊！因為他的福德就只值得相似像法。所以在像似正法中種福田、在外道法中種福田，那種福德來到究竟正法的道場中，一點都不受重視，只看中他有布施的心性；但他以前所植的福德並不足以支持他去打三，要留給眞正的菩薩、眞正有福德的人去，這是我們的原則，否則我就違背因果律則了。所以未來不要再有人把禪三報名表的福德欄，寫上一些損福的事跡，來作爲修集福德的證明。以後若再有這種情形，我會問問他的老師到底有沒有教導種福田的道理。如果世間法的這個道理也不懂，去華南銀行存了定期存款，到期時卻跑去臺灣銀行要領本息，如此沒智慧的人，還能當菩薩嗎？所以這一點還是要跟大家再說明一下。

回到《妙法蓮華經》來，上一週講到一百七十四頁第二段第四行第一句說完，接著說：「眾寶樹下師子座上諸佛，亦復如是出廣長舌，放無量光。」這是說 世尊示現大神力，出廣長舌，全身毛孔放出無量無數不同顏色的光明，照耀十方世界的時候，一切寶樹下的師子座上的 釋迦牟尼佛化身諸佛，同樣一起示現了廣長舌相，也同樣在全身毛孔放出無數種顏色的無量光明。那麼談到這裡，有時不免想起這個分身的事情。往往會有一些附佛外道宣稱他們也有分身，但分身的事其實不足爲奇，只要到三地滿心以後，就一定都有分身，是自己所能知、所能運作的分身。

可是如果眞心既未明，佛性也沒看見，甚至於連我見都還具足存在，十成十是個外道而且是凡夫，公開宣稱他有分身，還是會有人相信，那叫作愚癡人！也就是說，他對佛法都是完全無知的，他座下絲毫正知正見都沒有的信徒就會相信。但分身的事情是應該可以讓人家來證驗的，不是用照相合成的技術，或者用鏡頭來顯示他有什麼分身，那其實都只是人工後製的影像。也不是以夢見某人來作爲某人有分身的證據，所以分身的事情不能隨便說，說了也是大妄語業中的一種；只是他自己不知道那叫作大妄語，因此是值得憐憫的。

話說回來：「**釋迦牟尼佛及寶樹下諸佛現神力時，滿百千歲，然後還攝舌相，一時謦欬，俱共彈指。**」釋迦牟尼佛以及眾寶樹下分身諸佛，幾乎同時示現這個威神力的時候，維持了百千歲滿足，然後才把廣長舌相收攝回來，一時之間又同時「謦欬」。謦欬懂不懂？（導師示範了謦欬的聲音。）這樣就是謦欬，也就是警覺大家。譬如小孩子不乖時，你看見他準備要幹壞事時，你這老爸看見了，就事先制止「嗯哼！」（導師再次示範謦欬的聲音），那小孩子一聽就停住了。至於母親就不會用謦欬的方式，會用比較柔軟一點的方式發聲：「嗯？」（導師示範往上揚的音調。）這小孩子就止住了，這就是警覺的意思。諸佛「一時謦欬」，先使大眾警覺這種殊勝境界即將停止。

「是二音聲，遍至十方諸佛世界，地皆六種震動。」接著是「俱共彈指」，除了謦欬以外，接著就是彈指。這兩種音聲普遍到達十方諸佛世界，諸佛世界的大地就有六種震動，時間滿足百千歲的事情發生。可能有很多人心中有疑惑：釋迦牟尼佛在人間示現八十五歲，那法華會上才這麼一點點時間，而說經過了百千歲，其誰能信？其實這不需要懷疑，因為諸佛的威神力都可以把「長劫化入短劫」中，也可以把「短劫化入長劫」中，這是在十方世界諸佛之間互通互用的一個方法；譬如別的世界有的是長劫，有的是像我們娑婆一樣的短劫，對於那些長劫世界的眾生而言，他們無法想像我們這個短劫世界的世間。

關於這個長劫短劫，可能有人初學佛不久，因此聽不懂，我們要稍微說明一下。例如我們娑婆世界一個大劫相當於極樂世界的一天，所以極樂世界對我們而言是長劫；但是極樂世界的一劫也不過等於別的佛世界一天；這道理在《禪淨圓融》書中已有舉例，這裡就不再重複。在《華嚴經》裡面的開示，有的世界是非常長的長劫，但有的世界和我們這個世界同樣是短劫，就沒有這個問題。但同樣雖然是短劫的世界，壽命也有長短的不同；由於這個緣故，諸佛講《法華經》的時候，必須要讓十方一切佛國世界的大菩薩們都有因緣可以看見，這是一切應身佛必須要示現的功德；所以 釋迦如來以及祂的化身諸佛這時示現廣長舌相，聲音遍至諸天，也放出無量無數光明到諸佛世界去，這時當然需要很長的時間；因為諸佛世界其數眾多，所以警覺他們而讓諸佛告訴大眾說，現在娑婆世界的 釋迦牟尼佛弘法度眾的某一個狀況，就需要比較長的時間來示現。但是這個娑婆世界的眾生壽命是這麼短，因為這裡是短劫，所以必須把這個短劫化為長劫，讓大家有足夠的時間來領納這種勝妙境界而聽聞勝妙法，但是大家感覺不到自己被轉入長劫中；同時也讓其他長劫世界的菩薩們，進入這個短劫之中可以親見 釋迦世尊正在宣演《法華經》。這就是一切應身佛應當示現的威神力，如果作不到，那麼祂講《法華經》時就不能遍十方一切佛土世界都能看見；這就是一切應身佛應該要示現的威神力，所以這是應該信受的。

那麼，這跟《解深密經》裡面說的「化長劫入短劫」的意思有一點差異，因爲那是藉著福德具足、智慧具足、資糧具足，在特定的因緣之下，快速完成道業，把三大阿僧祇劫的時程縮短，所以稱爲「化長劫入短劫」，跟這個情況又有一些不一樣。《法華經》中這個情況不是我們這個階位所能想像，但不因爲我們無法想像就推翻它說：「這是不可能的事，所以這部經典是後人編造的。」否則就會成爲謗法、謗佛。就好像鳥類，牠沒有辦法飛到太空去，但牠不可以說：「沒有誰可以飛到太空去。」就好像有人主張說：「月亮那麼遠，我們不能到。」但不代表別人不能到。又好像正覺弘法以前大家都說：「如來藏是不可能實證的，如果說開悟是證如來藏，那就是外道邪見；如來藏是一種思想，不是義學。」但是自己不能證，不代表別人也不能證；所以不能因爲自己無法了知，就說那是不存在的事。那麼這個部分說 世尊示現威神力的時候，滿足了百千歲；經中作這麼一個開示，大家應該信受。

至於「地皆六種震動」，有一些外道、甚至於也有附佛外道，評論說佛教的經典胡說八道：「經典裡面常常記載釋迦牟尼佛說法時，大地如何搖動，可是地震的紀錄史裡面並沒有地震啊！所以那都是胡說八道。」他們不懂佛法而沒有體驗，又是外道，我們就原諒他們吧！不過這一個大地的六種震動，還是得要有緣人才能體驗到。譬如我們剛搬到承德路九樓講堂時改了「開經偈」，因爲這樣才符合我們的證量；那時我坐在這個法座上，當大眾開始唱唸新的開經偈時，就是發生了這六種震動：前起後涌，後起前涌，左起右涌……等，就這樣變動著。可是我當時知道沒有地震，因爲大家都很鎭定，沒有不安反應，所以我知道是我個人的體驗。可是那時也有別的同修體驗到，並不是只有我一個人。所以很多事情在經中被提起時，並不是指人間的事情；有時是在人間發生的事情，卻是屬於個人體驗的境界，而不是指物質現象的境界。所以諸佛世界「地皆六種震動」，不是講人間的那個物質大地的震動，而你體驗到時感覺卻是大地在震動。

接著說：「其中眾生，天、龍、夜叉、乾闥婆、阿修羅、迦樓羅、緊那羅、摩睺羅伽、人非人等，以佛神力故，皆見此娑婆世界，無量無邊百千萬億眾寶樹下師子座上諸佛；及見釋迦牟尼佛共多寶如來，在寶塔中坐師子座；又見無量無邊百千萬億菩薩摩訶薩及諸四眾，恭敬圍繞釋迦牟尼佛。」這就是說 釋迦如來的威神之力，全體起用。因爲包括無數的 釋迦佛分身諸佛也共同作用，所以警覺了娑婆世界的諸天，也警覺了十方諸佛世界的諸佛和諸大菩薩們。因此諸佛世界的天龍八部都跟那裡的菩薩們、人和非人一起看見了這個娑婆世界；同時就看見了這個世界有無量無邊百千萬億眾寶樹下師子座上，一切 釋迦如來的分身諸佛。最特別的是看見 釋迦牟尼佛與 多寶如來在七寶塔中，同坐於師子座上。這是一個特例，因為人間不可能有二尊佛出現；原因是由於只要有一尊佛住世，便足以利樂整個三千大千世界的有情，不需要再有第二尊佛前來應化。可是現在娑婆世界有兩尊佛，這是暫時的現象，不是永遠二佛同時住世；也是一種特例，因為是 多寶如來的大願：只要有應身佛宣演《法華經》，祂就會坐著寶塔從地踊出前來聽《法華經》。當《法華經》演述完了，多寶如來自然回歸本位。

「既見是已，皆大歡喜，得未曾有。」現在有兩尊如來，同在娑婆世界共坐於七寶大塔中的師子座上；十方諸佛世界的有緣菩薩、天龍八部等，也同時看見了娑婆世界有無量無邊百千萬億的大菩薩眾以及佛門四眾，很恭敬、很虔誠地圍繞 釋迦牟尼佛、多寶如來。當他們從遠處看到這裡來，看到那麼多的分身諸佛，也看到那麼多的菩薩大眾等等，全都圍繞著 釋迦牟尼佛與多寶如來；看見了以後，大家都是非常歡喜，因為這種景象是前所未見的，這才叫作佛門勝事啊！佛門之中最殊勝的事無過於此。有哪一件佛門勝事是可以讓你看見這樣的景象？而大家互相可以看見十方世界猶如一個世界一樣，從來沒有過這種事情啊！所以眞是佛門勝事。因此心中大大的歡喜——從來不曾有過這麼歡喜。

「即時諸天於虛空中高聲唱言：『過此無量無邊百千萬億阿僧祇世界，有國名娑婆，是中有佛名釋迦牟尼，今為諸菩薩摩訶薩說大乘經，名《妙法蓮華》，教菩薩法，佛所護念。汝等當深心隨喜，亦當禮拜供養釋迦牟尼佛。』」這時諸佛世界的諸天就在虛空中高聲宣唱說：「超過我們這個世界無量無邊百千萬億阿僧祇數的世界那邊，有一個國度名為堪忍世界，在那個世界有佛陀名為釋迦牟尼，如今正在為諸大菩薩眾們演說大乘經，名為《妙法蓮華》，教導菩薩法，是諸佛所護念的，你們大家應當從深心中生起了歡喜心，一起來歡喜這件事情，也應當要去禮拜供養釋迦牟尼佛。」

「彼諸眾生，聞虛空中聲已，合掌向娑婆世界作如是言：『南無釋迦牟尼佛！南無釋迦牟尼佛！』以種種華、香、瓔珞、幡蓋及諸嚴身之具珍寶妙物，皆共遙散娑婆世界。所散諸物從十方來，譬如雲集變成寶帳，遍覆此間諸佛之上。于時十方世界通達無礙，如一佛土。」那麼諸佛世界諸天天眾以他們的神通力，根本無法想像這樣的勝妙境界；所以當他們看到這樣的景象的時候，當然知道 釋迦牟尼佛的威神之力，所以這麼讚歎勸慰大眾，應該要去禮拜供養 釋迦牟尼佛。因此那一些眾生們聽聞到虛空中有這樣的聲音以後，大家就合掌向娑婆世界這麼說：「歸命釋迦牟尼佛！歸命釋迦牟尼佛！」隨即以種種的花，種種的香，種種的瓔珞、幡蓋以及各種莊嚴色身的用具，都是用珍寶所製作的珍妙物品，大家都從各個世界遠遠的擲散到娑婆世界來；而他們所遙散的一切供養 如來的勝妙物品，從十方國土來到娑婆世界，就好像寶雲聚集一樣，然後變化成為寶帳。就好像一頂很大很大的、由珍寶製成的類似蚊帳一樣遮蓋於上方的寶帳，就在諸佛上方覆蔽著。這意思是說，人家供養的是 釋迦如來、多寶如來，以及 釋迦如來的分身諸佛，不是要供養諸菩薩眾，所以不在菩薩眾的頭頂虛空而作供養。這時十方諸佛世界都互相可以看得見，猶如同一個佛土。

有許多佛畫的專家，我不曉得誰的畫工最好，有沒有辦法畫得出來？保證畫不來，因爲首先找不到這麼大的畫紙，第二、他還畫不到百分之一、千分之一就捨報了，而且他也無法想像這是什麼情境。因此說，這時「十方世界通達無礙，如一佛土」，眞的難以描摹。可是諸位從密意的角度來看，十方諸佛世界是什麼世界？大聲一點！（大眾回答：如來藏。）是如來藏的世界。而娑婆世界 釋迦如來化現了無量的分身諸佛，又是什麼世界？也是如來藏的世界；那 多寶如來與這些菩薩摩訶薩們—佛門四部之眾—加上天龍八部，也都是如來藏啊！當你在這裡看見十方佛世界菩薩們，遙散寶物來供養 釋迦如來，那麼你身爲菩薩摩訶薩，不必自己謙虛說：「啊！我不是啦！」別這麼想，證悟以後要認定自身爲菩薩摩訶薩，要有這個氣度！

那你身爲菩薩摩訶薩的時候，在 釋迦牟尼佛的威神力加持示現下，當你看見十方世界一切菩薩們遙散寶物到娑婆來，他們不也都是如來藏嗎？那你看來看去都是如來藏時，請問是不是同一個世界？但這時卻不能稱爲世界了，因爲不是三界世間裡的境界，所以只能稱爲「如一佛土」；因爲十方世界合而爲一個世界時，其實也就是如來藏的世界；而如來藏的世界不是世間凡夫以及外道的天人天主所知，這是佛門中實證的菩薩才能知道的，所以叫作「佛土」。

這時看到一切佛土都是如來藏的世界，但畢竟還是有娑婆世界與十方佛土的分別，所以仍然不能夠說合爲同一佛土，因此就說是「如一佛土」，是猶如同一個佛土。這樣從密意來看，就不必再想像了！因爲不管你去到哪裡，所見都是如來藏，不必懷疑。

以前有同修疑心：「蕭老師傳這個法到底對不對？」那他們那一班的老師是我們前故理事長，已經往生的第一任理事長郭老師，他往生極樂世界以後還特地跟他班上的好幾個同學託夢：「你們大家不用懷疑，我在極樂世界已經開始往八地前進了，而我們正覺所學的法跟極樂世界學的法一模一樣，沒有差別。」他們幾個人好高興來告訴我，於是有幾個人上課時上去報告說，他們在夢裡的時候，郭理事長是怎麼告訴他們的，當時還錄音起來保存。後來有人向我建議說：「老師啊！這個事情眞的太好了！應該多複製出來流通。」當時我說：「且慢！還要再看後面會怎麼發展。」結果那一班裡還是有好多人退轉了，而且正好都是被郭理事長一一託夢的人。這表示郭老師看清楚這一些人信不具足，悟了以後還是會退失，所以一個又一個去託夢，最後終究還是退失了。

那你從這裡去看，由於不是只有一個人夢見；假使只有一個人夢見，或許大家可以說：「唉呀！他是因爲護法心切，日有所思夜有所夢，所以夢見這樣的事。」可是好幾個人同一晚夢見，不是一個、兩個人，那就不能夠說是某一個人白天想像而在夜裡夢見，因此應當信以爲眞。這是在告訴我們什麼道理？告訴我們說：「在娑婆世界釋迦如來傳給我們這個第八識的法，極樂世界亦復如是要修證這個如來藏妙法。」諸佛世界也是同樣傳這個法。那麼由此可以相信，十方諸佛世界之所傳授，也同樣都是這個如來藏妙法。如果證悟「此經妙法蓮花」如來藏以後，還懷疑說：「其他諸佛世界的諸佛是不是也傳這個第八識妙法？」就表示他的腦筋眞的有問題，因爲沒有任何一個有情可以離開他的如來藏而存活。既然是證得這個心，當然這是最終極、最究竟的心，也必然就是「父母未生我以前的本來面目」；如果連這樣的心都信不過，表示他的智慧確實是異於常人，異於常人是什麼意思？是不正常的，也就是愚癡啊！

所以諸佛世界所傳授的法，都是最究竟、最了義的心，不可能是夜夜都會斷滅的離念靈知心；絕不可能違背於這個如來藏心，而有另外別的心可以傳授。假使有人主張還有一個心比這個心更了義、更究竟，那他應該為大家證明——指點座下的弟子們同樣實證啊！若是沒有辦法證明，就不該提出這個主張；因為既不能證明而提出主張，那就是不負責任。不負責的人在佛菩提道中，能夠被你依靠嗎？就好像年少之時，《詩經》裡面說的：「關關雎鳩，在河之洲。窈窕淑女，君子好逑。」如果明知道那個被追求的對象不負責任，或是來追求妳的男人是不負責任的人，妳要接納他嗎？當然不接納嘛！因此，這兩句經文告訴我們的道理，大家還是應該要瞭解；也就是說，諸佛世界所傳授的佛法全都一樣，沒有差異、沒有區別，因為「佛佛道同」；所以這時說：「于時十方世界通達無礙，如一佛土。」

那麼經文裡面有時說事、有時說理，事與理之間必須要有智慧分辨出來，也要有智慧去加以深入了別，否則老是混混沌沌、含糊籠統、囫圇吞棗讀誦諸經，學佛還是等於沒學。其實沒學倒也還好，怕的是學了以後自以為懂，然後依誤會後的、而且是不了義的二乘菩提法教，來否定了最勝妙的大乘了義經典；這是以學佛的善因而幹下了天下最大的惡事，得到的果報是死後下墮地獄中，很不值得！所以這兩句經文告訴我們的就是：諸佛之道完全相同，沒有差異。因爲同樣都依「此經」第八識根本心的實證，然後次第進修而達成佛地的智慧與福德境界。

所以當你讀到經文說，釋迦如來威神之力，示現出這麼勝妙而難以想像的境界，這看來是從事相上來說，可是在理上，諸佛世界本來就通達無礙啊！因爲同一如來藏的境界，不可能有二種境界；所以從理上來說，當然這時十方世界通達無礙「如一佛土」。這個「如」字用得好！就好像說，菩薩造論時往往會說到此阿賴耶識的成佛之性「一切眾生同共有之」，很多人就誤會了：「那應該是大家都從同一個如來藏中生出來，所以大家共同擁有一個如來藏心。」那就誤會大了！但這種誤會經與論的狀況，其實是古今所在多有，只是於今爲烈，那我們當然更要把它講清楚。

所以經文中所說的，如果是自己不懂的，就謙虛地說：「這裡面可能有我不懂的地方。」千萬別逞強，一口就推翻掉。因爲那一種人膽子眞的太大，可是那個膽子裡面其實沒有膽汁，才敢這麼猖狂。若是有膽汁的時候，是一分一分慢慢去消化成爲自己的，也就不會這樣子。正因爲沒有膽汁，那個膽子裡面裝滿了石子而脹得很大，可是沒有好作用，所以他就整個身體不斷地脹氣，當他的肚子一直膨脹起來，講話就大聲了，就像閩南語講的「膨風」，只有空氣而沒有實質。青蛙不是最會鼓氣把身體脹得很大嗎？其實牠本來沒那麼大，空有其表。所以學佛人寧可謙虛一點說：「這個我還不懂。」不要輕易去否定。除非你已經很清楚地從事與理上面，全都可以確定那是僞經；就好像《大日經》、《一切如來眞實攝大乘現證三昧大教王經》、《金剛頂經》、《蘇悉地羯羅經》，這些全都是僞經。因爲我們都可以舉述明確理由確定都是僞經，是因爲從所知障與煩惱障的斷與證上面，就可以證明它們全都是僞經；乃至單從了義不了義、五十二位階的實證功德上，就能確定《佛說大乘莊嚴寶王經》是謗佛的僞經。未來要印製《正覺藏》時，我們就把理由明確講出來。若沒有這個智慧，就不要隨便去否定經典。

那麼這樣示現之後，接著進入下一段經文，佛陀還有開示：

經文：【爾時佛告上行等菩薩大衆：「諸佛神力如是無量無邊不可思議，若我以是神力，於無量無邊百千萬億阿僧祇劫，爲囑累故說此經功德，猶不

能盡。以要言之，如來一切所有之法，如來一切自在神力，如來一切祕要之藏，如來一切甚深之事，皆於此經宣示顯說。是故汝等於如來滅後，應一心受持、讀誦、解說、書寫、如說修行。所在國土，若有受持、讀誦、解說、書寫、如說修行，若經卷所住之處，若於園中，若於林中，若於樹下，若於僧坊，若白衣舍，若在殿堂，若山谷曠野，是中皆應起塔供養。所以者何？當知是處即是道場，諸佛於此得阿耨多羅三藐三菩提，諸佛於此轉于法輪，諸佛於此而般涅槃。」】

語譯：【這時佛陀告訴上行菩薩等大眾說：「諸佛的威神之力就像是這樣子無量無邊而不可思議，如果我以這樣的神力，在無量無邊百千萬億阿僧祇劫之中，爲了付囑大家、勞累大家受持這個正法的緣故，而爲大家演說這部《妙法蓮華經》的功德，還是講不完的。總而言之，如來一切所有之法，如來一切自在神力，如來一切祕密而重要的法藏，如來一切非常甚深而難以理解的各種事相，全部都依『此經』來宣示而分明地顯示出來了。由於這個緣故，你們大眾於如來示現滅度以後，應當專精一心來受持、讀誦、爲人解說、書寫，自己也得如說而修行。不管是在什麼樣的國土中，如果有人受持、讀誦、解說、書寫，而且依於此經如說修行了，這時或者是在經卷所在的地方，或者是在園中，或者是在樹林中，或者是在樹下，或者是在僧坊寮房，或者是在白衣居士的家裡，或者是在大殿堂頭，或者是在山谷曠野，不論什麼地方，在這一些地方都應該要起塔供養『此經』。爲什麼這樣說呢？因爲大家應當要知道『此經』所在的這個地方就是道場，諸佛如來都在這個地方證得無上正等正覺，諸佛如來也都是在這個地方轉法輪，諸佛如來也都是在這個地方般涅槃。」】

講義：從字面上來看就是這樣的意思，但是諸位證悟後已經知道這段經文背後在講什麼了；因爲我們講《法華經》已經這麼久了，也不斷地提示研讀《法華經》的要領。

「爾時佛告上行等菩薩大眾」，那我們就來談一談「這時釋迦如來告訴上行等菩薩眾」，這一段開示的聽眾是誰呢？是「上行菩薩」等四眾們。意思是說，這一段經文不對「下行菩薩」說。那什麼是「下行菩薩」？是善知識幫他證得如來藏以後，他有一天推翻說：「哼！這不是如來藏。如來藏是了了分明的離念靈知。」這便叫作下行的人，因爲他已經退回識陰去了。所以，既然是下行菩薩，那麼 世尊這一段開示就跟他們無關，只跟上行菩薩有關。也就是說，這一段經文是針對證悟的菩薩說的。可是你們有的人可別想說：「那我今晚不是白聽了嗎？」不會！因爲諸佛有三世之說，所以說有三世諸佛；而證悟也有三世：過去曾悟、現在悟了、將來會悟。所以你就權且因中說果：「我將來也會悟入啊！那我現在先聽受，將來可用。」給你特權先聽聞，這還不好嗎？現在先聽了，等你破參以後回來再讀這段經文，看有沒有道理？到時候用你的所悟，來印證這一段經文，你就可以說：「我還是當上行菩薩好，不要跟下行菩薩同流合污。」

「諸佛神力如是無量無邊不可思議，若我以是神力，於無量無邊百千萬億阿僧祇劫，爲囑累故說此經功德，猶不能盡。」這一段是上行菩薩們應該要聽的，所以一切證悟「此經」如來藏的人都應該要聽受：「諸佛神力就像是這樣子，無量無邊而難以想像和討論。」從事相上來說，諸佛的威神之力是沒有邊際的，如果硬要說有邊際，就只能叫作眾生心；因爲範圍就在眾生心之內，離開眾生心就到邊際了，因此以眾生心爲邊際，到這裡爲止。離開眾生心以外，還有什麼法可得嗎？都沒有啊！既然一切法都在眾生心裡面，怎麼能離開眾生心還有法呢？所以諸佛究竟了知一切眾生心，是因爲已經窮究八識心王的一切法了，這表示諸佛如來的威神之力是沒有邊際的，所以說是「無邊」。

那麼無量，是因爲不可稱量，你沒有辦法去秤秤看，到底有多重、有多大的體積、多長……等，所以沒有量。因爲這純粹是智慧，如果不是智慧而是物質相應的境界，可就有量了。譬如有人說他神通很好，一天到晚想要跟人家看宿命說，你上一世是幹什麼的。可是他爲人看宿命以後，另外一個人卻嫌說他的宿命通不夠好：「再問他更上一世，他就看不見了。」於是有人家問他說：「那你能往前世看到幾世？」「我看到前三世。」「喔？那行喔！拜託你再幫我看看我的前世是什麼？」要跟另一個人比對一下，於是就先問前世：「嗯！果然相符合。」那這兩個人都有宿命通，確定了。「那你再幫我看看我的前兩世？」可是即使能看三世，也還有人說他的宿命通太差，因爲三明六通大阿羅漢都可以看到此前八萬大劫啊！人家三明六通的大阿羅漢都這樣，而他才只看到前三世，算什麼好？可是三明六通大阿羅漢看到前八萬大劫，在 佛陀來看，還眞的叫作眼光如豆；因爲 佛陀的所見是無量劫前，沒有邊際啊！但這些全都是與有相的境界法相應的，於是就會有量。

所以從事相上來說，智慧眞的是無量亦無邊，那當然不可思議了。可是因爲這是智慧，智慧本身就沒有量也沒有邊，特別是已經到達究竟佛地的時候，當然更是無量也無邊啊！所以佛地智慧不是菩薩眾們所能思議的，更不是凡夫與外道們所能思議的；怎麼樣討論都沒有用，因爲非自己所知的境界。就好像你明心了，那一些凡夫大師們聚集起來討論你所說的，一樣討論不出一個結果，所以明心的智慧對他們而言是不可思議的，也就是無量亦無邊。但是換過來說，當你身邊明心的某某人，進修幾年以後看見佛性了，你們幾個明心的人聚頭討論，也討論不出個所以然來，因爲那也是唯證乃知，你無法想像。同樣的道理，等覺菩薩乃至妙覺菩薩們，也無法想像諸佛如來究竟位的功德和威神之力，因爲雖然只差一個階位，那差異非常之大，所以眞的是不可思議啊！

可是 世尊接著作一個形容，如果我以佛地不可思議的威神之力，用無量無邊百千萬億阿僧祇劫無法想像的長遠時間，來爲大家演說「此經」的功德，來要求大家爲眾生受持此經，還是講不完的。那麼也許有人想：「這一部《妙法蓮華經》，經文不是很長，不過這麼薄薄的一本，那我不用兩三天就可以把它讀完了，為什麼釋迦如來竟然說，以那麼長的時間而講不完？」那他的想法就是一種誤會，因為 釋迦如來所說的「此經」是講「妙法蓮華經」。有的人想：「對啊！我說的就是《妙法蓮華經》。」可是我說：「你誤會了！釋迦如來講的是『妙法蓮華經』。」也許他老兄更不服氣說：「你講的就是《妙法蓮華經》，我說的也是《妙法蓮華經》，有什麼不同？」然而所說並不一樣啊！「你說的《妙法蓮華經》是經卷這些文字，我說的『妙法蓮華經』卻是第八識如來藏，那才能眞的叫作『妙法蓮華』！祂才是眞經，其他的文字印製或是寫成的，都是表相的《妙法蓮華經》的經典。」「原來如此喔！」終於恍然曉悟，知道如來所說的「此經」非彼經啊！

也許有人會想說：「眞的會講那麼久，還講不完嗎？」我說，縱使講那麼久了，還眞的講不完呢。你想想看 釋迦如來成佛以來「無量無邊百千萬億那由他劫」，祂那麼久以來，為多劫以來追隨祂的菩薩眾們不斷地在講經，才能有人繼續慢慢地成佛；那你想，祂講了多久啊？打從祂往昔無數劫前成佛以來沒有停過，就一直在講「此經」，那就是無量無邊百千萬億那由他劫了！想想看，眞的沒有誇大其詞。所以「此經」眞的講不完啦！

記得以前有人提過說：「老師講經什麼時候要退休？」我心裡面想：「我講經還能退休啊？」心裡面有一個念頭說：「是你要上來講經嗎？」但是我沒說出來，因爲不想給人家難堪。想想看，我講經快二十年了，第一部經是講《楞伽經》，然後就一部接一部都沒有停過；可是這樣才講了幾部經而已，我計畫還要再講好幾部，因爲重要的經典一定要講完，否則不斷地被人家曲解；我們明知他們都在曲解經義，眞的叫作心有不甘：怎麼可以坐視他們這樣曲解經典呢？所以能講的就要盡量講。

趁著現在我們正法的地位已經被佛教界承認了，沒有人敢再非議——除非是外道；在有公信力的情況下盡量把經典講解完，至少選擇重要的經典來講。可是再讓我講上三十年好不好？可能那時一面講、得要一面喝蔘湯，（大眾笑…）但是我能全部講完嗎？沒辦法。所以 釋迦如來這個開示是誠實語，沒有絲毫的誇大；因爲菩薩眾就得要不斷地熏習、學習、修學「此經」，所以 世尊說，以那麼長的時間還是講不完的。

「以要言之，如來一切所有之法，如來一切自在神力，如來一切祕要之藏，如來一切甚深之事，皆於此經宣示顯說。」那麼 釋迦如來就作一個簡單扼要的說明：為什麼以那麼長的時間還是講不完此經？原因是說：如來一切所證得的法，以及如來一切能夠自在於所有有情的威神之力，如來一切祕密而重要不能向眾生公開的法藏，以及如來所有一切非常深妙而令眾生無以理解的那些事相上的事情，全都是在「此經」裡面來宣示、來明顯地為大眾解說。

那麼諸位可以想一想，特別是你們已經成為「上行菩薩」了，你們是可以現觀自心如來的，也就是可以現觀你們自己的「妙法蓮華」了，這時你們來看看自己所有的一切法，自己所有的一切善惡業種子，自己所有的一切非關善惡性的無記性的異熟種子，難道不都是在「此經」如來藏心中？你在人間受生、行道，不也都是在「此經」中嗎？你的一切所作所為、所思所想、所見所聞，不也都是在「此經」中嗎？你是這樣子，就來想想：這樣子修行次第上行而在最後成佛了，成佛以後的所有一切法，不也還是都在「此經」中嗎？所以 如來說：「如來一切所有之法都在『此經』中來宣示給大家知道，來顯說給大家知道。」所以舉凡講解如來藏一切性、相、體、用的法，都是在講解「此經」「妙法蓮華」，當然是永遠講不完的。

世尊又說如來的「一切自在神力」，自在的神力有多方面，主要是因爲　如來有大福德：三大阿僧祇劫行於難行之行，無量地布施，忍於難忍之忍，所以有無邊廣大的福德，這是威神力的來源之一。那麼大家想一想，這些福德善業是寄存在什麼地方？（大眾回答：如來藏。）喔！在自己的如來藏裡面，不在外面喔？不是存給銀行保管的，因爲世間沒有業種銀行！因此，這個因福德而有的威神力，不就是從「此經」如來藏心中生出來的嗎？

如來「得以自在的威神力」，還有另一個——十力；由於十種智慧之力，而產生攝受眾生救護有情的自在威神之力。可是這十力都是智慧啊！這十力等一切智慧法種全都是存在自己的如來藏心中——全都保存在「此經」中；所以　如來運用十力來廣攝眾生、利樂有情的時候，不可能離開此經如來藏而有十力發揮出來；所以　如來一切自在神力當然也是從「此經」而生，也是依於「此經」而顯示出來。

如來還有威神之力，使　如來得以自在，是因爲　如來的大悲心啊！如來大悲三念，憶念一切有情，永不棄捨，因此一切有情歸命於　如來。當一切

有情歸命於 如來時，如來當然有自在之力啊！而這個大悲三念一樣不能外於「此經」如來藏。所以這個如來的自在神力，依舊是從「此經」如來藏而有。如來就依「此經」如來藏而為大家解說諸佛如來的「大悲三念」。

如來的自在神力也是因為 如來有「三不護」。一般善知識討厭跟大眾同住，因為他們想：「我萬一有個身口意行不恰當，眾生看了起煩惱，就要反對我了。」所以他們都要搞得很神祕，對不對？因此大山頭的大和尚，他們的住居都有一個小範圍不讓其他僧眾們進去的，因為他們都沒有辦法像 如來擁有三不護的功德。如來的身口意行沒什麼需要遮護的，誰來來往往都可以，甚至於人天、諸天天眾、他方大菩薩，隨時以天眼、法眼觀照 如來都沒問題，所以大家歸命於 如來。

那麼這三不護的功德使 如來產生了「自在神力」，這自在神力源於三不護，而三不護的這些功德種子依舊是從如來藏「此經」而來。如來不是有「四無所畏」嗎？凡夫大師們都沒有辦法得到四無所畏，可是 如來有四無所畏，因此 如來有自在神力。四無所畏的意思是說，所知障中一切應斷的都已斷盡，應證的都已親證；煩惱障中應斷的已斷盡，應證的都已親證。所以在所知障上面如何斷、如何證，是眾生與凡夫大師們所無法知道的，而 如來具足知道眾生在所知障上面應該如何對治，才能得斷、得證，那麼在煩惱障上面也是一樣的。

然而凡夫大師眾生們連煩惱障都不懂，當他們想要斷除煩惱障的時候，對於煩惱障的斷與證上面有哪一些對治之法，如來全都具足了知，所以 如來能幫助佛門四眾對治及斷、證，因此就有這四種無所畏；不管誰來求解脫道，他在煩惱障上要修斷之時，應該先作什麼對治，然後應該如何觀修，如來全都知道。因此人家來請問：「如何解脫三界生死？而我如今是這個情形，要怎麼對治？」如來都可以具足開示。因此 如來於煩惱障有兩種無所畏懼，就是：自己是不是已斷已證？人家問起來，如來都無所畏懼。那麼當人家說：「您已經斷了、證了，那您是不是也教我親斷、親證？」不論每一個弟子的情況各有什麼樣的不相同，如來要如何幫他們一一對治，如來全都知道，所以不怕弟子上來請法。因此，如來這上面又有一個無所畏懼。煩惱障上面如此，所知障上面同樣也是如此，這就是「四種無所畏」。

當 如來有這四無所畏的時候，就會有「自在神力」。而這個自在神力仍然是要依如來藏而有，如來藏就是「此經」。假使有人宣稱他成佛了，就得先問他：「煩惱障要怎麼對治？」他根本談不上來，接著再問他：「你既然成佛了，請問如來：你對煩惱障是怎麼斷、怎麼證的？」他也不知道，這時眞正的佛弟子就會撂下一句話給他：「原來你這個如來，只是因中說果的大妄語者。」以後再有人來問，他可就恐慌了！又不曉得人家要問什麼啊！連初果到底是怎麼斷煩惱、怎麼證聲聞菩提，他都不知道，若是要談二果、三果、四果的斷與證，他更是罔然。哪一天如果又有人來問所知障，他就回答說：「喔！我知道啦，就是因爲所知太多所以被障住了。」（大眾笑……。）眞的有人曾經這麼講，而且是臺灣四大山頭的大法師之一，他也是著作等身啊！並且他這話還印在口袋書中對外廣爲流通呢！那我就說，他正是因爲所知不足所以被障了！那你如果於所知障有很多斷與證的時候，你就知道有很多不同的對治方法，因此當人家來問這個部分時，你心中都無所畏懼。那如果是大妄語的大師，坐上法座時，身上披著大紅色的九條祖衣，是個大和尚的模樣，可是人家才一問，他卻是三不知，那他心中就有所恐懼，哪裡來的自在呢？所以如來的自在神力，當然還有一切種智、四智圓明等等，我們就不再繼續談它；因爲還有很多的自在神力，例如禪定方面以及無生法忍所增益的辦事靜慮等等，眞的說之不盡。

可是，你不論怎麼樣去探究，如來一切自在神力的根源，全都是從「此經」而來；想要成就諸佛如來果位的功德，需要修行那麼久才能成就，可是其實 如來眞要詳細去說的話，一生之中一定說不完；也因爲菩薩們跟隨 如來修證佛法時，不需要 如來全部一一細說，所以菩薩們都得要懂得舉一反三。但諸位不必害怕這一點，因爲將來等你通達的時候，你自然就會觸類旁通，那時 如來說一個法，你就會懂得三、四個法。將來你漸漸的會到達這個地步，所以也不必擔心這件事情，因爲那是將來的事，不是現在，將來自然就是水到渠成。

那麼再說下來，「如來一切自在神力」是基於什麼而有？就是下一句「如來一切祕要之藏」。「如來一切祕要之藏」太多，很多都是不在人間宣演的；因爲不能在人間說，人類的根性還不到這裡，一定聽不懂，所以有很多是爲娑婆世界下方虛空中安住的無量無數菩薩摩訶薩們才能說的。因此成佛的內涵不只是三藏十二部經典那些文字所描述的，其實是非常廣泛而深入，因此無法一一說明。那麼在人間說明的，大致上是人間有情所應該聽聞到、所能聽得懂的，而如來在人間時已經具足說了，其他的部分就只好在色究竟天宮繼續為諸地菩薩而宣示演說。

那麼這一些「祕要之藏」，最重要、最大的祕密是什麼？（大眾回答：如來藏。）對嘛！因為這是一切法的總根源。猶如綁粽子，綁好以後下鍋去煮；煮上幾個鐘頭以後要撈起來，但鍋子裡有很多水，就拿棍子在水裡面撈，撈到一根繩子時不能直接拉上來，要把繩子拉高，看看繩結在哪裡，然後把那個繩結用力提起來，整串粽子就全都拉上來了。如來藏就像那串粽子的繩結，祂是萬法的總樞紐；一切法都含藏在如來藏中，如來藏是諸法的根源，從「此經」如來藏探索下去，就能探索出一切法來。就好像說，你如果不知道那一棵樹的全部內涵，但你如果能找到根盤，從根盤就可以摸到那棵樹的每一個部分；那麼參禪就是叫你從樹葉、樹枝、樹幹去摸到根盤，當你追溯到根盤的時候，你就可以展開來摸索，最後就會知道整棵樹的面貌。

所以我說當年美國卡普勒禪師沒智慧，他來臺灣尋找禪的根，當時他找了誰呢？找了聖嚴法師、南懷瑾、耕雲居士。南懷瑾，聽說他過世了，我是這兩天得到的消息。可是我說卡普勒很傻，他要找禪的根，在美國就有：奧勒岡州、愛荷華州、紐約州、德州，不管哪一州都有，他偏不找，跑到臺灣來找這三個凡夫大師們，哪裡找得到禪的根呢？眞的到臺灣來了，其實也可以上土城去，一樣可以找得到禪的根哪！偏偏有根他不找，沒有根的他努力去找，眞沒智慧。

禪宗不是講嗎？當人家問說：「如何是佛？」禪師回答說：「石上無根樹。」如果他能夠在石頭上面找到一棵沒有根的樹，還長得鬱茂密的，那就算他找到了。偏偏他都在那一些煩惱雜草裡面找樹根，哪裡找得到？最多只能找到草根，爲什麼呢？因爲美國就有禪的根，他不懂得自己找，這麼大老遠跑來臺灣，放著證悟的廣欽老和尚晾在一邊，專去尋找凡夫大師談，他能找到什麼禪？禪師們都說：「修來的就不是自家珍。」因爲都是「從緣修得」。然而禪的根是本來就有的，你自家就有的，直接把祂找出來，你就找到禪的根啊！這樣的尋根之旅一步就到，不必搭飛機跑那麼遠啦！因爲「此經」就在他家裡，他好好去步行，好好丈量一下看是幾步、幾丈、幾里，很快就找到了，可是他不知道。

那麼只要一找到此經如來藏，就不愁樹幹、樹枝、樹葉、花、果、種子還找不到。可是「祕要之藏」修到佛地時是非常多而說不完的，但是探究到祂的總根源時，仍然是「妙法蓮華」此經，就是在人間一切污染的環境中，祂具足生長出來，非常燦爛光明。人間是很污濁的地方，可是在人間開出來的「妙法蓮華」最美、最圓滿、最具足。你要是不信的話，往上界去看好了，到色界時沒有那麼圓滿分明了；因爲你到色界去，十八界法就得要滅掉香、味等六界，只剩下十二界，那麼與那六界相應的諸法也就不現前了，這就很不圓滿。就好像說，這朵蓮華在人間開出來時花瓣有十八葉，去到色界天時剩下十二葉；到了無色界天可就剩下意根、意識、定境法塵等三葉花瓣了，美不美呢？不美！那時容不容易找到祂呢？很難找。因爲祂很可能只剩下一個小小的花苞，蓮華可以只有長出三葉花瓣就開花的嗎？縱使眞的開花了，一定是很小、很小的一朵，如果是老人家眼花，根本就沒瞧見。可是在人間呢，卻是開得又大，顏色又漂亮，而且十八瓣具足；而這十八瓣中間坐著一尊如來。你也許懷疑說：「哪有？哪有？哪有？」有啊！就在你的十八界上面安坐著，這時祂最圓滿了！所以「如來一切祕要之藏」全都歸結到「此經」

這裡來，但也就在人間最圓滿、最漂亮、最具足，一切法都可以在人間示現出來，這才是 如來最重要的「祕要之藏」。

所以 世尊才會不斷地吩咐大家要「隱覆說義」，因爲悟緣還沒有成熟的人，你明明白白地直接告訴他，他會生疑、毀謗，然後捨報時下墮地獄，何苦害人呢？所以一定讓大家要親自去參究，參到撞破頭了，才終於參出來時，再怎麼樣都不會放手了，因爲這時一定有很多的體驗。你若是直接爲他明講了，他根本就沒有參禪過程中的體驗，知道密意以後智慧一定生不起來，心中難免生疑，然後否定，接著謗法，於是他就退轉，捨報後果報堪虞啊！因此 如來特別吩咐所有菩薩們，爲人演說大乘法的時候要「隱覆說義」，凡是眞正的菩薩，都要用隱覆密意的方式來解說這個眞實義。

如來爲什麼要這樣不斷地吩咐呢？可見這眞是 如來的祕要之藏。可是如來有許多實證的境界是不許明說的，那範圍就很廣了，所以叫作「如來一切祕要之藏」。而這一些祕要之藏，不管是有多少種類與層次，不論有多麼深妙難解，都還是要匯歸於此經「妙法蓮華」，所以像這樣的祕要之藏是不容易理解的。例如眼見佛性的人有如幻觀，爲什麼看見佛性時會有如幻觀？

你要怎麼理解？佛性是很眞實的，一點都不虛幻啊！你在山河大地上面看見自己的佛性是那麼眞實，導致肉眼所見當下的身心與世界全部虛幻，不是藉由智慧比對來思惟出來的。但眼見佛性時，爲什麼會同時看見山河大地非常虛幻呢？爲什麼會這樣？不論你怎麼想像都想像不通的，但是親見的人會說：「這很容易啊！因爲佛性很眞實，跟佛性對比的當下，所見的山河大地就是虛幻的，因爲不過一個大劫就壞了，可是佛性那麼眞實而且根本不壞啊！所以山河大地就是虛幻。」

但是你現在聽了想：「喔，我知道是這樣，是對比出來所以很虛幻。」可是十住菩薩是眼見當下的對比，不是從明心的智慧層次對比出來的，那你看見了嗎？你是見的當下看見山河大地是虛幻的嗎？事實不然！所以，知道跟實證之間的距離非常遙遠，知道不等於實證。那麼如幻觀如是，「陽焰觀」、「如夢觀」、「鏡像觀」、「猶如光影」、「猶如谷響」乃至「如犍闥婆城」，這一些現觀也都沒辦法說明的，因爲說明跟實證有很大的差異，所以這些也都是如來的祕要之藏。那上面說的是從十住位一直到七地的境界，可是接下去一直進修到如來地，也還有許多祕密之藏無法爲大家宣說，因爲這些全都是唯證乃知的事。但不管有多少的祕密之藏，這些重要的法藏歸結到最後還是此經「妙法蓮華」，因爲萬法從之所生，萬法也依之而滅，這才是法界中最大的祕密。

那麼接著說「如來一切甚深之事」。如來有許多事情是非常深奧難解的，眾生所不能理解；單單說一個「處非處智力」好了，大家要怎麼理解？也許有人說：「唉呀！那個簡單嘛，造了什麼業就生到哪裡去啊！就是這樣而已，有什麼難解？」可是請問大家了：如來在《楞嚴經》裡面說「十習因」以貪欲爲最等等，總共有十種；這十習因導致死後會下墮不同的地獄，那又是什麼原因？又不知道了！可是 如來全都知道眾生下墮不同的地獄，果報完了來到鬼道時，他要當什麼樣的鬼？這又不一樣了。然而爲什麼是這樣？大家又不知道了。但 如來全都知道，這是從「處非處智力」而來的。

然後鬼道受報完了，要到畜生道裡來，他又會變爲什麼樣的畜生？原因是什麼？大眾又不知道了，但是 如來都知道。乃至於畜生道受報完了，回到人間時又會成爲什麼樣的人？如來都知。而這還只是十力裡面的一力而已，可是這種事情有誰知道啊？且不說不知道，單說我們把它解釋出來時，有很多人就已經讀不懂了。可是有一些人老是說：「我懂啊！我懂啊！」但我告訴你：他就是不懂的人。只有完全不懂的人才會說他完全懂了。所以我們有的老師在校對時說：「唉呀！說我們是在校對老師的書稿，那都是高抬之舉，其實裡面講的內容，我們有許多根本就讀不懂。」為什麼會這樣？因為那是 如來的境界啊。而我依自己的所知這樣註解出來，以前也沒有人這樣註解過，然而我的所知也還是非常少的，所以這眞的要叫作「如來一切甚深之事」。而 如來的甚深之事是非常多的，但我們所能知道的太少，如來也不可能為我們具足宣說，可是現在 世尊開示說：這一些全部也都在「此經妙法蓮華」裡面來宣示，來顯示出來而為大家說明。今天時間又到了。

《妙法蓮華經》上一週講到一百七十五頁第二段第四行第一個字，今天要從第二個字開始：「是故汝等於如來滅後，應一心受持、讀誦、解說、書寫、如說修行。」這是告訴我們，當你實證「此經」以後，就應該繼續努力；如來在世的時候大家都會努力修行，可是 如來不在此間而到別的世間去了，大家想：不會再遇見 如來，所以不會有機會再聽到 如來督促的言語。因此就有一些散漫，不再像 世尊在世時那樣精進了。

所以　世尊特別交代：「在如來滅度以後，你們大家都要一心來受持、讀誦、解說、書寫，而且要如說修行。」假使你生在　世尊示現的年代，那你常常會遇見　世尊，遇見時心裡面覺得羞赧，因為知道自己沒有很精進；所以每次想到這件事情，那就得努力修行。可是　如來示現滅度了，大家心想：「世尊都不在人間了，我們就休息一會兒，等體力或者心力恢復了，再來努力吧！」這就是懈怠，這是很正常的事。因此　世尊就特地這樣吩咐：「你們在如來滅度以後要繼續用功，不要有二心。」所以才說要「一心」。

「一心」是告訴我們說，要心心念念都依止此經「妙法蓮華」來用功修行；這個用功是不能分心的，要心無旁騖來努力。那麼大家可以想一想，在咱們正覺同修會裡面，是不是大家一心精進？除了少數人想：「反正我也不想參加禪三，我也不想開悟，我只是不想待在誤導眾生的大山頭，只要有個正法道場待著就好，這是我永久的依止。至於能不能證初果？無所謂！能不能明心？無所謂。我只要不依止到邪見的道場，就心滿意足了。」我知道也有不少人是這樣，因此從來沒有想要上山打禪三，所以來了十一年、十二年都不報名，也有這樣的人。

這樣的人，有的其實也很精進，但這一類多數人可能想：「我不需要一心精進，學多少就算多少。」可是也有一種人很精進修集福德，聽經、上課從來沒有缺席過，只要有義工要作，他馬上就來，可是也從來沒報名禪三。也有人這樣子啊！因爲他覺得待在會裡很受用就夠了。所以，有人是不能夠一心努力而不報禪三，有人是一心努力但是他不報禪三；那哪一種人是菩薩？你們說一心努力作事而不報禪三的是菩薩，那麼沒有一心努力而不報禪三的人就不是菩薩？也不盡然！他也是菩薩，他也有很多好心腸，甚至於有人會稱讚說：「唉呀！您眞是活菩薩！」因爲他常常在作善事幫助別人，可是他對於證道沒有什麼企圖心，也就是對於前四度是很有興趣、很用心，可是談到第五度跟第六度，他就覺得說：「這不是我現在應該努力的。」但他還是眞正的菩薩，所以兩種人都是菩薩。

但是世尊心中畢竟還是希望大家都能一心精進，因爲 世尊看待每一個弟子都如同獨生子一樣。但有些人是不可勉強的，還是只能爲他施設方便，然後就看各人的緣什麼時候可以成熟。世尊就是這樣，但總是要吩咐說：「你們要一心，要精進。」就像你們身爲人家的父母親，三個孩子是一個人一個樣：一個很努力在經營事業，一個把事業當作娛樂看待，另外一個根本就討厭事業。可是你還得要吩咐他——雖然知道無法勉強他，講了也是白講；但你還是得要講：「唉呀！你這店裡還是要想辦法經營好一點啊！不能老是這樣有一搭沒一搭的。」當你要遠行的時候一定要這樣吩咐，即便是明知他作不到，你也是這樣吩咐，世尊就是這個心情。所以告訴大家說：「你們要一心。」就是要心無旁騖去作。

至於爲什麼要一心？是因爲太難得！此經「妙法蓮華」不是容易實證的。諸位可以想想看啊！自古以來有多少人證得「妙法蓮華」？你很難找得到那麼一、兩個，特別是從清朝以來更是如此。清朝歷代皇帝都是打壓第八識正法的，演變後的結果就變成另外一派人自稱證得「妙法蓮華」，就是西藏密宗四大教派那一批人；但他們說的「蓮華」既不妙，也不是正法，更不是眞的「妙法蓮華」，因爲他們的邪法簡直就是三八阿花又沾了糞便！所以當他們看到佛教聖典中有說到「妙法蓮華」，他們也來弄個「蓮花」而沒有「妙法」，就只是胡搞一場！所以你們看這五百年來，有哪些人證得此經「妙法蓮華」呢？沒有。就只有在西藏古時的覺囊巴裡面，篤補巴、多羅那他和他們的弟子才有實證；但是他們從西藏設法要把被邪教全面盤據的佛教翻盤回來，最後還是失敗了！所以咱們今天重起爐灶來臺灣開始翻盤，我們有希望成功；雖然前途困難重重，但我們還是要繼續努力去作，比清朝那個年代是更有希望的。

這樣看來，古來證得此經「妙法蓮華」的人眞是寥寥無幾；在這個寥寥無幾當中顯示一個事實，就是親證「妙法蓮華」是非常困難的；假使你在佛世有因緣親證，拉回到現在的時空來說，你在同修會中有因緣親證了以後，可不要想：「會裡現在有四百來人親證，我只是其中之一，不尊貴啊！」如果你這樣想，可就大錯特錯！因為全球佛教徒那麼多，你是這四百多位中的一位；你拿全球的佛教徒，北傳佛法、南傳佛法全都合起來看，四百來人的比例到底是多少？所以現在諸位要換個想法，叫作「彌足尊貴」！

在同修會中可以有越來越多的人實證此經「妙法蓮華」，是因為我們中興正法需要用人；是因為我們想要復興中國佛教，想要讓正法久住就必須要諸位幫忙，所以我們才不惜工本栽培諸位。眞的不惜工本，諸位想一想喔：我們辦禪三時護三人數那麼多，全都是由開悟明心的菩薩來護持諸位、來護持你們打三的喔！不但如此，還加上兩位監香老師，我也陪你們共住四天三夜，這個本錢下得夠大了！你們去哪裡可以看見說，一群凡夫來打禪三時有機會證得「相似即佛」位？而且都還是由開悟的菩薩們來護持，讓大家專心而且安心地參禪？自古以來沒有這回事的，就只是我們正覺同修會有；那你們想，正覺是不是眞的不惜本錢？是啊！所以每一位能夠上山的人都是不得了的，眞的需要珍惜。

那你們假使能夠破參的話，再想一想：全球這麼多的佛教徒，現在總共就只有這麼四百來位開悟的人，而你自己是其中之一。不要覺得說這沒什麼，佛世一千兩百五十位大阿羅漢座下，還有許多阿羅漢弟子；他們座下各有弟子成爲阿羅漢，所以那一千兩百五十位是大阿羅漢，其他小阿羅漢很多的。不要認爲我講他們「小阿羅漢」是輕視，眞的不是！而是因爲他們是大阿羅漢的弟子，相對而說便叫作小阿羅漢；可是他們也不曾起過一念說：「這麼多阿羅漢，我只是其中之一。」他們也沒有起過這樣的念，因爲他們心中根本無我了，還起什麼念？

可是你身爲菩薩，斷了我見又明心了，同樣實證了無我，那你觀察這五百年來有什麼人是眞實證悟的？寥寥無幾啊！往世只有極少數人在江蘇、浙江一帶跟隨我一起學法，大家都不出來說法，現在又跑到臺灣來出生；所以在他們先證悟而出來幫忙弘法之下，又把你們找回來；諸位以後還要去找回一大群兄弟們，要去西邊大陸尋找；我們必須要把這一些家人找回來，正法才能全面鞏固起來。這是因爲我們要鞏固正法的時候，必須要作的一件事情就是摧邪顯正；但是摧邪顯正必須要諸位來幫忙，而且是要很多人一起來幫忙，不是單靠一個人能作得到的。所以我就要想辦法幫助諸位，每年都要有新的雄獅誕生，所以我們才要每年辛苦舉辦禪三。

那你從這樣的情況來看，證悟到底容易不容易？五百年來你找不到幾位證悟而被記錄的人哪！好不容易在覺囊派裡面有人證悟了，結果又被消滅了！所以證得此經「妙法蓮華」眞的很不容易，千萬別小看自己。那麼證得了以後，你當然要努力，因爲當代佛教界在佛菩提道中努力的奮鬥結果是茫無所措，對於怎麼樣才能夠實證、才能夠通達佛法？心中總是渺渺茫茫摸不著頭緒；所以這百年來佛教界的一個共識就是說：三藏十二部經典浩如煙海，即使有人能夠皓首窮經，依舊無法瞭解其中的眞義。

那麼諸位想想：你證得此經以後，般若部的經典終於可以多分懂了，是不是很尊貴？是啊！非常尊貴。別人要尊敬你，認爲你是很珍貴的人；在所有人當中你就是最珍貴的人了，因此我就要說：只要破參了，你就是人中之寶。人中之寶在密宗裡的名稱叫作什麼——仁波切，仁波切就是人中之寶。不過他們的寶只刻個模樣，是用牛糞雕出來騙人的，所以他們沒有仁波切的實質，完全沒有上師的實質。

那麼話說回來，既然是這麼不容易才能夠實證，而你已經實證這「**妙法蓮華**」了，現在 世尊即將講完《法華》，隨即準備要示現入涅槃了，那麼 世尊離開之後，我們是不是應該要「**一心努力**」呢？當然如此啊！所以這是世尊的慈悲，特地吩咐應當要「**一心**」。然而是要「**一心**」作什麼呢？就是「**受持、讀誦、解說、書寫**」這四個部分；其中有爲自己的，有爲別人的。這四個部分作好了，最後才是「**如說修行**」。前面受持、讀誦兩種是爲自己，是在觀行——受持與讀誦——當中，使自己的智慧從觀行之中不斷地增長；當你悟後不斷地去觀察如來藏的體性，那就是在讀誦如來藏經啊！眞正的讀經不是捧著經典在那邊閱讀，眞正的讀經是在家裡面讀；什麼家？（大眾回答：如來藏家。）是如來藏家，如來藏才是自己眞正的本家。

當你從如來藏的體性上面不斷地去閱讀，才是眞正的讀經。會讀經的人是要這樣讀的，這樣讀經的人，我們就說他是每天都在讀佛門的內典；如果是捧著《大藏經》在文字上努力閱讀，我們就說：「原來他每天都在讀外典。」爲什麼叫作佛門的外典？因爲都只是語言文字。經中的語言文字在宣示的，是那一部內典如來藏妙心；結果他讀來讀去都只能依文解義而不能如實理解，那他讀的就是外典。你如果找到了如來藏，每天努力觀行，那你對祂的瞭解就越來越多，我們就說你是眞的在讀誦此經，讀哪一部經呢？讀《妙法蓮華經》。當然，如果讀的範圍比較小，那就客氣地說：「抱歉啦！我讀不懂《妙法蓮華經》，我只是讀如來藏經。」這也行啊！也是讀內典。那麼這樣就是「讀誦」。

讀誦的前提當然是要先能夠「受持」，你就認定祂是眞實法，是自己所依止的眞經。有了「受持、讀誦」，這都是爲自己，先把自己智慧增長了，有能力了就可以爲別人，所以「受持、讀誦」以後要爲別人「解說、書寫」。爲別人解說，可以利益當代的人，可是又恐怕聽聞的人太少，就把祂書寫下來，不但同時利益了當代人，流傳下去以後也可利益後世人，所以　世尊吩咐還要「書寫」。你把祂的自性描述清楚，讓大眾可以回歸到《妙法蓮華經》來，那你就是在「書寫」啦！可是「受持、讀誦、解說」和「書寫」之後，不可以說：「修行是你們的事，我自己不修。」可不能這樣講喔！

因爲你既然「受持」也「讀誦」過，然後你也爲人「解說」而且也「書寫」了，更進一步來勸導大家「如說修行」，那麼大家跟著你的「解說」以及「書寫」去修行時，你可不能旁觀啊！同樣也要跟著「如說修行」。可不能上了法座說：「如來藏是眞正的妙法，我們要轉依如來藏好好修行。」可是下了座卻想：「其實我比較喜歡離念靈知。」那就是自欺欺人，沒有「如說修行」了。眞是這樣，就表示說：「這個所謂的善知識，根本就是探聽來的般若密意，他對如來藏的體證並沒有功德受用，所以他無法轉變五陰的自己來依止本來清淨性的如來藏啊！」那就是說他並不是眞參實究，不是自參自悟來的，而是去打聽密意來的，所以無法如說修行；若是自己參出來的，當然就能「如說修行」啊！

所以　世尊告訴大家的是：有前提、也有實修。前提是你本身要「受持、讀誦」。如果沒有「受持」就不可能「讀誦」，因爲根本就不關心如來藏嘛！有「受持」了才會去觀察：「我這個如來藏這樣子，今天又多發覺一項功德。」到了明天，也許不小心又發覺說：「欸！祂原來又是這樣子。」那你又多讀出一點智慧功德了，這就是「讀誦」此經如來藏。要有這個前提，智慧才會增長。智慧增長了就應該「爲人解說」，還要「書寫」下來利益更多的人，和利益未來世的人。那麼這樣子作到了四種，一定就可以「如說修行」了。凡是具足這四個法的人，不可能不依照自己所說的去修行。世尊這樣子有事有理說了，理上應該如何，事上應該如何，也都有次第，都這麼簡單一句話就告訴大家了。

那麼接下來 世尊又說：「所在國土，若有受持、讀誦、解說、書寫、如說修行，若經卷所住之處，若於園中，若於林中，若於樹下，若於僧坊，若白衣舍，若在殿堂，若山谷曠野，是中皆應起塔供養。」諸位有沒有想到一個問題？「糟了，要蓋這麼多塔！」諸位想想看，假使你房子住的越大，你要建的塔就越多；而且園中也要建塔，這時不但覺得你那間住屋太大，裡面還有樹林，在林中也都要建塔，每一棵樹下也要建塔，那你住的房子叫作「白衣舍」；如果你出家了，你住的僧坊裡面也要蓋寶塔，那該怎麼辦？哇！工程浩大！

可是你們別擔心了，造這個塔是很容易的。阿育王一天之中造了八萬四千塔，你們怕什麼呢？你們不過才造這麼幾個。我教你們一個好辦法，很快就可以造完了。先不談經卷所在之處，當你走到了園中，你認定這裡有此經，就應該遵照 佛的開示造塔。那你要找一個理由—凡事都有理由—你就說：「因爲《法華經》中世尊有說，凡是此經的經卷所在之處就得造塔，那麼此經眞正的經卷，到底是什麼物事？」就是《妙法蓮華經》嘛！當然就是諸位講的如來藏啊！那你說：「唉呀！我來正覺終於破參了，我得要好好地紀念、紀念。」你們打禪三被印證回來時有沒有這樣想過？怎麼都沒人點頭？

眞的要好好紀念，所以回到家裡——「白衣舍」，因爲你沒有穿僧衣，你家就是「白衣舍」；才一回到家，你說：「我這個家叫作『白衣舍』，我家住在十四樓。」也許有人說：「我家住在第五十樓。」看一看這「白衣舍」還蠻高廣的，「好！我進去家裡建造一個七寶塔。」剛回到家裡，其實肚子咕嚕、咕嚕叫，身體也眞的很累，這時也許兒子女兒、也許是老爸說：「啊！

你回來了，你這回有沒有成績啊？」他們不曉得什麼叫開悟，聽說你是去求悟，就問：「這回悟了沒？」你說：「悟與不悟且置，我先蓋個七寶塔再說，女兒！裝飯來。」飯才一裝來，就把湯匙取來往飯上一插說：「七寶塔建竟。」女兒問你說：「老爸啊！您為什麼這樣？」你說：「我在蓋七寶塔啊！」「蓋什麼塔？我只看到個調羹欸！」「我是蓋七寶塔。」「我怎麼沒看到七寶塔？我只看到調羹。」「因為妳沒有開悟，所以妳看不到。」你這樣答了，還需不需要答他們說「我開悟了」？不必嘛。這樣答，不是很有藝術嗎？（大眾笑⋯⋯。）

七寶塔就這麼蓋啊！這樣就蓋完了。所以有一回 世尊在路上走著，突然間拿了樹枝在沙地上畫個圓圈說：「此處宜建清淨梵剎。」追隨 世尊身後的釋提桓因聽了，他心裡說：「我知道釋迦老爸在幹什麼。」他就去路邊摘了一根草來，往沙地上那個圓圈圈一插，就合掌說：「啓稟世尊！梵剎建竟。」這麼一來，一所清淨的佛剎已經蓋好了。同理，當你看見你的「經卷」在哪裡時——你悟了就是找到如來藏，這時看見你自己這一部《妙法蓮華經》的「經卷」所在；那你走到了園中想起來說：「《法華經》是這麼說的，所以我應該在這裡建個寶塔。」於是你就看旁邊有樹枝或者有什麼，或者甚至於剛好開了一朵花，弄些泥土來園中地上，再用手掌拍一拍，拍到一堆土尖了起來，就把那朵花摘來插上去說：「供養寶塔。」應該如此啊！

（〈如來神力品〉未完，詳第二十輯續說。）

佛菩提二主要道次第概要表——二道並修，以外無別佛法

佛菩提道——大菩提道

十信位修集信心——一劫乃至一萬劫

資糧位

初住位修集布施功德（以財施爲主）。
二住位修集持戒功德。
三住位修集忍辱功德。
四住位修集精進功德。
五住位修集禪定功德。
六住位修集般若功德（熏習般若中觀及斷我見，加行位也）。

外門廣修六度萬行

見道位

七住位明心般若正觀現前，親證本來自性清淨涅槃。
八住位起於一切法現觀般若中道。漸除性障。
十住位眼見佛性，世界如幻觀成就。
一至十行位，於廣行六度萬行中，依般若中道慧，現觀陰處界猶如陽焰，至第十行滿心位，陽焰觀成就。
一至十迴向位熏習一切種智；修除性障，唯留最後一分思惑不斷。第十迴向滿心位成就菩薩道如夢觀。

內門廣修六度萬行

遠波羅蜜多

初地：第十迴向位滿心時，成就道種智一分（八識心王一一親證後，領受五法、三自性、七種第一義、七種性自性、二種無我法）復由勇發十無盡願，成通達位菩薩。復又永伏性障而不具斷，能證慧解脫而不取證，由大願故留惑潤生。此地主修法施波羅蜜多及百法明門。證「猶如鏡像」現觀，故滿初地心。

二地：初地功德滿足以後，再成就道種智一分而入二地；主修戒波羅蜜多及一切種智。滿心位成就「猶如光影」現觀，戒行自然清淨。

解脫道：二乘菩提

→ 斷三縛結，成初果解脫

→ 薄貪瞋癡，成二果解脫

→ 斷五下分結，成三果解脫

入地前的四加行令煩惱障現行悉斷，成四果解脫，留惑潤生。分段生死已斷，煩惱障習氣種子開始斷除，兼斷無始無明上煩惱。

近波羅蜜多 ／ 大波羅蜜多 ／ 圓滿波羅蜜多

修道位 ／ 究竟位

三地：二地滿心再證道種智一分，故入三地。此地主修忍波羅蜜多及四禪八定、四無量心、五神通。能成就俱解脫果而不取證，留惑潤生。滿心位成就「猶如谷響」現觀及無漏妙定意生身。

四地：由三地再證道種智一分故入四地。主修精進波羅蜜多，於此土及他方世界廣度有緣，無有疲倦。進修一切種智，滿心位成就「如水中月」現觀。

五地：由四地再證道種智一分故入五地。主修禪定波羅蜜多及一切種智，斷除下乘涅槃貪。滿心位成就「變化所成」現觀。

六地：由五地再證道種智一分故入六地。此地主修般若波羅蜜多——依道種智現觀十二因緣一一有支及意生身化身，皆自心眞如變化所現，「非有似有」，成就細相觀，不由加行而自然證得滅盡定，成俱解脫大乘無學。

七地：由六地「非有似有」現觀，再證道種智一分故入七地。此地主修一切種智及方便波羅蜜多，由重觀十二有支一一支中之流轉門及還滅門一切細相，成就方便善巧，念念隨入滅盡定。滿心位證得「如犍闥婆城」現觀。

七地滿心斷除故意保留之最後一分思惑時，煩惱障所攝色、受、想三陰有漏習氣種子全部斷盡。←

八地：由七地極細相觀成就故再證道種智一分而入八地。此地主修一切種智及願波羅蜜多。至滿心位純無相觀任運恆起，故於相土自在，滿心位復證「如實覺知諸法相意生身」故。

九地：由八地再證道種智一分故入九地。主修力波羅蜜多及一切種智，成就四無礙，滿心位證得「種類俱生無行作意生身」。

十地：由九地再證道種智一分故入此地。此地主修一切種智——智波羅蜜多。滿心位起大法智雲，及現起大法智雲所含藏種種功德，成受職菩薩。

等覺：由十地道種智成就故入此地。此地應修一切種智，圓滿等覺地無生法忍；於百劫中修集極廣大福德，以之圓滿三十二大人相及無量隨形好。

煩惱障所攝行、識二陰無漏習氣種子任運漸斷，所知障所攝上煩惱任運漸斷。←

妙覺：示現受生人間已斷盡煩惱障一切習氣種子，並斷盡所知障一切隨眠，永斷變易生死無明，成就大般涅槃，四智圓明。人間捨壽後，報身常住色究竟天利樂十方地上菩薩；以諸化身利樂有情，永無盡期，成就究竟佛道。

斷盡變易生死
成就大般涅槃

圓滿成就究竟佛果

佛子蕭平實　謹製
（二〇〇九、〇二　修訂）
（二〇一二、〇二　增補）

佛教正覺同修會〈修學佛道次第表〉

第一階段

* 以憶佛及拜佛方式修習動中定力。
* 學第一義佛法及禪法知見。
* 無相拜佛功夫成就。
* 具備一念相續功夫—動靜中皆能看話頭。
* 努力培植福德資糧，勤修三福淨業。

第二階段

* 參話頭，參公案。
* 開悟明心，一片悟境。
* 鍛鍊功夫求見佛性。
* 眼見佛性〈餘五根亦如是〉親見世界如幻，成就如幻觀。
* 學習禪門差別智。
* 深入第一義經典。
* 修除性障及隨分修學禪定。
* 修證十行位陽焰觀。

第三階段

* 學一切種智真實正理—楞伽經、解深密經、成唯識論…。
* 參究末後句。
* 解悟末後句。
* 透牢關—親自體驗所悟末後句境界，親見實相，無得無失。
* 救護一切眾生迴向正道。護持了義正法，修證十迴向位如夢觀。
* 發十無盡願，修習百法明門，親證猶如鏡像現觀。
* 修除五蓋，發起禪定。持一切善法戒。親證猶如光影現觀。
* 進修四禪八定、四無量心、五神通。進修大乘種智，求證猶如谷響現觀。

佛教正覺同修會 共修現況 及 招生公告 2017/12/21

一、共修現況：（請在共修時間來電，以免無人接聽。）

台北正覺講堂 103 台北市承德路三段 277 號九樓 捷運淡水線圓山站旁
Tel..**總機** 02-25957295（晚上）（**分機：九樓**辦公室 10、11；知客櫃檯 12、13。 **十樓**知客櫃檯 15、16；書局櫃檯 14。 **五樓**辦公室 18；知客櫃檯 19。**二樓**辦公室 20；知客櫃檯 21。）
Fax..25954493

第一講堂 台北市承德路三段 277 號九樓

禪淨班：週一晚班、週三晚班、週四晚班、週五晚班、週六下午班、週六上午班（共修期間二年半，全程免費。皆須報名建立學籍後始可參加共修，欲報名者詳見本公告末頁。）

進階班：週一晚班、週三晚班、週四晚班、週五晚班（禪淨班結業後轉入共修）。

增上班：瑜伽師地論詳解：每月單數週之週末 17.50～20.50。平實導師講解，2003 年 2 月開講至今，預計 2019 年圓滿，僅限已明心之會員參加。

禪門差別智：每月第一週日全天 平實導師主講（事冗暫停）。

大法鼓經詳解 詳解末法時代大乘佛法修行之道。佛教正法消毒妙藥塗於大鼓而以擊之，凡有眾生聞之者，一切邪見鉅毒悉皆消殞；此經即是大法鼓之正義，凡聞之者，所有邪見之毒悉皆滅除，見道不難；亦能發起菩薩無量功德，是故諸大菩薩遠從諸方佛土來此娑婆聞修此經。平實導師主講，定於 2017 年 12 月底起，每逢周二晚上開講，第一至第六講堂都可同時聽聞，歡迎已發成佛大願的菩薩種性學人，攜眷共同參與此殊勝法會現場聞法，不限制聽講資格。本會學員憑上課證進入第一至第四講堂聽講，會外學人請以身分證件換證進入聽講（此為大樓管理處安全管理規定之要求，敬請諒解）；第五及第六講堂（B1、B2）對外開放，不需出示任何證件，請由大樓側門直接進入。

第二講堂 台北市承德路三段 267 號十樓。

禪淨班：週一晚上班。

進階班：週三晚班、週四晚班、週五晚班、週六下午班。禪淨班結業後轉入共修。

大法鼓經詳解：平實導師講解。每週二 18.50~20.50 影像音聲即時傳輸

第三講堂 台北市承德路三段 277 號五樓。

禪淨班：週六下午班。

進階班：週一晚班、週三晚班、週四晚班、週五晚班。

大法鼓經詳解：平實導師講解。每週二 18.50~20.50 影像音聲即時傳輸

第四講堂 台北市承德路三段 267 號二樓。

進階班：週一晚上班、週三晚上班、週四晚上班（禪淨班結業後轉入共修）。

大法鼓經詳解：平實導師講解。每週二 18.50~20.50 影像音聲即時傳輸

第五、第六講堂

念佛班　每週日晚上，第六講堂共修（B2），一切求生極樂世界的三寶弟子皆可參加，不限制共修資格。

進階班：週一晚班、週三晚班、週四晚班。

大法鼓經詳解：平實導師講解。每週二 18.50~20.50 影像音聲即時傳輸。第五、第六講堂爲**開放式講堂**，不需以身分證件換證即可進入聽講，台北市承德路三段 267 號地下一樓、地下二樓。每逢週二晚上講經時段開放給會外人士自由聽經，請由大樓側面梯階逕行進入聽講。**聽講者請尊重講者的著作權及肖像權，請勿錄音錄影，以免違法；若有錄音錄影被查獲者，將依法處理。**

正覺祖師堂　大溪鎭美華里信義路 650 巷坑底 5 之 6 號（台 3 號省道 34 公里處　妙法寺對面斜坡道進入）電話 03-3886110　傳眞 03-3881692 本堂供奉 克勤圓悟大師，專供會員每年四月、十月各三次精進禪三共修，兼作本會出家菩薩掛單常住之用。除禪三時間以外，每逢單月第一週之週日 9:00~17:00 開放會內、外人士參訪，當天並提供午齋結緣。教內共修團體或道場，得另申請其餘時間作團體參訪，務請事先與常住確定日期，以便安排常住菩薩接引導覽，亦免妨礙常住菩薩之日常作息及修行。

桃園正覺講堂（第一、第二講堂）：桃園市介壽路 286、288 號 10 樓（陽明運動公園對面）電話：03-3749363（請於共修時聯繫，或與台北聯繫）

禪淨班：週一晚上班（1）、週一晚上班（2）、週三晚上班、週四晚上班、週五晚上班。

進階班：週四晚班、週五晚班、週六上午班。

增上班：雙週六晚上班（增上重播班）。

大法鼓經詳解：平實導師講解。每週二晚上，以台北正覺講堂所錄 DVD 放映；歡迎會外學人共同聽講，不需出示身分證件。

新竹正覺講堂　新竹市東光路 55 號二樓之一　電話 03-5724297（晚上）

第一講堂：

禪淨班：週一晚上班、週五晚上班、週六上午班。

進階班：週三晚上班、週四晚上班（由禪淨班結業後轉入共修）。

增上班：單週六晚上班。雙週六晚上班（重播班）。

大法鼓經詳解：平實導師講解。每週二晚上，以台北正覺講堂所錄 DVD 放映。歡迎會外學人共同聽講，不需出示身分證件。

第二講堂：

禪淨班：週三晚上班、週四晚上班。

大法鼓經詳解：每週二晚上與第一講堂同時播放佛藏經詳解 DVD。

第三、第四講堂：裝修完畢，即將開放。

台中正覺講堂　04-23816090（晚上）

第一講堂　台中市南屯區五權西路二段 666 號 13 樓之四（國泰世華銀行樓上。鄰近縣市經第一高速公路前來者，由五權西路交流道可以快速到達，大樓旁有停車場，對面有素食館）。

禪淨班：週三晚上班、週四晚上班。

進階班：週一晚上班、週六上午班（由禪淨班結業後轉入共修）。

增上班：增上班：單週六晚上班。雙週六晚上班（重播班）。

大法鼓經詳解：平實導師講解。每週二晚上，以台北正覺講堂所錄 DVD 放映。歡迎會外學人共同聽講，不需出示身分證件。

第二講堂　台中市南屯區五權西路二段 666 號 4 樓

禪淨班：週一晚上班、週三晚上班、週六上午班。

進階班：週五晚上班（由禪淨班結業後轉入共修）。

大法鼓經詳解：每週二晚上與第一講堂同時播放佛藏經詳解 DVD。

第三講堂、第四講堂：台中市南屯區五權西路二段 666 號 4 樓。

嘉義正覺講堂　嘉義市友愛路 288 號八樓之一　電話：05-2318228

第一講堂：

禪淨班：週一晚上班、週四晚上班、週五晚上班、週六上午班。

進階班：週三晚上班（由禪淨班結業後轉入共修）。

增上班：單週六晚上班。雙週六晚上班（重播班）。

大法鼓經詳解：平實導師講解。每週二晚上，以台北正覺講堂所錄 DVD 放映。歡迎會外學人共同聽講，不需出示身分證件。

第二講堂　嘉義市友愛路 288 號八樓之二。

台南正覺講堂

第一講堂　台南市西門路四段 15 號 4 樓。06-2820541（晚上）

禪淨班：週一晚上班、週三晚上班、週四晚上班、週五晚上班、週六下午班。

增上班：增上班：單週六晚上班。雙週六晚上班（重播班）。

大法鼓經詳解：平實導師講解。每週二晚上，以台北正覺講堂所錄 DVD 放映。歡迎會外學人共同聽講，不需出示身分證件。

第二講堂　台南市西門路四段 15 號 3 樓。

大法鼓經詳解：每週二晚上與第一講堂同時播放佛藏經詳解 DVD。

第三講堂　台南市西門路四段 15 號 3 樓。

進階班：週三晚上班、週四晚上班、週六上午班（由禪淨班結業後轉入共修）。

大法鼓經詳解：每週二晚上與第一講堂同時播放佛藏經詳解 DVD。

高雄正覺講堂　高雄市新興區中正三路 45 號五樓 07-2234248（晚上）

第一講堂（五樓）：

禪淨班：週一晚班、週三晚班、週四晚班、週五晚班、週六上午班。

增上班：單週週末下午，以台北增上班課程錄成 DVD 放映之，限已明心之會員參加。

大法鼓經詳解：平實導師講解。每週二晚上，以台北正覺講堂所錄 DVD 放映。歡迎會外學人共同聽講，不需出示身分證件。

第二講堂（四樓）：

進階班：週三晚上班、週四晚上班、週六上午班（由禪淨班結業後轉入共修）。

大法鼓經詳解：每週二晚上與第一講堂同時播放佛藏經詳解 DVD。

第三講堂（三樓）：

進階班：週四晚班（由禪淨班結業後轉入共修）。

香港正覺講堂　☆**已遷移新址**☆

九龍觀塘，成業街 10 號，電訊一代廣場 27 樓 E 室。

（觀塘地鐵站 B1 出口，步行約 4 分鐘）。電話：(852) 23262231

英文地址：Unit E，27th Floor, TG Place, 10 Shing Yip Street, Kwun Tong, Kowloon

禪淨班：雙週六下午班 14:30-17:30，已經額滿。
雙週日下午班 14:30-17:30。
單週六下午班 14:30-17:30，已經額滿。

進階班：雙週五晚上班（由禪淨班結業後轉入共修）。

增上班：單週週末上午，以台北增上班課程錄成 DVD 放映之。

增上重播班：雙週週末上午，以台北增上班課程錄成 DVD 放映之。

大法鼓經詳解：平實導師講解。雙週六 19:00-21:00，以台北正覺講堂所錄 DVD 放映；歡迎會外學人共同聽講，不需出示身分證件。

美國洛杉磯正覺講堂　☆**已遷移新址**☆

825 S. Lemon Ave Diamond Bar, CA 91789 U.S.A.

Tel. (909) 595-5222（請於週六 9:00~18:00 之間聯繫）

Cell. (626) 454-0607

禪淨班：每逢週末 15：30~17：30 上課。

進階班：每逢週末上午 10：00~12：00 上課。

大法鼓經詳解：平實導師講解。每週六下午 13：00~15：00 以台北所錄 DVD 放映。歡迎各界人士共享第一義諦無上法益，不需報名。

二、招生公告　本會台北講堂及全省各講堂、香港講堂，每逢四月、十月下旬開新班，每週共修一次（每次二小時。開課日起三個月內仍可插班）；但美國洛杉磯共修處之禪淨班得隨時插班共修。各班共修期間皆爲二年半，全程免費，欲參加者請向本會函索報名表（各共修處皆於共修時間方有人執事，非共修時間請勿電詢或前來洽詢、請書），或直接從本會官方網站(http://www.enlighten.org.tw/newsflash/class)或成佛之道網站下載報名表。共修期滿時，若經報名禪三審核通過者，可參加四天三夜之禪三精進共修，有機會明心、取證如來藏，發起般若實相智慧，成爲實義菩薩，脫離凡夫菩薩位。

三、新春禮佛祈福 農曆年假期間停止共修：自農曆新年前七天起停止共修與弘法，正月 8 日起回復共修、弘法事務。新春期間正月初一～初七 9.00～17.00 開放台北講堂、正月初一~初三開放桃園、新竹、台中、嘉義、台南、高雄講堂，以及大溪禪三道場（正覺祖師堂），方便會員供佛、祈福及會外人士請書。美國洛杉磯共修處之休假時間，請逕詢該共修處。

密宗四大派修雙身法，是外道性力派的邪法；又以生滅的識陰作為常住法，是常見外道，是假的藏傳佛教。

西藏覺囊巴以他空見弘揚第八識如來藏勝法，才是真藏傳佛教

佛教正覺同修會　弘法行事表　2017/12/07

1、**禪淨班**　以無相念佛及拜佛方式修習動中定力，實證一心不亂功夫。傳授解脫道正理及第一義諦佛法，以及參禪知見。共修期間：二年六個月。每逢四月、十月開新班，詳見招生公告表。

2、**進階班**　禪淨班畢業後得轉入此班，進修更深入的佛法，期能證悟明心。各地講堂各有多班，繼續深入佛法、增長定力，悟後得轉入增上班修學道種智，期能證得無生法忍。

3、**增上班　瑜伽師地論**詳解　詳解論中所言凡夫地至佛地等 17 師之修證境界與理論，從凡夫地、聲聞地……宣演到諸地所證無生法忍、一切種智之眞實正理。由平實導師開講，每逢一、三、五週之週末晚上開示，僅限已明心之會員參加。2003 年二月開講至今，預定 2019 年講畢。

4、**大法鼓經**詳解　詳解末法時代大乘佛法修行之道。佛教正法消毒妙藥塗於大鼓而以擊之，凡有眾生聞之者，一切邪見鉅毒悉皆消殞；此經即是大法鼓之正義，凡聞之者，所有邪見之毒悉皆滅除，見道不難；亦能發起菩薩無量功德，是故諸大菩薩遠從諸方佛土來此娑婆聞修此經。平實導師主講。定於 2017 年 12 月底開講，歡迎已發成佛大願的菩薩種性學人，攜眷共同參與此殊勝法會聽講。

本經破「有」而顯涅槃，以此名爲眞實的「法」；眞法即是第八識如來藏，《金剛經》《法華經》中亦名之爲「此經」。若墮在「有」中，皆名「非法」，「有」即是五陰、六入、十二處、十八界及內我所、外我所，皆非眞實法。若人如是俱說「法」與「非法」而宣揚佛法，名爲擊大法鼓；如是依「法」而捨「非法」，據以建立山門而爲眾說法，方可名爲眞正的法鼓山。此經中說，以「此經」爲菩薩道之本，以證得「此經」之正知見及法門作爲度人之「法」，方名眞實佛法，否則盡名「非法」。本經中對法與非法、有與涅槃，有深入之闡釋，歡迎教界一切善信（不論初機或久學菩薩），一同親沐　如來聖教，共沾法喜。由平實導師詳解。不限制聽講資格。

5、**精進禪三**　主三和尚：平實導師。於四天三夜中，以克勤圓悟大師及大慧宗杲之禪風，施設機鋒與小參、公案密意之開示，幫助會員剋期取證，親證不生不滅之眞實心——人人本有之如來藏。每年四月、十月各舉辦二個梯次；平實導師主持。僅限本會會員參加禪淨班共修期滿，報名審核通過者，方可參加。並選擇會中定力、慧力、福德三條件皆已具足之已明心會員，給以指引，令得眼見自己無形無相之佛性遍布山河大地，眞實而無障礙，得以肉眼現觀世界身心悉皆如幻，具足成就如幻觀，圓滿十住菩薩之證境。

6、**不退轉法輪經**詳解　本經所說妙法極爲甚深難解，時至末法，已然無有知者；而其甚深絕妙之法，流傳至今依舊多人可證，顯示佛學眞是義學而非玄談，其中甚深極妙令人拍案稱絕之第一義諦妙義，平實導師將會加以解說。待《大法鼓經》宣講完畢時繼續宣講此經。

7、**阿含經**詳解　選擇重要之阿含部經典，依無餘涅槃之實際而加以詳解，令大眾得以現觀諸法緣起性空，亦復不墮斷滅見中，顯示經中所隱說之涅槃實際—如來藏—確實已於四阿含中隱說；令大眾得以聞後觀行，確實斷除我見乃至我執，證得**見到**眞現觀，乃至**身證**……等眞現觀；已得大乘或二乘見道者，亦可由此聞熏及聞後之觀行，除斷我所之貪著，成就慧解脫果。由平實導師詳解。不限制聽講資格。

8、**解深密經**詳解　重講本經之目的，在於令諸已悟之人明解大乘法道之成佛次第，以及悟後進修一切種智之內涵，確實證知三種自性性，並得據此證解七眞如、十眞如等正理。每逢週二 18.50~20.50 開示，由平實導師詳解。將於《大法鼓經》講畢後開講。不限制聽講資格。

9、**成唯識論**詳解　詳解一切種智眞實正理，詳細剖析一切種智之微細深妙廣大正理；並加以舉例說明，使已悟之會員深入體驗所證如來藏之微密行相；及證驗見分相分與所生一切法，皆由如來藏—阿賴耶識—直接或展轉而生，因此證知一切法無我，證知無餘涅槃之本際。將於增上班《瑜伽師地論》講畢後，由平實導師重講。僅限已明心之會員參加。

10、**精選如來藏系經典**詳解　精選如來藏系經典一部，詳細解說，以此完全印證會員所悟如來藏之眞實，得入不退轉住。另行擇期詳細解說之，由平實導師講解。僅限已明心之會員參加。

11、**禪門差別智**　藉禪宗公案之微細淆訛難知難解之處，加以宣說及剖析，以增進明心、見性之功德，啓發差別智，建立擇法眼。每月第一週日全天，由平實導師開示，僅限破參明心後，復又眼見佛性者參加（事冗暫停）。

12、**枯木禪**　先講智者大師的《小止觀》，後說《釋禪波羅蜜》，詳解四禪八定之修證理論與實修方法，細述一般學人修定之邪見與岔路，及對禪定證境之誤會，消除枉用功夫、浪費生命之現象。已悟般若者，可以藉此而實修初禪，進入大乘通教及聲聞教的三果心解脫境界，配合應有的大福德及後得無分別智、十無盡願，即可進入初地心中。親教師：平實導師。未來緣熟時將於正覺寺開講。不限制聽講資格。

註：本會例行年假，自 2004 年起，改爲每年農曆新年前七天開始停息弘法事務及共修課程，農曆正月 8 日回復所有共修及弘法事務。新春期間（每日 9.00~17.00）開放台北講堂，方便會員禮佛祈福及會外人士請書。大溪區的正覺祖師堂，開放參訪時間，詳見〈正覺電子報〉或成佛之道網站。本表得因時節因緣需要而隨時修改之，不另作通知。

佛教正覺同修會　贈閱書籍 目錄　2015/09/29

1.**無相念佛**　平實導師著　回郵 10 元
2.**念佛三昧修學次第**　平實導師述著　回郵 25 元
3.**正法眼藏—護法集**　平實導師述著　回郵 35 元
4.**真假開悟簡易辨正法&佛子之省思**　平實導師著　回郵 3.5 元
5.**生命實相之辨正**　平實導師著　回郵 10 元
6.**如何契入念佛法門**（附：印順法師否定極樂世界）平實導師著　回郵 3.5 元
7.**平實書箋**—答元覽居士書　平實導師著　回郵 35 元
8.**三乘唯識**—如來藏系經律彙編　平實導師編　回郵 80 元
（精裝本　長 27 cm　寬 21 cm　高 7.5 cm　重 2.8 公斤）
9.**三時繫念全集**—修正本　回郵掛號 40 元（長 26.5 cm×寬 19 cm）
10.**明心與初地**　平實導師述　回郵 3.5 元
11.**邪見與佛法**　平實導師述著　回郵 20 元
12.**菩薩正道**—回應義雲高、釋性圓…等外道之邪見　正燦居士著 回郵 20 元
13.**甘露法雨**　平實導師述　回郵 20 元
14.**我與無我**　平實導師述　回郵 20 元
15.**學佛之心態**—修正錯誤之學佛心態始能與正法相應 孫正德老師著 回郵35元
附錄：平實導師著《**略說八、九識並存…等之過失**》
16.**大乘無我觀**—《悟前與悟後》別說　平實導師述著　回郵 20 元
17.**佛教之危機**—中國台灣地區現代佛教之真相（附錄：公案拈提六則）
平實導師著　回郵 25 元
18.**燈 影**—燈下黑（覆「求教後學」來函等）　平實導師著　回郵 35 元
19.**護法與毀法**—覆上平居士與徐恒志居士網站毀法二文
張正圜老師著　回郵 35 元
20.**淨土聖道**—兼評選擇本願念佛　正德老師著　由正覺同修會購贈 回郵 25 元
21.**辨唯識性相**—對「紫蓮心海《辯唯識性相》書中否定阿賴耶識」之回應
正覺同修會 台南共修處法義組 著　回郵 25 元
22.**假如來藏**—對法蓮法師《如來藏與阿賴耶識》書中否定阿賴耶識之回應
正覺同修會 台南共修處法義組 著　回郵 35 元
23.**入不二門**—公案拈提集錦 第一輯（於平實導師公案拈提諸書中選錄約二十則，
合輯爲一冊流通之）平實導師著　回郵 20 元
24.**真假邪說**—西藏密宗索達吉喇嘛《破除邪說論》真是邪說
釋正安法師著　回郵 35 元
25.**真假開悟**—真如、如來藏、阿賴耶識間之關係　平實導師述著　回郵 35 元
26.**真假禪和**—辨正釋傳聖之謗法謬說　孫正德老師著　回郵 30 元

27.**眼見佛性**—駁慧廣法師眼見佛性的含義文中謬説
游正光老師著　回郵 25 元

28.**普門自在**—公案拈提集錦 第二輯（於平實導師公案拈提諸書中選錄約二十則，合輯爲一冊流通之）平實導師著　回郵 25 元

29.**印順法師的悲哀**—以現代禪的質疑為線索　恒毓博士著　回郵 25 元

30.**識蘊真義**—現觀識蘊內涵、取證初果、親斷三縛結之具體行門。
—依《成唯識論》及《唯識述記》正義，略顯安慧《大乘廣五蘊論》之邪謬
平實導師著　回郵 35 元

31.**正覺電子報** 各期紙版本　免附回郵　每次最多函索三期或三本。
（已無存書之較早各期，不另增印贈閱）

32.**現代人應有的宗教觀**　蔡正禮老師 著　回郵 3.5 元

33.**遠惑趣道**—正覺電子報般若信箱問答錄　第一輯　回郵 20 元

34.**遠惑趣道**—正覺電子報般若信箱問答錄　第二輯　回郵 20 元

35.**確保您的權益**—器官捐贈應注意自我保護　游正光老師 著　回郵 10 元

36.**正覺教團電視弘法三乘菩提 DVD 光碟（一）**
由正覺教團多位親教師共同講述錄製 DVD 8 片，MP3 一片，共 9 片。有二大講題：一爲「三乘菩提之意涵」，二爲「學佛的正知見」。內容精闢，深入淺出，精彩絕倫，幫助大眾快速建立三乘法道的正知見，免被外道邪見所誤導。有志修學三乘佛法之學人不可不看。（製作工本費 100 元，回郵 25 元）

37.**正覺教團電視弘法 DVD 專輯（二）**
總有二大講題：一爲「三乘菩提之念佛法門」，一爲「學佛正知見（第二篇）」，由正覺教團多位親教師輪番講述，內容詳細闡述如何修學念佛法門、實證念佛三昧，以及學佛應具有的正確知見，可以幫助發願往生西方極樂淨土之學人，得以把握往生，更可令學人快速建立三乘法道的正知見，免於被外道邪見所誤導。有志修學三乘佛法之學人不可不看。（一套 17 片，工本費 160 元。回郵 35 元）

38.**佛藏經** 燙金精裝本　每冊回郵 20 元。正修佛法之道場欲大量索取者，請正式發函並蓋用大印寄來索取（2008.04.30 起開始敬贈）

39.**喇嘛性世界**—揭開假藏傳佛教譚崔瑜伽的面紗　張善思 等人合著
由正覺同修會購贈　回郵 20 元

40.**假藏傳佛教的神話**—性、謊言、喇嘛教　張正玄教授編著　回郵 20 元
由正覺同修會購贈　回郵 20 元

41.**隨　緣**—理隨緣與事隨緣　平實導師述　回郵 20 元。

42.**學佛的覺醒**　正枝居士 著　回郵 25 元

43.**導師之真實義**　蔡正禮老師 著　回郵 10 元

44.**淺談達賴喇嘛之雙身法**—兼論解讀「密續」之達文西密碼
吳明芷居士 著　回郵 10 元

45.**魔界轉世**　張正玄居士 著　回郵 10 元

46.**一貫道與開悟**　蔡正禮老師 著　回郵 10 元

47.**博愛**—愛盡天下女人　正覺教育基金會 編印　回郵10元
48.**意識虛妄經教彙編**—實證解脫道的關鍵經文　正覺同修會編印　回郵25元
49.**邪箭囈語**—破斥藏密外道多識仁波切《破魔金剛箭雨論》之邪說
陸正元老師著　上、下冊回郵各30元
50.**真假沙門**—依 佛聖教闡釋佛教僧寶之定義
蔡正禮老師著　俟正覺電子報連載後結集出版
51.**真假禪宗**—藉評論釋性廣《印順導師對變質禪法之批判
及對禪宗之肯定》以顯示真假禪宗
附論一：凡夫知見 無助於佛法之信解行證
附論二：世間與出世間一切法皆從如來藏實際而生而顯
余正偉老師著　俟正覺電子報連載後結集出版　回郵未定
52.**假鋒虛焰金剛乘**—揭示顯密正理，兼破索達吉師徒《般若鋒兮金剛焰》。
釋正安 法師著　俟正覺電子報連載後結集出版

★ 上列贈書之郵資，係台灣本島地區郵資，大陸、港、澳地區及外國地區，請另計酌增（大陸、港、澳、國外地區之郵票不許通用）。尚未出版之書，請勿先寄來郵資，以免增加作業煩擾。

★ 本目錄若有變動，唯於後印之書籍及「成佛之道」網站上修正公佈之，不另行個別通知。

函索書籍請寄：佛教正覺同修會　103台北市承德路3段277號9樓
台灣地區函索書籍者請附寄郵票，無時間購買郵票者可以等值現金抵用，但不接受郵政劃撥、支票、匯票。大陸地區得以人民幣計算，國外地區請以美元計算（請勿寄來當地郵票，在台灣地區不能使用）。欲以掛號寄遞者，請另附掛號郵資。

親自索閱：正覺同修會各共修處。　★請於共修時間前往取書，餘時無人在道場，請勿前往索取；共修時間與地點，詳見書末正覺同修會共修現況表（以近期之共修現況表為準）。

註：正智出版社發售之局版書，請向各大書局購閱。若書局之書架上已經售出而無陳列者，請向書局櫃台指定洽購；若書局不便代購者，請於正覺同修會共修時間前往各共修處請購，正智出版社已派人於共修時間送書前往各共修處流通。 郵政劃撥購書及 大陸地區 購書，請詳別頁正智出版社發售書籍目錄最後頁之說明。

成佛之道 網站：http://www.a202.idv.tw　正覺同修會已出版之結緣書籍，多已登載於 成佛之道 網站，若住外國、或住處遙遠，不便取得正覺同修會贈閱書籍者，可以從本網站閱讀及下載。　書局版之《宗通與說通》亦已上網，台灣讀者可向書局洽購，售價300元。《狂密與眞密》第一輯~第四輯，亦於 2003.5.1.全部於本網站登載完畢；台灣地區讀者請向書局洽購，每輯約400頁，售價300元（網站下載紙張費用較貴，容易散失，難以保存，亦較不精美）。

＊＊假藏傳佛教修雙身法，非佛教＊＊

正智出版社 籌募弘法基金發售書籍目錄　2018/05/13

1.**宗門正眼**—公案拈提 第一輯 重拈　平實導師著　500 元
因重寫內容大幅度增加故，字體必須改小，並增爲 576 頁 主文 546 頁。比初版更精彩、更有內容。初版《禪門摩尼寶聚》之讀者，可寄回本公司免費調換新版書。免附回郵，亦無截止期限。（2007 年起，每冊附贈本公司精製公案拈提〈超意境〉CD 一片。市售價格 280 元，多購多贈。）

2.**禪淨圓融**　平實導師著　200 元（第一版舊書可換新版書。）

3.**真實如來藏**　平實導師著　400 元

4.**禪—悟前與悟後**　平實導師著　上、下冊，每冊 250 元

5.**宗門法眼**—公案拈提 第二輯　平實導師著　500 元
（2007 年起，每冊附贈本公司精製公案拈提〈超意境〉CD 一片）

6.**楞伽經詳解**　平實導師著　全套共 10 輯　每輯 250 元

7.**宗門道眼**—公案拈提 第三輯　平實導師著　500 元
（2007 年起，每冊附贈本公司精製公案拈提〈超意境〉CD 一片）

8.**宗門血脈**—公案拈提 第四輯　平實導師著　500 元
（2007 年起，每冊附贈本公司精製公案拈提〈超意境〉CD 一片）

9.**宗通與說通**—成佛之道 平實導師著 主文 381 頁 全書 400 頁售價 300 元

10.**宗門正道**—公案拈提 第五輯　平實導師著　500 元
（2007 年起，每冊附贈本公司精製公案拈提〈超意境〉CD 一片）

11.**狂密與真密 一～四輯**　平實導師著　西藏密宗是人間最邪淫的宗教，本質不是佛教，只是披著佛教外衣的印度教性力派流毒的喇嘛教。此書中將西藏密宗密傳之男女雙身合修樂空雙運所有祕密與修法，毫無保留完全公開，並將全部喇嘛們所不知道的部分也一併公開。內容比大辣出版社喧騰一時的《西藏慾經》更詳細。並且函蓋藏密的所有祕密及其錯誤的中觀見、如來藏見……等，藏密的所有法義都在書中詳述、分析、辨正。每輯主文三百餘頁　每輯全書約 400 頁　售價每輯 300 元

12.**宗門正義**—公案拈提 第六輯　平實導師著　500 元
（2007 年起，每冊附贈本公司精製公案拈提〈超意境〉CD 一片）

13.**心經密意**—心經與解脫道、佛菩提道、祖師公案之關係與密意　平實導師述　300 元

14.**宗門密意**—公案拈提 第七輯　平實導師著　500 元
（2007 年起，每冊附贈本公司精製公案拈提〈超意境〉CD 一片）

15.**淨土聖道**—兼評「選擇本願念佛」　正德老師著　200 元

16.**起信論講記**　平實導師述著　共六輯　每輯三百餘頁　售價各 250 元

17.**優婆塞戒經講記**　平實導師述著 共八輯 每輯三百餘頁 售價各 250 元

18.**真假活佛**—略論附佛外道盧勝彥之邪說（對前岳靈犀網站主張「盧勝彥是證悟者」之修正）　正犀居士（岳靈犀）著　流通價 140 元

19.**阿含正義**—唯識學探源　平實導師著　共七輯　每輯 300 元

20.**超意境** CD 以平實導師公案拈提書中超越意境之頌詞，加上曲風優美的旋律，錄成令人嚮往的超意境歌曲，其中包括正覺發願文及平實導師親自譜成的黃梅調歌曲一首。詞曲雋永，殊堪翫味，可供學禪者吟詠，有助於見道。內附設計精美的彩色小冊，解說每一首詞的背景本事。每片 280 元。【每購買公案拈提書籍一冊，即贈送一片。】

21.**菩薩底憂鬱** CD 將菩薩情懷及禪宗公案寫成新詞，並製作成超越意境的優美歌曲。 1.主題曲〈菩薩底憂鬱〉，描述地後菩薩能離三界生死而迴向繼續生在人間，但因尚未斷盡習氣種子而有極深沈之憂鬱，非三賢位菩薩及二乘聖者所知，此憂鬱在七地滿心位方才斷盡；本曲之詞中所說義理極深，昔來所未曾見；此曲係以優美的情歌風格寫詞及作曲，聞者得以激發嚮往諸地菩薩境界之大心，詞、曲都非常優美，難得一見；其中勝妙義理之解說，已印在附贈之彩色小冊中。 2.以各輯公案拈提中直示禪門入處之頌文，作成各種不同曲風之超意境歌曲，值得玩味、參究；聆聽公案拈提之優美歌曲時，請同時閱讀內附之印刷精美說明小冊，可以領會超越三界的證悟境界；未悟者可以因此引發求悟之意向及疑情，眞發菩提心而邁向求悟之途，乃至因此眞實悟入般若，成眞菩薩。 3.正覺總持咒新曲，總持佛法大意；總持咒之義理，已加以解說並印在隨附之小冊中。本 CD 共有十首歌曲，長達 63 分鐘。每盒各附贈二張購書優惠券。每片 280 元。

22.**禪意無限** CD 平實導師以公案拈提書中偈頌寫成不同風格曲子，與他人所寫不同風格曲子共同錄製出版，幫助參禪人進入禪門超越意識之境界。盒中附贈彩色印製的精美解說小冊，以供聆聽時閱讀，令參禪人得以發起參禪之疑情，即有機會證悟本來面目而發起實相智慧，實證大乘菩提般若，能如實證知般若經中的眞實意。本 CD 共有十首歌曲，長達 69 分鐘，每盒各附贈二張購書優惠券。每片 280 元。

23.**我的菩提路**第一輯　釋悟圓、釋善藏等人合著　售價 300 元

24.**我的菩提路**第二輯　郭正益、張志成等人合著　售價 300 元

25.**我的菩提路**第三輯　王美伶等人合著　售價 300 元

26.**我的菩提路**第四輯　陳晏平等人合著　售價 300 元

27.**鈍鳥與靈龜**—考證後代凡夫對大慧宗杲禪師的無根誹謗。

平實導師著 共 458 頁 售價 350 元

28.**維摩詰經講記** 平實導師述 共六輯 每輯三百餘頁 售價各 250 元

29.**真假外道**—破劉東亮、杜大威、釋證嚴常見外道見 正光老師著 200 元

30.**勝鬘經講記**—兼論印順《勝鬘經講記》對於《勝鬘經》之誤解。

平實導師述　共六輯　每輯三百餘頁　售價250 元

31.**楞嚴經講記** 平實導師述 共 **15** 輯，每輯三百餘頁 售價 300 元

32.**明心與眼見佛性**—駁慧廣〈蕭氏「眼見佛性」與「明心」之非〉文中謬說

正光老師著　共 448 頁　售價 300 元

33.**見性與看話頭** 黃正倖老師 著，本書是禪宗參禪的方法論。

內文 375 頁，全書 416 頁，售價 300 元。

34.**達賴真面目**—玩盡天下女人 白正偉老師 等著 中英對照彩色精裝大本 800 元

35.**喇嘛性世界**—揭開假藏傳佛教譚崔瑜伽的面紗　張善思 等人著　200 元

36.**假藏傳佛教的神話**—性、謊言、喇嘛教　正玄教授編著　200 元

37.**金剛經宗通**　平實導師述　共九輯　每輯售價 250 元。

38.**空行母**—性別、身分定位，以及藏傳佛教。

珍妮．坎貝爾著 呂艾倫 中譯 售價 250 元

39.**末代達賴**—性交教主的悲歌　張善思、呂艾倫、辛燕編著 售價 250 元

40.**霧峰無霧**—給哥哥的信　辨正釋印順對佛法的無量誤解

游宗明 老師著　售價 250 元

41.**第七意識與第八意識？**—穿越時空「超意識」

平實導師述　每冊 300 元

42.**黯淡的達賴**—失去光彩的諾貝爾和平獎

正覺教育基金會編著　每冊 250 元

43.**童女迦葉考**—論呂凱文〈佛教輪迴思想的論述分析〉之謬。

平實導師 著 定價 180 元

44.**人間佛教**—實證者必定不悖三乘菩提

平實導師 述，定價 400 元

45.**實相經宗通**　平實導師述　共八輯　每輯 250 元

46.**真心告訴您(一)**—達賴喇嘛在幹什麼？

正覺教育基金會編著　售價 250 元

47.**中觀金鑑**—詳述應成派中觀的起源與其破法本質

孫正德老師著　分爲上、中、下三冊，每冊 250 元

48.**藏傳佛教要義**—《狂密與真密》之簡體字版　平實導師 著 上、下冊

僅在大陸流通　每冊 300 元

49.**法華經講義**　平實導師述　共二十五輯　每輯 300 元

已於 2015/05/31 起開始出版，每二個月出版一輯

50.**西藏「活佛轉世」制度**—附佛、造神、世俗法

許正豐、張正玄老師合著　定價 150 元

51.**廣論三部曲**　郭正益老師著　定價 150 元

52.**真心告訴您(二)**—達賴喇嘛是佛教僧侶嗎？

—補祝達賴喇嘛八十大壽

正覺教育基金會編著　售價 300 元

53.**次法**—實證佛法前應有的條件

張善思居士著　分爲上、下二冊，每冊 250 元

54.**涅槃**—解說四種涅槃之實證及內涵　平實導師著 上下冊 各 350 元

預定 2018/09/30 出版上冊，11 月底出版下冊

55.**廣論之平議**—宗喀巴《菩提道次第廣論》之平議　正雄居士著

約二或三輯　俟正覺電子報連載後結集出版　書價未定

56.**末法導護**—對印順法師中心思想之綜合判攝　正慶老師著　書價未定

57.**菩薩學處**—菩薩四攝六度之要義　陸正元老師著　出版日期未定。
58.**八識規矩頌**詳解　○○居士 註解　出版日期另訂　書價未定。
59.**印度佛教史**—法義與考證。依法義史實評論印順《印度佛教思想史、佛教史地考論》之謬說　正偉老師著　出版日期未定　書價未定
60.**中國佛教史**—依中國佛教正法史實而論。○○老師 著　書價未定。
61.**中論正義**—釋龍樹菩薩《中論》頌正理。
孫正德老師著　出版日期未定　書價未定
62.**中觀正義**—註解平實導師《中論正義頌》。
○○法師（居士）著　出版日期未定　書價未定
63.**佛藏經講記**　平實導師述　出版日期未定　書價未定
64.**阿含經講記**—將選錄四阿含中數部重要經典全經講解之，講後整理出版。
平實導師述　約二輯　每輯300元　出版日期未定
65.**寶積經講記**　平實導師述　每輯三百餘頁 優惠價300元 出版日期未定
66.**解深密經講記**　平實導師述 約四輯　將於重講後整理出版
67.**成唯識論略解**　平實導師著　五～六輯　每輯300元　出版日期未定
68.**修習止觀坐禪法要講記**　平實導師述　每輯三百餘頁
將於正覺寺建成後重講、以講記逐輯出版　出版日期未定
69.**無門關**—《無門關》公案拈提　平實導師著　出版日期未定
70.**中觀再論**—兼述印順《中觀今論》謬誤之平議。正光老師著 出版日期未定
71.**輪迴與超度**—佛教超度法會之真義。
○○法師（居士）著　出版日期未定　書價未定
72.**《釋摩訶衍論》平議**—對偽稱龍樹所造《釋摩訶衍論》之平議
○○法師（居士）著　出版日期未定　書價未定
73.**正覺發願文**註解—以真實大願為因 得證菩提
正德老師著　出版日期未定　書價未定
74.**正覺總持咒**—佛法之總持　正圜老師著　出版日期未定　書價未定
75.**三自性**—依四食、五蘊、十二因緣、十八界法，說三性三無性。
作者未定　出版日期未定
76.**道品**—從三自性說大小乘三十七道品　作者未定　出版日期未定
77.**大乘緣起觀**—依四聖諦七真如現觀十二緣起 作者未定　出版日期未定
78.**三德**—論解脫德、法身德、般若德。　作者未定　出版日期未定
79.**真假如來藏**—對印順《如來藏之研究》謬說之平議　作者未定 出版日期未定
80.**大乘道次第**　作者未定　出版日期未定　書價未定
81.**四緣**—依如來藏故有四緣。　作者未定　出版日期未定
82.**空之探究**—印順《空之探究》謬誤之平議　作者未定 出版日期未定
83.**十法義**—論阿含經中十法之正義　作者未定　出版日期未定
84.**外道見**—論述外道六十二見　作者未定　出版日期未定

正智出版社有限公司 書籍介紹

禪淨圓融：言淨土諸祖所未曾言，示諸宗祖師所未曾示；禪淨圓融，另闢成佛捷徑，兼顧自力他力，闡釋淨土門之速行易行道，亦同時揭櫫聖教門之速行易行道；令廣大淨土行者得免緩行難證之苦，亦令聖道門行者得以藉著淨土速行道而加快成佛之時劫。乃前無古人之超勝見地，非一般弘揚禪淨法門典籍也，先讀為快。平實導師著 200元。

宗門正眼—公案拈提第一輯：繼承克勤圜悟大師碧巖錄宗旨之禪門鉅作。先則舉示當代大法師之邪說，消弭當代禪門大師鄉愿之心態，摧破當今禪門「世俗禪」之妄談；次則旁通教法，表顯宗門正理；繼以道之次第，消弭古今狂禪；後藉言語及文字機鋒，直示宗門入處。悲智雙運，禪味十足，數百年來難得一睹之禪門鉅著也。平實導師著　500元（原初版書《禪門摩尼寶聚》，改版後補充為五百餘頁新書，總計多達二十四萬字，內容更精彩，並改名為《宗門正眼》，讀者原購初版《禪門摩尼寶聚》皆可寄回本公司免費換新，免附回郵，亦無截止期限）（2007年起，凡購買公案拈提第一輯至第七輯，每購一輯皆贈送本公司精製公案拈提〈超意境〉CD一片，市售價格280元，多購多贈）。

禪—悟前與悟後：本書能建立學人悟道之信心與正確知見，圓滿具足而有次第地詳述禪悟之功夫與禪悟之內容，指陳參禪中細微淆訛之處，能使學人明自真心、見自本性。若未能悟入，亦能以正確知見辨別古今中外一切大師究係真悟？或屬錯悟？便有能力揀擇，捨名師而選明師，後時必有悟道之緣。一旦悟道，遲者七次人天往返，便出三界，速者一生取辦。學人欲求開悟者，不可不讀。　平實導師著。上、下冊共500元，單冊250元。

真實如來藏：如來藏眞實存在，乃宇宙萬有之本體，並非印順法師、達賴喇嘛等人所說之「唯有名相、無此心體」。如來藏是涅槃之本際，是一切有智之人竭盡心智、不斷探索而不能得之生命實相；是古今中外許多大師自以爲悟而當面錯過之生命實相。如來藏即是阿賴耶識，乃是一切有情本自具足、不生不滅之眞實心。當代中外大師於此書出版之前所未能言者，作者於本書中盡情流露、詳細闡釋。眞悟者讀之，必能增益悟境、智慧增上；錯悟者讀之，必能檢討自己之錯誤，免犯大妄語業；未悟者讀之，能知參禪之理路，亦能以之檢查一切名師是否眞悟。此書是一切哲學家、宗教家、學佛者及欲昇華心智之人必讀之鉅著。　平實導師著　售價400元。

宗門法眼—公案拈提第二輯：列舉實例，闡釋土城廣欽老和尚之悟處；並直示這位不識字的老和尚妙智橫生之根由，繼而剖析禪宗歷代大德之開悟公案，解析當代密宗高僧卡盧仁波切之錯悟證據，並例舉當代顯宗高僧、大居士之錯悟證據（凡健在者，爲免影響其名聞利養，皆隱其名）。藉辨正當代名師之邪見，向廣大佛子指陳禪悟之正道，彰顯宗門法眼。悲勇兼出，強捋虎鬚；慈智雙運，巧探驪龍；摩尼寶珠在手，直示宗門入處，禪味十足；若非大悟徹底，不能爲之。禪門精奇人物，允宜人手一冊，供作參究及悟後印證之圭臬。本書於2008年4月改版，增寫爲大約500頁篇幅，以利學人研讀參究時更易悟入宗門正法，以前所購初版首刷及初版二刷舊書，皆可免費換取新書。平實導師著　500元（2007年起，凡購買公案拈提第一輯至第七輯，每購一輯皆贈送本公司精製公案拈提〈超意境〉CD一片，市售價格280元，多購多贈）。

宗門道眼—公案拈提第三輯：繼宗門法眼之後，再以金剛之作略、慈悲之胸懷、犀利之筆觸，舉示寒山、拾得、布袋三大士之悟處，消弭當代錯悟者對於寒山大士……等之誤會及誹謗。　亦舉出民初以來與虛雲和尚齊名之蜀郡鹽亭袁煥仙夫子——南懷瑾老師之師，其「悟處」何在？並蒐羅許多眞悟祖師之證悟公案，顯示禪宗歷代祖師之睿智，指陳部分祖師、奧修及當代顯密大師之謬悟，作爲殷鑑，幫助禪子建立及修正參禪之方向及知見。假使讀者閱此書已，一時尚未能悟，亦可一面加功用行，一面以此宗門道眼辨別眞假善知識，避開錯誤之印證及歧路，可免大妄語業之長劫慘痛果報。欲修禪宗之禪者，務請細讀。平實導師著　售價500元（2007年起，凡購買公案拈提第一輯至第七輯，每購一輯皆贈送本公司精製公案拈提〈超意境〉CD一片，市售價格280元，多購多贈）。

楞伽經詳解：本經是禪宗見道者印證所悟眞僞之根本經典，亦是禪宗見道者悟後起修之依據經典；故達摩祖師於印證二祖慧可大師之後，將此經典連同佛鉢祖衣一併交付二祖，令其依此經典佛示金言、進入修道位，修學一切種智。由此可知此經對於眞悟之人修學佛道，是非常重要之一部經典。此經能破外道邪說，亦破佛門中錯悟名師之謬說，亦破禪宗部分祖師之狂禪：不讀經典、一向主張「一悟即成究竟佛」之謬執。並開示愚夫所行禪、觀察義禪、攀緣如禪、如來禪等差別，令行者對於三乘禪法差異有所分辨；亦糾正禪宗祖師古來對於如來禪之誤解，嗣後可免以訛傳訛之弊。此經亦是法相唯識宗之根本經典，禪者悟後欲修一切種智而入初地者，必須詳讀。平實導師著，全套共十輯，已全部出版完畢，每輯主文約320頁，每冊約352頁，定價250元。

宗門血脈—公案拈提第四輯：末法怪象—許多修行人自以爲悟，每將無念靈知認作眞實；崇尙二乘法諸師及其徒衆，則將外於如來藏之緣起性空—無因論之無常空、斷滅空、一切法空—錯認爲　佛所說之般若空性。這兩種現象已於當今海峽兩岸及美加地區顯密大師之中普遍存在；人人自以爲悟，心高氣壯，便敢寫書解釋祖師證悟之公案，大多出於意識思惟所得，言不及義，錯誤百出，因此誤導廣大佛子同陷大妄語之地獄業中而不能自知。彼等書中所說之悟處，其實處處違背第一義經典之聖言量。彼等諸人不論是否身披袈裟，都非佛法宗門血脈，或雖有禪宗法脈之傳承，亦只徒具形式；猶如螟蛉，非眞血脈，未悟得根本眞實故。禪子欲知　佛、祖之眞血脈者，請讀此書，便知分曉。平實導師著，主文452頁，全書464頁，定價500元（2007年起，凡購買公案拈提第一輯至第七輯，每購一輯皆贈送本公司精製公案拈提〈超意境〉CD一片，市售價格280元，多購多贈）。

宗通與說通：古今中外，錯誤之人如麻似粟，每以常見外道所說之靈知心，認作眞心；或妄想虛空之勝性能量爲眞如，或錯認物質四大元素藉冥性（靈知心本體）能成就吾人色身及知覺，或認初禪至四禪中之了知心爲不生不滅之涅槃心。此等皆非通宗者之見地。復有錯悟之人一向主張「宗門與教門不相干」，此即尙未通達宗門之人也。其實宗門與教門互通不二，宗門所證者乃是眞如與佛性，教門所說者乃說宗門證悟之眞如佛性，故教門與宗門不二。本書作者以宗教二門互通之見地，細說「宗通與說通」，從初見道至悟後起修之道、細說分明；並將諸宗諸派在整體佛教中之地位與次第，加以明確之教判，學人讀之即可了知佛法之梗概也。欲擇明師學法之前，允宜先讀。平實導師著，主文共381頁，全書392頁，只售成本價300元。

宗門正道—公案拈提第五輯：修學大乘佛法有二果須證—解脫果及大菩提果。二乘人不證大菩提果，唯證解脫果；此果之智慧，名爲聲聞菩提、緣覺菩提。大乘佛子所證二果之菩提果爲佛菩提，故名大菩提果，其慧名爲一切種智—函蓋二乘解脫果。然此大乘二果修證，須經由禪宗之宗門證悟方能相應。而宗門證悟極難，自古已然；其所以難者，咎在古今佛教界普遍存在三種邪見：1.以修定認作佛法，　2.以無因論之緣起性空—否定涅槃本際如來藏以後之一切法空作爲佛法，3.以常見外道邪見（離語言妄念之靈知性）作爲佛法。　如是邪見，或因自身正見未立所致，或因邪師之邪教導所致，或因無始劫來虛妄熏習所致。若不破除此三種邪見，永劫不悟宗門眞義、不入大乘正道，唯能外門廣修菩薩行。　平實導師於此書中，有極爲詳細之說明，有志佛子欲摧邪見、入於內門修菩薩行者，當閱此書。主文共496頁，全書512頁。售價500元（2007年起，凡購買公案拈提第一輯至第七輯，每購一輯皆贈送本公司精製公案拈提〈超意境〉CD一片，市售價格280元，多購多贈）。

狂密與眞密：密教之修學，皆由有相之觀行法門而入，其最終目標仍不離顯教經典所說第一義諦之修證；若離顯教第一義經典、或違背顯教第一義經典，即非佛教。西藏密教之觀行法，如灌頂、觀想、遷識法、寶瓶氣、大聖歡喜雙身修法、喜金剛、無上瑜伽、大樂光明、樂空雙運等，皆是印度教兩性生生不息思想之轉化，自始至終皆以如何能運用交合淫樂之法達到全身受樂爲其中心思想，純屬欲界五欲的貪愛，不能令人超出欲界輪迴，更不能令人斷除我見；何況大乘之明心與見性，更無論矣！故密宗之法絕非佛法也。而其明光大手印、大圓滿法教，又皆同以常見外道所說離語言妄念之無念靈知心錯認爲佛地之眞如，不能直指不生不滅之眞如。西藏密宗所有法王與徒衆，都尚未開頂門眼，不能辨別眞僞，以依人不依法、依密續不依經典故，不肯將其上師喇嘛所說對照第一義經典，純依密續之藏密祖師所說爲準，因此而誇大其證德與證量，動輒謂彼祖師上師爲究竟佛、爲地上菩薩；如今台海兩岸亦有自謂其師證量高於　釋迦文佛者，然觀其師所述，猶未見道，仍在觀行即佛階段，尚未到禪宗相似即佛、分證即佛階位，竟敢標榜爲究竟佛及地上法王，誑惑初機學人。凡此怪象皆是狂密，不同於眞密之修行者。近年狂密盛行，密宗行者被誤導者極衆，動輒自謂已證佛地眞如，自視爲究竟佛，陷於大妄語業中而不知自省，反謗顯宗眞修實證者之證量粗淺；或如義雲高與釋性圓…等人，於報紙上公然誹謗眞實證道者爲「騙子、無道人、人妖、癩蛤蟆…」等，造下誹謗大乘勝義僧之大惡業；或以外道法中有爲有作之甘露、魔術……等法，誑騙初機學人，狂言彼外道法爲眞佛法。如是怪象，在西藏密宗及附藏密之外道中，不一而足，舉之不盡，學人宜應愼思明辨，以免上當後又犯毀破菩薩戒之重罪。密宗學人若欲遠離邪知邪見者，請閱此書，即能了知密宗之邪謬，從此遠離邪見與邪修，轉入眞正之佛道。　平實導師著　共四輯　每輯約400頁（主文約340頁）每輯售價300元。

宗門正義—公案拈提第六輯：佛教有六大危機，乃是藏密化、世俗化、膚淺化、學術化、宗門密意失傳、悟後進修諸地之次第混淆；其中尤以宗門密意之失傳，爲當代佛教最大之危機。由宗門密意失傳故，易令　世尊本懷普被錯解，易令　世尊正法被轉易爲外道法，以及加以淺化、世俗化，是故宗門密意之廣泛弘傳與具緣佛弟子，極爲重要。然而欲令宗門密意之廣泛弘傳予具緣之佛弟子者，必須同時配合錯誤知見之解析、普令佛弟子知之，然後輔以公案解析之直示入處，方能令具緣之佛弟子悟入。而此二者，皆須以公案拈提之方式爲之，方易成其功、竟其業，是故平實導師續作宗門正義一書，以利學人。　全書500餘頁，售價500元（2007年起，凡購買公案拈提第一輯至第七輯，每購一輯皆贈送本公司精製公案拈提〈超意境〉CD一片，市售價格280元，多購多贈）。

心經密意—心經與解脫道、佛菩提道、祖師公案之關係與密意。二乘菩提所證之解脫道，實依第八識心之斷除煩惱障現行而立解脫之名；大乘菩提所證之佛菩提道，實依親證第八識如來藏之涅槃性、清淨自性、及其中道性而立般若之名；禪宗祖師公案所證之眞心，即是此第八識如來藏；是故三乘佛法所修所證之三乘菩提，皆依此如來藏心而立名也。此第八識心，即是《心經》所說之心也。證得此如來藏已，即能漸入大乘佛菩提道，亦可因證知此心而了知二乘無學所不能知之無餘涅槃本際，是故《心經》之密意，與三乘佛菩提之關係極爲密切、不可分割，三乘佛法皆依此心而立名故。今者平實導師以其所證解脫道之無生智及佛菩提之般若種智，將《心經》與解脫道、佛菩提道、祖師公案之關係與密意，以演講之方式，用淺顯之語句和盤托出，發前人所未言，呈三乘菩提之眞義，令人藉此《心經密意》一舉而窺三乘菩提之堂奧，迴異諸方言不及義之說；欲求眞實佛智者、不可不讀！主文317頁，連同跋文及序文…等共384頁，售價300元。

宗門密意—公案拈提第七輯：佛教之世俗化，將導致學人以信仰作爲學佛，則將以感應及世間法之庇祐，作爲學佛之主要目標，不能了知學佛之主要目標爲親證三乘菩提。大乘菩提則以般若實相智慧爲主要修習目標，以二乘菩提解脫道爲附帶修習之標的；是故學習大乘法者，應以禪宗之證悟爲要務，能親入大乘菩提之實相般若智慧中故，般若實相智慧非二乘聖人所能知故。此書則以台灣世俗化佛教之三大法師，說法似是而非之實例，配合眞悟祖師之公案解析，提示證悟般若之關節，令學人易得悟入。平實導師著，全書五百餘頁，售價500元（2007年起，凡購買公案拈提第一輯至第七輯，每購一輯皆贈送本公司精製公案拈提〈超意境〉CD一片，市售價格280元，多購多贈）。

淨土聖道—兼評選擇本願念佛：佛法甚深極廣，般若玄微，非諸二乘聖僧所能知之，一切凡夫更無論矣！所謂一切證量皆歸淨土是也！是故大乘法中「聖道之淨土、淨土之聖道」，其義甚深，難可了知；乃至眞悟之人，初心亦難知也。今有正德老師眞實證悟後，復能深探淨土與聖道之緊密關係，憐憫衆生之誤會淨土實義，亦欲利益廣大淨土行人同入聖道，同獲淨土中之聖道門要義，乃振奮心神、書以成文，今得刊行天下。主文279頁，連同序文等共301頁，總有十一萬六千餘字，正德老師著，成本價200元。

起信論講記：詳解大乘起信論心生滅門與心眞如門之眞實意旨，消除以往大師與學人對起信論所說心生滅門之誤解，由是而得了知眞心如來藏之非常非斷中道正理；亦因此一講解，令此論以往隱晦而被誤解之眞實義，得以如實顯示，令大乘佛菩提道之正理得以顯揚光大；初機學者亦可藉此正論所顯示之法義，對大乘法理生起正信，從此得以眞發菩提心，眞入大乘法中修學，世世常修菩薩正行。平實導師演述，共六輯，都已出版，每輯三百餘頁，售價各250元。

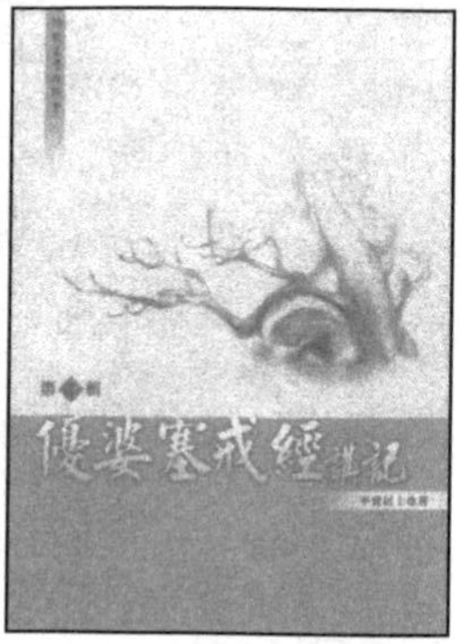

優婆塞戒經講記：本經詳述在家菩薩修學大乘佛法，應如何受持菩薩戒？對人間善行應如何看待？對三寶應如何護持？應如何正確地修集此世後世證法之福德？應如何修集後世「行菩薩道之資糧」？並詳述第一義諦之正義：五蘊非我非異我、自作自受、異作異受、不作不受……等深妙法義，乃是修學大乘佛法、行菩薩行之在家菩薩所應當了知者。出家菩薩今世或未來世登地已，捨報之後多數將如華嚴經中諸大菩薩，以在家菩薩身而修行菩薩行，故亦應以此經所述正理而修之，配合《楞伽經、解深密經、楞嚴經、華嚴經》等道次第正理，方得漸次成就佛道；故此經是一切大乘行者皆應證知之正法。平實導師講述，每輯三百餘頁，售價各250元；共八輯，已全部出版。

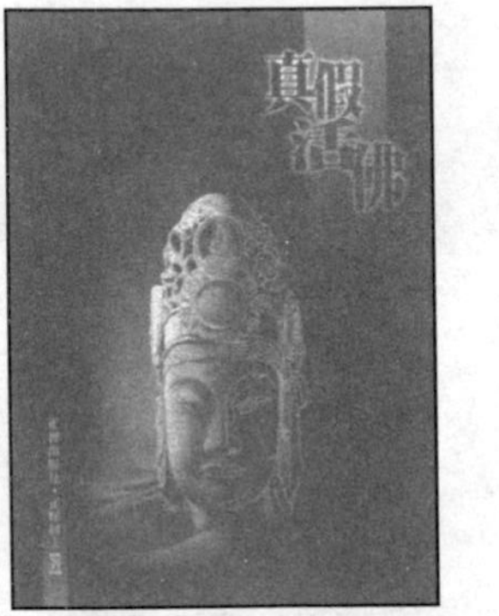

真假活佛—略論附佛外道盧勝彥之邪說：人人身中都有眞活佛，永生不滅而有大神用，但眾生都不了知，所以常被身外的西藏密宗假活佛籠罩欺瞞。本來就眞實存在的眞活佛，才是眞正的密宗無上密！諾那活佛因此而說禪宗是大密宗，但藏密的所有活佛都不知道、也不曾實證自身中的眞活佛。本書詳實宣示眞活佛的道理，舉證盧勝彥的「佛法」不是眞佛法，也顯示盧勝彥是假活佛，直接的闡釋第一義佛法見道的眞實正理。眞佛宗的所有上師與學人們，都應該詳細閱讀，包括盧勝彥個人在內。正犀居士著，優惠價140元。

阿含正義—唯識學探源：廣說四大部《阿含經》諸經中隱說之眞正義理，一一舉示佛陀本懷，令阿含時期初轉法輪根本經典之眞義，如實顯現於佛子眼前。並提示末法大師對於阿含眞義誤解之實例，一一比對之，證實唯識增上慧學確於原始佛法之阿含諸經中已隱覆密意而略說之，證實 世尊確於原始佛法中已曾密意而說第八識如來藏之總相；亦證實 世尊在四阿含中已說此藏識是名色十八界之因、之本—證明如來藏是能生萬法之根本心。佛子可據此修正以往受諸大師（譬如西藏密宗應成派中觀師：印順、昭慧、性廣、大願、達賴、宗喀巴、寂天、月稱、……等人）誤導之邪見，建立正見，轉入正道乃至親證初果而無困難；書中並詳說三果所證的心解脫，以及四果慧解脫的親證，都是如實可行的具體知見與行門。全書共七輯，已出版完畢。平實導師著，每輯三百餘頁，售價300元。

超意境CD：以平實導師公案拈提書中超越意境之頌詞，加上曲風優美的旋律，錄成令人嚮往的超意境歌曲，其中包括正覺發願文及平實導師親自譜成的黃梅調歌曲一首。詞曲雋永，殊堪翫味，可供學禪者吟詠，有助於見道。內附設計精美的彩色小冊，解說每一首詞的背景本事。每片280元。【每購買公案拈提書籍一冊，即贈送一片。】

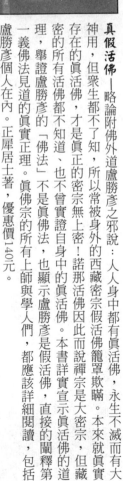

我的菩提路第一輯：凡夫及二乘聖人不能實證的佛菩提證悟，末法時代的今天仍然有人能得實證，由正覺同修會釋悟圓、釋善藏法師等二十餘位實證如來藏者所寫的見道報告，已爲當代學人見證宗門正法之絲縷不絕，證明大乘義學的法脈仍然存在，爲末法時代求悟般若之學人照耀出光明的坦途。由二十餘位大乘見道者所繕，敘述各種不同的學法、見道因緣與過程，參禪求悟者必讀。全書三百餘頁，售價300元。

我的菩提路第二輯：由郭正益老師等人合著，書中詳述彼等諸人歷經各處道場學法，一一修學而加以檢擇之不同過程以後，因閱讀正覺同修會、正智出版社書籍而發起抉擇分，轉入正覺同修會中修學；乃至學法及見道之過程，都一一詳述之。其中張志成等人係由前現代禪轉進正覺同修會，張志成原爲現代禪副宗長，以前未閱本會書籍時，曾被人藉其名義著文評論　平實導師（詳見《宗通與說通》辨正及《眼見佛性》書末附錄…等）；後因偶然接觸正覺同修會書籍，深覺以前聽人評論平實導師之語不實，於是投入極多時間閱讀本會書籍、深入思辨，詳細探索中觀與唯識之關聯與異同，認爲正覺之法義方是正法，深覺相應；亦解開多年來對佛法的迷雲，確定應依八識論正理修學方是正法。乃不顧面子，毅然前往正覺同修會面見平實導師懺悔，並正式學法求悟。今已與其同修王美伶（亦爲前現代禪傳法老師），同樣證悟如來藏而證得法界實相，生起實相般若眞智。此書中尚有七年來本會第一位眼見佛性者之見性報告一篇，一同供養大乘佛弟子。全書四百頁，售價300元。

我的菩提路第三輯：由王美伶老師等人合著。自從正覺同修會成立以來，每年夏初、冬初都舉辦精進禪三共修，藉以助益會中同修們得以證悟明心發起般若實相智慧；凡已實證而被平實導師印證者，皆書具見道報告用以證明佛法之眞實可證而非玄學，證明佛法並非純屬思想、理論而無實質，是故每年都能有人證明正覺同修會的「實證佛教」主張並非虛語。特別是眼見佛性一法，自古以來中國禪宗祖師實證者極寡，較之明心開悟的證境更難令人信受；至2017年初，正覺同修會中的證悟明心者已近五百人，然而其中眼見佛性者至今唯十餘人爾，可謂難能可貴，是故明心後欲冀眼見佛性者實屬不易。黃正倖老師是懸絕七年無人見性後的第一人，她於2009年的見性報告刊於本書的第二輯中，爲大眾證明佛性確實可以眼見；其後七年之中求見性者都屬解悟佛性而無人眼見，幸而又經七年後的2016冬初，以及2017夏初的禪三，復有三人眼見佛性，希冀鼓舞四眾佛子求見佛性之大心，今則具載一則於書末，顯示求見佛性之事實經歷，供養現代佛教界欲得見性之四眾弟子。全書四百頁，售價300元，預定2017年6月30日發行。

我的菩提路第四輯：由陳晏平等人著。中國禪宗祖師往往有所謂「見性」之言，所言多屬看見如來藏具有能令人發起成佛之自性，並非《大般涅槃經》中 如來所說之眼見佛性。眼見佛性者，於親見佛性之時，即能於山河大地眼見自己佛性，亦能於他人身上眼見自己佛性及對方之佛性，如是境界無法爲尚未實證者解釋；勉強說之，縱使眞實明心證悟之人聞之，亦只能以自身明心之境界想像之，但不論如何想像多屬非量，能有正確之比量者亦是稀有，故說眼見佛性極爲困難。眼見佛性之人若所見極分明時，在所見佛性之境界下所眼見之山河大地、自己五蘊身心皆是虛幻，自有異於明心者之解脫功德受用，此後永不思證二乘涅槃，必定邁向成佛之道而進入第十住位中，已超第一阿僧祇劫三分有一，可謂之爲超劫精進也。今又有明心之後眼見佛性之人出於人間，將其明心及後來見性之報告，連同其餘證悟明心者之精彩報告一同收錄於此書中，供養眞求佛法實證之四眾佛子。全書380頁，售價300元，預定2018年6月30日發行。

鈍鳥與靈龜：鈍鳥及靈龜二物，被宗門證悟者說爲二種人：前者是精修禪定而無智慧者，也是以定爲禪的愚癡禪人；後者是或有禪定、或無禪定的宗門證悟者，凡已證悟者皆是靈龜。但後來被人虛造事實，用以嘲笑大慧宗杲禪師，說他雖是靈龜，卻不免被天童禪師預記「患背」痛苦而亡：「鈍鳥離巢易，靈龜脫殼難。」藉以貶低大慧宗杲的證量。同時將天童禪師實證如來藏的證量，曲解爲意識境界的離念靈知。自從大慧禪師入滅以後，錯悟凡夫對他的不實毀謗就一直存在著，不曾止息，並且捏造的假事實也隨著年月的增加而越來越多，終至編成「鈍鳥與靈龜」的假公案、假故事。本書是考證大慧與天童之間的不朽情誼，顯現這件假公案的虛妄不實；更見大慧宗杲面對惡勢力時的正直不阿，亦顯示大慧對天童禪師的至情深義，將使後人對大慧宗杲的誣謗至此而止，不再有人誤犯毀謗賢聖的惡業。書中亦舉證宗門的所悟確以第八識如來藏爲標的，詳讀之後必可改正以前被錯悟大師誤導的參禪知見，日後必定有助於實證禪宗的開悟境界，得階大乘眞見道位中，即是實證般若之賢聖。全書459頁，售價350元。

維摩詰經講記：本經係 世尊在世時，由等覺菩薩維摩詰居士藉疾病而演說之大乘菩提無上妙義，所說函蓋甚廣，然極簡略，是故今時諸方大師與學人讀之悉皆錯解，何況能知其中隱含之深妙正義，是故普遍無法爲人解說；若強爲人說，則成依文解義而有諸多過失。今由平實導師公開宣講之後，詳實解釋其中密意，令維摩詰菩薩所說大乘不可思議解脫之深妙正法得以正確宣流於人間，利益當代學人及與諸方大師。書中詳實演述大乘佛法深妙不共二乘之智慧境界，顯示諸法之中絕待之實相境界，建立大乘菩薩妙道於永遠不敗不壞之地，以此成就護法偉功，欲冀永利娑婆人天。已經宣講圓滿整理成書流通，以利諸方大師及諸學人。全書共六輯，每輯三百餘頁，售價各250元。

真假外道：本書具體舉證佛門中的常見外道知見實例，並加以教證及理證上的辨正，幫助讀者輕鬆而快速的了知常見外道的錯誤知見，進而遠離佛門內外的常見外道知見，因此即能改正修學方向而快速實證佛法。　游正光老師著　。成本價200元。

勝鬘經講記：如來藏爲三乘菩提之所依，若離如來藏心體及其含藏之一切種子，即無三界有情及一切世間法，亦無二乘菩提緣起性空之出世間法；本經詳說無始無明、一念無明皆依如來藏而有之正理，藉著詳解煩惱障與所知障間之關係，令學人深入了知二乘菩提與佛菩提相異之妙理；聞後即可了知佛菩提之特勝處及三乘修道之方向與原理，邁向攝受正法而速成佛道的境界中。平實導師講述，共六輯，每輯三百餘頁，售價各250元。

楞嚴經講記：楞嚴經係密教部之重要經典，亦是顯教中普受重視之經典；經中宣說明心與見性之內涵極爲詳細，將一切法都會歸如來藏及佛性－妙眞如性；亦闡釋佛菩提道修學過程中之種種魔境，以及外道誤會涅槃之狀況，旁及三界世間之起源。然因言句深澀難解，法義亦復深妙寬廣，學人讀之普難通達，是故讀者大多誤會，不能如實理解佛所說之明心與見性內涵，亦因是故多有悟錯之人引爲開悟之證言，成就大妄語罪。今由平實導師詳細講解之後，整理成文，以易讀易懂之語體文刊行天下，以利學人。全書十五輯，全部出版完畢。每輯三百餘頁，售價每輯300元。

金剛經宗通：三界唯心，萬法唯識，是成佛之修證內容，是諸地菩薩之所修；般若則是成佛之道（實證三界唯心、萬法唯識）的入門，若未證悟實相般若，即無成佛之可能，必將永在外門廣行菩薩六度，永在凡夫位中。然而實相般若的發起，全賴實證萬法的眞相；若欲證知萬法的眞相，則必須探究萬法之所從來，則須實證自心如來—金剛心如來藏，然後現觀這個金剛心的金剛性、眞實性、如如性、清淨性、涅槃性、能生萬法的自性性、本住性，名爲證眞如；進而現觀三界六道唯是此金剛心所成，人間萬法須藉八識心王和合運作方能現起。如是實證《華嚴經》的「三界唯心、萬法唯識」以後，由此等現觀而發起實相般若智慧，繼續進修第十住位的如幻觀、第十行位的陽焰觀、第十迴向位的如夢觀，再生起增上意樂而勇發十無盡願，方能滿足三賢位的實證，轉入初地；自知成佛之道而無偏倚，從此按部就班、次第進修乃至成佛。第八識自心如來是般若智慧之所依，般若智慧的修證則要從實證金剛心自心如來開始；《金剛經》則是解說自心如來之經典，是一切三賢位菩薩所應進修之實相般若經典。這一套書，是將平實導師宣講的《金剛經宗通》內容，整理成文字而流通之；書中所說義理，迥異古今諸家依文解義之說，指出大乘見道方向與理路，有益於禪宗學人求開悟見道，及轉入內門廣修六度萬行。講述完畢後結集出版，總共9輯，每輯約三百餘頁，售價各250元。

空行母—性別、身分定位，以及藏傳佛教：本書作者爲蘇格蘭哲學家，因爲嚮往佛教深妙的哲學內涵，於是進入當年盛行於歐美的假藏傳佛教密宗，擔任卡盧仁波切的翻譯工作多年以後，被邀請成爲卡盧的空行母（又名佛母、明妃），開始了她在密宗裡的實修過程；後來發覺在密宗雙身法中的修行，其實無法使自己成佛，也發覺密宗對女性岐視而處處貶抑，並剝奪女性在雙身法中擔任一半角色時應有的身分定位。當她發覺自己只是雙身法中被喇嘛利用的工具，沒有獲得絲毫應有的尊重與基本定位時，發現了密宗的父權社會控制女性的本質；於是作者傷心地離開了卡盧仁波切與密宗，但是卻被恐嚇不許講出她在密宗裡的經歷，也不許她說出自己對密宗的教義與教制下對女性剝削的本質，否則將被咒殺死亡。後來她去加拿大定居，十餘年後方才擺脫這個恐嚇陰影，下定決心將親身經歷的實情及觀察到的事實寫下來並且出版，公諸於世。出版之後，她被流亡的達賴集團人士大力攻訐，誣指她爲精神狀態失常、說謊……等。但有智之士並未被達賴集團的政治操作及各國政府政治運作吹捧達賴的表相所欺，使她的書銷售無阻而又再版。正智出版社鑑於作者此書是親身經歷的事實，所說具有針對「藏傳佛教」而作學術研究的價值，也有使人認清假藏傳佛教剝削佛母、明妃的男性本位實質，因此洽請作者同意中譯而出版於華人地區。珍妮·坎貝爾女士著，呂艾倫 中譯，每冊250元。

霧峰無霧—給哥哥的信 本書作者藉兄弟之間信件往來論義，略述佛法大義；並以多篇短文辨義，舉出釋印順對佛法的無量誤解證據，並一一給予簡單而清晰的辨正，令人一讀即知。久讀、多讀之後即能認清楚釋印順的六識論見解，與眞實佛法之牴觸是多麼嚴重；於是在久讀、多讀之後，於不知不覺之間提升了對佛法的極深入理解，正知正見就在不知不覺間建立起來了。當三乘佛法的正知見建立起來之後，對於三乘菩提的見道條件便將隨之具足，於是聲聞解脫道的見道也就水到渠成；接著大乘見道的因緣也將次第成熟，未來自然也會有親見大乘菩提之道的因緣，悟入大乘實相般若也將自然成功，自能通達般若系列諸經而成實義菩薩。作者居住於南投縣霧峰鄉，自喻見道之後不復再見霧峰之霧，故鄉原野美景一一明見，於是立此書名爲《霧峰無霧》；讀者若欲撥霧見月，可以此書爲緣。游宗明 老師著 售價250元。

假藏傳佛教的神話—性、謊言、喇嘛教：本書編著者是由一首名叫「阿姊鼓」的歌曲爲緣起，展開了序幕，揭開假藏傳佛教—喇嘛教—的神秘面紗。其重點是蒐集、摘錄網路上質疑「喇嘛教」的帖子，以揭穿「假藏傳佛教的神話」爲主題，串聯成書，並附加彩色插圖以及說明，讓讀者們瞭解西藏密宗及相關人事如何被操作爲「神話」的過程，以及神話背後的眞相。作者：張正玄教授。售價200元。

達賴真面目—玩盡天下女人：假使您不想戴綠帽子，請記得詳細閱讀此書；假使您不想讓好朋友戴綠帽子，請您將此書介紹給您的好朋友。假使您想保護家中的女性，也想要保護好朋友的女眷，請記得將此書送給家中的女性和好友的女眷都來閱讀。本書為印刷精美的大本彩色中英對照精裝本，為您揭開達賴喇嘛的眞面目，內容精彩不容錯過，為利益社會大眾，特別以優惠價格嘉惠所有讀者。編著者：白志偉等。大開版雪銅紙彩色精裝本。售價800元。

童女迦葉考—論呂凱文〈佛教輪迴思想的論述分析〉之謬：童女迦葉是佛世率領五百大比丘遊行於人間的歷史事實，是以童貞行而依止菩薩戒弘化於人間的大菩薩，不依別解脫戒（聲聞戒）來弘化於人間。這是大乘佛教與聲聞佛教同時存在於佛世的歷史明證，證明大乘佛教不是從聲聞法中分裂出來的部派佛教的產物，卻是聲聞佛教分裂出來的部派佛教聲聞凡夫僧所不樂見的史實；於是古今聲聞法中的凡夫都欲加以扭曲而作詭說，更是末法時代高聲大呼「大乘非佛說」的六識論聲聞凡夫極力想要扭曲的佛教史實之一，於是想方設法扭曲迦葉菩薩為聲聞僧，以及扭曲迦葉童女為比丘僧等荒謬不實之論著便陸續出現，古時聲聞僧寫作的《分別功德論》是最具體之事例，現代之代表作則是呂凱文先生的〈佛教輪迴思想的論述分析〉論文。鑑於如是假藉學術考證以籠罩大眾之不實謬論，未來仍將繼續造作及流竄於佛教界，繼續扼殺大乘佛教學人法身慧命，必須舉證辨正之，遂成此書。平實導師 著，每冊180元。

末代達賴—性交教主的悲歌：簡介從藏傳偽佛教（喇嘛教）的修行核心—性力派男女雙修，探討達賴喇嘛及藏傳偽佛教的修行內涵。書中引用外國知名學者著作、世界各地新聞報導，包含：歷代達賴喇嘛的祕史、達賴六世修雙身法的事蹟，以及《時輪續》中的性交灌頂儀式……等；達賴喇嘛書中開示的雙修法、達賴喇嘛的黑暗政治手段；達賴喇嘛所領導的寺院爆發喇嘛性侵兒童；新聞報導《西藏生死書》作者索甲仁波切性侵女信徒、澳洲喇嘛秋達公開道歉、美國最大假藏傳佛教組織領導人邱陽創巴仁波切的性氾濫，等等事件背後眞相的揭露。作者：張善思、呂艾倫、辛燕。售價250元。

黯淡的達賴—失去光彩的諾貝爾和平獎：本書舉出很多證據與論述，詳述達賴喇嘛不爲世人所知的一面，顯示達賴喇嘛並不是眞正的和平使者，而是假借諾貝爾和平獎的光環來欺騙世人；透過本書的說明與舉證，讀者可以更清楚的瞭解，達賴喇嘛是結合暴力、黑暗、淫欲於喇嘛教裡的集團首領，其政治行爲與宗教主張，早已讓諾貝爾和平獎的光環染污了。 本書由財團法人正覺教育基金會寫作、編輯，由正覺出版社印行，每冊250元。

第七意識與第八意識？—穿越時空「超意識」：「三界唯心，萬法唯識」是佛教中應該實證的聖教，也是《華嚴經》中明載而可以實證的法界實相。唯心者，三界一切境界、一切諸法唯是一心所成就，即是每一個有情的第八識如來藏，不是意識心。唯識者，即是人類各各都具足的八識心王——眼識、耳鼻舌身意識、意根、阿賴耶識，第八阿賴耶識又名如來藏，人類五陰相應的萬法，莫不由八識心王共同運作而成就，故說萬法唯識。依聖教量及現量、比量，都可以證明意識是二法因緣生，是由第八識藉意根與法塵二法爲因緣而出生，又是夜夜斷滅不存之生滅心，即無可能反過來出生第七識意根、第八識如來藏，當知不可能從生滅性的意識心中，細分出恆審思量的第七識意根，更無可能細分出恆而不審的第八識如來藏。本書是將演講內容整理成文字，細說如是內容，並已在〈正覺電子報〉連載完畢，今彙集成書以廣流通，欲幫助佛門有緣人斷除意識我見，跳脫於識陰之外而取證聲聞初果；嗣後修學禪宗時即得不墮外道神我之中，得以求證第八識金剛心而發起般若實智。平實導師 述，每冊300元。

中觀金鑑—詳述應成派中觀的起源與其破法本質：學佛人往往迷於中觀學派之不同學說，被應成派與自續派所迷惑；修學般若中觀二十年後自以爲實證般若中觀了，卻仍不曾入門，甫聞實證般若中觀者之所說，則茫無所知，迷惑不解；隨後信心盡失，不知如何實證佛法；凡此，皆因惑於這二派中觀學說所致。自續派中觀所說同於常見，以意識境界立爲第八識如來藏之境界，應成派所說則同於斷見，但又同立意識爲常住法，故亦具足斷常二見。今者孫正德老師有鑑於此，乃將起源於密宗的應成派中觀學說，追本溯源，詳考其來源之外，亦一一舉證其立論內容，詳加辨正，令密宗雙身法祖師以識陰境界而造之應成派中觀學說本質，詳細呈現於學人眼前，令其維護雙身法之目的無所遁形。若欲遠離密宗此二大派中觀謬說，欲於三乘菩提有所進道者，允宜具足閱讀並細加思惟，反覆讀之以後將可捨棄邪道返歸正道，則於般若之實證即有可能，證後自能現觀如來藏之中道境界而成就中觀。本書分上、中、下三冊，每冊250元，全部出版完畢。

人間佛教—實證者必定不悖三乘菩提：「大乘非佛說」的講法似乎流傳已久，卻只是日本人企圖擺脫中國正統佛教的影響，而在明治維新時期才開始提出來的說法；台灣佛教、大陸佛教的淺學無智之人，由於未曾實證佛法而迷信日本人錯誤的學術考證，錯認爲這些別有用心的日本佛學考證的講法爲天竺佛教的眞實歷史；甚至還有更激進的反對佛教者提出「釋迦牟尼佛並非眞實存在，只是後人揑造的假歷史人物」，竟然也有少數人願意跟著「學術」的假光環而信受不疑，於是開始有一些佛教界人士造作了反對中國佛教而推崇南洋小乘佛教的行爲，使佛教的信仰者難以檢擇，導致一般大陸人士開始轉入基督教的盲目迷信中。在這些佛教及外教人士之中，也就有一分人根據此邪說而大聲主張「大乘非佛說」的謬論，這些人以「人間佛教」的名義來抵制中國正統佛教，公然宣稱中國的大乘佛教是由聲聞部派佛教的凡夫僧所創造出來的。這樣的說法流傳於台灣及大陸佛教界凡夫僧之中已久，卻非眞正的佛教歷史中曾經發生過的事，只是繼承六識論的聲聞法中凡夫僧依自己的意識境界立場，純憑臆想而編造出來的妄想說法，卻已經影響許多無智之凡夫僧俗信受不移。本書則是從佛教的經藏法義實質及實證的現量內涵本質立論，證明大乘佛法本是佛說，是從《阿含正義》尚未說過的不同面向來討論「人間佛教」的議題，證明「大乘眞佛說」。閱讀本書可以斷除六識論邪見，迴入三乘菩提正道發起實證的因緣；也能斷除禪宗學人學禪時普遍存在之錯誤知見，對於建立參禪時的正知見有很深的著墨。平實導師　述，內文488頁，全書528頁，定價400元。

喇嘛性世界—揭開假藏傳佛教譚崔瑜伽的面紗：這個世界中的喇嘛，號稱來自世外桃源的香格里拉，穿著或紅或黃的喇嘛長袍，散布於我們的身邊傳教灌頂，吸引了無數的人嚮往學習；這些喇嘛虔誠地爲大眾祈福，手中拿著寶杵（金剛）與寶鈴（蓮花），口中唸著咒語：「唵．嘛呢．叭咪．吽……」，咒語的意思是說：「我至誠歸命金剛杵上的寶珠伸向蓮花寶穴之中」！「喇嘛性世界」是什麼樣的「世界」呢？本書將爲您呈現喇嘛世界的面貌。當您發現眞相以後，您將會唸：「噢！喇嘛．性．世界，譚崔性交嘛！」作者：張善思、呂艾倫。售價200元。

見性與看話頭：黃正倖老師的《見性與看話頭》於《正覺電子報》連載完畢，今結集出版。書中詳說禪宗看話頭的詳細方法，並細說看話頭與眼見佛性的關係，以及眼見佛性者求見佛性前必須具備的條件。本書是禪宗實修者追求明心開悟時參禪的方法書，也是求見佛性者作功夫時必讀的方法書，內容兼顧眼見佛性的理論與實修之方法，是依實修之體驗配合理論而詳述，條理分明而且極為詳實、周全、深入。本書內文375頁，全書416頁，售價300元。

實相經宗通：學佛之目的在於實證一切法界背後之實相，禪宗稱之為本來面目或本地風光，佛菩提道中稱之為實相法界；此實相法界即是金剛藏，又名佛法之祕密藏，即是能生有情五陰、十八界及宇宙萬有（山河大地、諸天、三惡道世間）的第八識如來藏，又名阿賴耶識心，即是禪宗祖師所說的真如心，此心即是三界萬有背後的實相。證得此第八識心時，自能瞭解般若諸經中隱說的種種密意，即得發起實相般若——實相智慧。每見學佛人修學佛法二十年後仍對實相般若茫然無知，亦不知如何入門，茫無所趣；更因不知三乘菩提的互異互同，是故越是久學者對佛法越覺茫然，都肇因於尚未瞭解佛法的全貌，亦未瞭解佛法的修證內容即是第八識心所致。本書對於修學佛法者所應實證的實相境界提出明確解析，並提示趣入佛菩提道的入手處，有心親證實相般若的佛法實修者，宜詳讀之，於佛菩提道之實證即有下手處。平實導師述著，共八輯，已全部出版完畢，每輯成本價250元。

真心告訴您（一）**—達賴喇嘛在幹什麼？**這是一本報導篇章的選集，更是「破邪顯正」的暮鼓晨鐘。「破邪」是戳破假象，說明達賴喇嘛及其所率領的密宗四大派法王、喇嘛們，弘傳的佛法是仿冒的佛法；他們是假藏傳佛教，是坦特羅（譚崔性交）外道法和藏地崇奉鬼神的苯教混合成的「喇嘛教」，推廣的是以所謂「無上瑜伽」的男女雙身法冒充佛法的假佛教，詐財騙色誤導眾生，常常造成信徒家庭破碎、家中兒少失怙的嚴重後果。「顯正」是揭櫫眞相，指出眞正的藏傳佛教只有一個，就是覺囊巴，傳的是　釋迦牟尼佛演繹的第八識如來藏妙法，稱為他空見大中觀。正覺教育基金會即以此古今輝映的如來藏正法正知見，在眞心新聞網中逐次報導出來，將箇中原委「眞心告訴您」，如今結集成書，與想要知道密宗眞相的您分享。售價250元。

法華經講義：此書爲平實導師始從2009/7/21演述至2014/1/14之講經錄音整理所成。世尊一代時教，總分五時三教，即是華嚴時、聲聞緣覺教、般若教、種智唯識教、法華時；依此五時三教區分爲藏、通、別、圓四教。本經是最後一時的圓教經典，圓滿收攝一切法教於本經中，是故最後的圓教聖訓中，特地指出無有三乘菩提，其實唯有一佛乘；皆因眾生愚迷故，方便區分爲三乘菩提以助眾生證道。世尊於此經中特地說明如來示現於人間的唯一大事因緣，便是爲有緣眾生「開、示、悟、入」諸佛的所知所見——第八識如來藏妙眞如心，並於諸品中隱說「妙法蓮花」如來藏心的密意。然因此經所說甚深難解，眞義隱晦，古來難得有人能窺堂奧；平實導師以知如是密意故，特爲末法佛門四眾演述《妙法蓮華經》中各品蘊含之密意，使古來未曾被古德註解出來的「此經」密意，如實顯示於當代學人眼前。乃至〈藥王菩薩本事品〉、〈妙音菩薩品〉、〈觀世音菩薩普門品〉、〈普賢菩薩勸發品〉中的微細密意，亦皆一併詳述之，開前人所未曾言之密意，示前人所未見之妙法。最後乃至以〈法華大意〉而總其成，全經妙旨貫通始終，而依佛旨圓攝於一心如來藏妙心，厥爲曠古未有之大說也。平實導師述　已於2015/5/31起開始出版，每二個月出版一輯，共25輯。每輯300元。

西藏「活佛轉世」制度——附佛、造神、世俗法：歷來關於喇嘛教活佛轉世的研究，多針對歷史及文化兩部分，於其所以成立的理論基礎，較少系統化的探討。尤其是此制度是否依據「佛法」而施設？是否合乎佛法眞實義？現有的文獻大多含糊其詞，或人云亦云，不曾有明確的闡釋與如實的見解。因此本文先從活佛轉世的由來，探索此制度的起源、背景與功能，並進而從活佛的尋訪與認證之過程，發掘活佛轉世的特徵，以確認「活佛轉世」在佛法中應具足何種果德。定價150元。

真心告訴您(二)—達賴喇嘛是佛教僧侶嗎？補祝達賴喇嘛八十大壽：這是一本針對當今達賴喇嘛所領導的喇嘛教，冒用佛教名相、於師徒間或師兄姊間，實修男女邪淫，而從佛法三乘菩提的現量與聖教量，揭發其謊言與邪術，證明達賴及其喇嘛教是仿冒佛教的外道，是「假藏傳佛教」。藏密四大派教義雖有「八識論」與「六識論」的表面差異，然其實修之內容，皆共許「無上瑜伽」四部灌頂爲究竟「成佛」之法門，也就是共以男女雙修之邪淫法爲「即身成佛」之密要，雖美其名曰「欲貪爲道」之「金剛乘」，並誇稱其成就超越於（應身佛）釋迦牟尼佛所傳之顯教般若乘之上；然詳考其理論，則或以意識離念時之粗細心爲第八識如來藏，或以中脈裡的明點爲第八識如來藏，或如宗喀巴與達賴堅決主張第六意識爲常恆不變之眞心者，分別墮於外道之常見與斷見中；全然違背 佛說能生五蘊之如來藏的實質。售價300元。

涅槃：眞正學佛之人，首要即是見道，由見道故方有涅槃之實證，證涅槃者方能出生死，但涅槃有四種：二乘聖者的有餘涅槃、無餘涅槃，以及大乘聖者的本來自性清淨涅槃、佛地的無住處涅槃。大乘聖者實證本來自性清淨涅槃，入地前再取證二乘涅槃，然後起惑潤生捨離二乘涅槃，繼續進修而在七地心前斷盡三界愛之習氣種子，依七地無生法忍之具足而證得念念入滅盡定；八地後進斷異熟生死，直至妙覺地下生人間成佛，具足四種涅槃，方是眞正成佛。此理古來少人言，以致誤會涅槃正理者比比皆是，今於此書中廣說四種涅槃、如何實證之理、實證前應有之條件，實屬本世紀佛教界極重要之著作，令人對涅槃有正確無訛之認識，然後可以依之實行而得實證。本書共有上下二冊，每冊各四百餘頁，對涅槃詳加解說，每冊各350元。預定2018/9出版上冊，2018/11出版下冊。

修習止觀坐禪法要講記：修學四禪八定之人，往往錯會禪定之修學知見，欲以無止盡之坐禪而證禪定境界，卻不知修除性障之行門才是修證四禪八定不可或缺之要素，故智者大師云「性障初禪」；性障不除，初禪永不現前，云何修證二禪等？又：行者學定，若唯知數息，而不解六妙門之方便善巧者，欲求一心入定，未到地定極難可得，智者大師名之爲「事障未來」：障礙未到地定之修證。又禪定之修證，不可違背二乘菩提及第一義法，否則縱使具足四禪八定，亦不能實證涅槃而出三界。此諸知見，智者大師於《修習止觀坐禪法要》中皆有闡釋。作者平實導師以其第一義之見地及禪定之實證證量，曾加以詳細解析。將俟正覺寺竣工啓用後重講，不限制聽講者資格；講後將以語體文整理出版。欲修習世間定及增上定之學者，宜細讀之。平實導師述著。

解深密經講記：本經係　世尊晚年第三轉法輪，宣說地上菩薩所應熏修之唯識正義經典，經中所說義理乃是大乘一切種智增上慧學，以阿陀那識—如來藏—阿賴耶識爲主體。禪宗之證悟者，若欲修證初地無生法忍乃至八地無生法忍者，必須修學《楞伽經、解深密經》所說之八識心王一切種智；此二經所說正法，方是眞正成佛之道；印順法師否定第八識如來藏之後所說萬法緣起性空之法，是以誤會後之二乘解脫道取代大乘眞正成佛之道，尚且不符二乘解脫道正理，亦已墮於斷滅見中，不可謂爲成佛之道也。平實導師曾於本會郭故理事長往生時，於喪宅中從首七開始宣講，於每一七各宣講三小時，至第十七而快速略講圓滿，作爲郭老之往生佛事功德，迴向郭老早證八地、速返娑婆住持正法。茲爲今時後世學人故，將擇期重講《解深密經》，以淺顯之語句講畢後，將會整理成文，用供證悟者進道；亦令諸方未悟者，據此經中佛語正義，修正邪見，依之速能入道。平實導師述著，全書輯數未定，每輯三百餘頁，將於未來重講完畢後逐輯出版。

阿含經講記—小乘解脫道之修證：數百年來，南傳佛法所說證果之不實，所說解脫道之虛妄，所弘解脫道法義之世俗化，皆已少人知之；從南洋傳入台灣與大陸之後，所說法義虛謬之事，亦復少人知之；今時台灣全島印順系統之法師居士，多不知南傳佛法數百年來所說解脫道之義理已然偏斜、已然世俗化、已非眞正之二乘解脫正道，猶極力推崇與弘揚。彼等南傳佛法近代所謂之證果者多非眞實證果者，譬如阿迦曼、葛印卡、帕奧禪師、一行禪師……等人，悉皆未斷我見故。近年更有台灣南部大願法師，高抬南傳佛法之二乘修證行門爲「捷徑究竟解脫之道」者，然而南傳佛法縱使眞修實證，得成阿羅漢，至高唯是二乘菩提解脫之道，絕非究竟解脫，無餘涅槃中之實際尚未得證故，法界之實相尚未了知故，習氣種子待除故，一切種智未實證故，焉得謂爲「究竟解脫」？即使南傳佛法近代眞有實證之阿羅漢，尚且不及三賢位中之七住明心菩薩本來自性清淨涅槃智慧境界，則不能知此賢位菩薩所證之無餘涅槃實際，仍非大乘佛法中之見道者，何況普未實證聲聞果乃至未斷我見之人？謬充證果已屬逾越，更何況是誤會二乘菩提之後，以未斷我見之凡夫知見所說之二乘菩提解脫偏斜法道，焉可高抬爲「究竟解脫」？而且自稱「捷徑之道」？又妄言解脫之道即是成佛之道，完全否定般若實智、否定三乘菩提所依之如來藏心體，此理大大不通也！平實導師爲令修學二乘菩提欲證解脫果者，普得迴入二乘菩提正見、正道中，是故選錄四阿含諸經中，對於二乘解脫道法義有具足圓滿說明之經典，預定未來十年內將會加以詳細講解，令學佛人得以了知二乘解脫道之修證理路與行門，庶免被人誤導之後，未證言證，干犯道禁，成大妄語，欲升反墮。本書首重斷除我見，以助行者斷除我見而實證初果爲著眼之目標，若能根據此書內容，配合平實導師所著《識蘊眞義》《阿含正義》內涵而作實地觀行，實證初果非爲難事，行者可以藉此三書自行確認聲聞初果爲實際可得現觀成就之事。此書中除依二乘經典所說加以宣示外，亦依斷除我見等之證量，及大乘法中道種智之證量，對於意識心之體性加以細述，令諸二乘學人必定得斷我見、常見，免除三縛結之繫縛。次則宣示斷除我執之理，欲令升進而得薄貪瞋痴，乃至斷五下分結…等。平實導師述，共二冊，每冊三百餘頁。每輯300元。

＊喇嘛教修外道雙身法，墮識陰境界，非佛教＊

＊弘揚如來藏他空見的覺囊派才是眞正藏傳佛教＊

總經銷： 飛鴻 國際行銷股份有限公司
231 新北市新店市中正路 501 之 9 號 2 樓
Tel.02－82186688（五線代表號） Fax.02-82186458、82186459

零售：1.**全台連鎖經銷書局：**
三民書局、誠品書局、何嘉仁書店
敦煌書店、紀伊國屋、金石堂書局、建宏書局
諾貝爾圖書城、墊腳石圖書文化廣場

2.**台北市：**佛化人生 **大安區**羅斯福路 3 段 325 號 6 樓之 4 台電大樓對面
3.**新北市：**春大地書店 **蘆洲區**中正路 117 號
4.**桃園市：**御書堂 **龍潭區**中正路 123 號
5.**新竹市：**大學書局 **東區**建功路 10 號
6.**台中市：**瑞成書局 **東區**雙十路 1 段 4 之 33 號
佛教詠春書局 **南屯區**永春東路 884 號
文春書店 **霧峰區**中正路 1087 號
7.**彰化市：**心泉佛教文化中心 南瑤路 286 號
8.**高雄市：**政大書城 **苓雅區**光華路 148-83 號
明儀書局 **三民區**明福街 2 號\
青年書局 **苓雅區**青年一路 141 號
9.**宜蘭市：**金隆書局 中山路 3 段 43 號
10.**台東市：**東普佛教文物流通處 博愛路 282 號
11.**其餘鄉鎮市經銷書局：**請電詢總經銷**飛鴻**公司。
12.**大陸地區請洽：**

香港：樂文書店
旺角店 :香港九龍旺角西洋菜街 62 號 3 樓
電話 : (852) 2390 3723 email: luckwinbooks@gmail.com
銅鑼灣店 :香港銅鑼灣駱克道 506 號 2 樓
電話 : (852) 2881 1150 email: luckwinbs@gmail.com

廈門：廈門外圖臺灣書店有限公司
地址：廈門市思明區湖濱南路809 號 廈門外圖書城3 樓 郵編：361004
電話：0592-5061658（臺灣地區請撥打 86-592-5061658）
E-mail：JKB118＠188.COM

13.**美國：世界日報圖書部：**紐約圖書部 電話 7187468889#6262
洛杉磯圖書部 電話 3232616972#202

14.**國內外地區網路購書：**
正智出版社 書香園地 http://books.enlighten.org.tw/
（書籍簡介、經銷書局可直接聯結下列網路書局購書）
三民 網路書局 http://www.sanmin.com.tw
誠品 網路書局 http://www.eslitebooks.com

博客來 網路書局　http://www.books.com.tw
金石堂 網路書局　http://www.kingstone.com.tw
飛鴻 網路書局　http://fh6688.com.tw

附註：1.請儘量向各經銷書局購買：郵政劃撥需要八天才能寄到（本公司在您劃撥後第四天才能接到劃撥單，次日寄出後第二天您才能收到書籍，此六天中可能會遇到週休二日，是故共需八天才能收到書籍）若想要早日收到書籍者，請劃撥完畢後，將劃撥收據貼在紙上，旁邊寫上您的姓名、住址、郵區、電話、買書詳細內容，直接傳眞到本公司 02-28344822，並來電 02-28316727、28327495 確認是否已收到您的傳眞，即可提前收到書籍。 2.因台灣每月皆有五十餘種宗教類書籍上架，書局書架空間有限，故唯有新書方有機會上架，通常每次只能有一本新書上架；本公司出版新書，大多上架不久便已售出，若書局未再叫貨補充者，書架上即無新書陳列，則請直接向書局櫃台訂購。 3.若書局不便代購時，可於晚上共修時間向正覺同修會各共修處請購（共修時間及地點，詳閱**共修現況表**。每年例行年假期間請勿前往請書，年假期間請見共修現況表）。 4.郵購：郵政劃撥帳號 19068241。 5.正覺同修會會員購書都以八折計價（戶籍台北市者爲一般會員，外縣市爲護持會員）都可獲得優待，欲一次購買全部書籍者，可以考慮入會，節省書費。入會費一千元（第一年初加入時才需要繳），年費二千元。**6.尚未出版之書籍，請勿預先郵寄書款與本公司，謝謝您！** 7.若欲一次購齊本公司書籍，或同時取得正覺同修會贈閱之全部書籍者，請於正覺同修會共修時間，親到各共修處請購及索取；**台北市讀者**請洽：103 台北市承德路三段 267 號 10 樓（捷運淡水線 圓山站旁）請書時間：週一至週五爲 18.00~21.00，第一、三、五週週六爲 10.00~21.00，雙週之週六爲 10.00~18.00 請購處專線電話：25957295-分機 14（於請書時間方有人接聽）。

敬告大陸讀者：

大陸讀者購書、索書捷徑（尚未在大陸出版的書籍，以下二個途徑都可以購得，電子書另包括結緣書籍）：

1.廈門外國圖書公司：廈門市思明區湖濱南路 809 號 廈門外圖書城 3F
郵編：361004　電話：0592-5061658　網址：http://www.xibc.com.cn/

2.電子書：正智出版社有限公司及正覺同修會在台灣印行的各種局版書、結緣書，已有『**正覺電子書**』陸續上線中，提供讀者於手機、平板電腦上購書、下載、閱讀正智出版社、正覺同修會及正覺教育基金會所出版之電子書，詳細訊息敬請參閱『正覺電子書』專頁：http://books.enlighten.org.tw/ebook

關於平實導師的書訊，請上網查閱：
成佛之道　http://www.a202.idv.tw
正智出版社 書香園地　http://books.enlighten.org.tw/

中國網採訪佛教正覺同修會、正覺教育基金會訊息：

http://big5.china.com.cn/gate/big5/fangtan.china.com.cn/2014-06/19/content_32714638.htm

http://pinpai.china.com.cn/

★ 正智出版社有限公司售書之稅後盈餘，全部捐助財團法人正覺寺籌備處、佛教正覺同修會、正覺教育基金會，供作弘法及購建道場之用；懇請諸方大德支持，功德無量。

★ 聲　明 ★

本社於 2015/01/01 開始調整本目錄中部分書籍之售價，以因應各項成本的持續增加。

＊ 喇嘛教修外道雙身法、墮識陰境界，非佛教 ＊

＊ 弘揚如來藏他空見的覺囊派才是真正藏傳佛教 ＊

售後服務—換書啓事（免附回郵）　2017/12/05

《楞伽經詳解》第三輯初版免費調換新書啓事：茲因 平實導師弘法早期尚未回復往世全部證量，有些法義接受他人的說法，寫書當時並未察覺而有二處（同一種法義）跟著誤說，如今發現已將之修正。茲爲顧及讀者權益，已開始免費調換新書；敬請所有讀者將以前所購第三輯（不論第幾刷），攜回或寄回本公司免費換新；郵寄者之回郵由本公司負擔，不需寄來郵票。因此而造成讀者閱讀、以及換書的不便，在此向所有讀者致上萬分的歉意，祈請讀者大眾見諒！

《楞嚴經講記》第 14 輯初版首刷本免費調換新書啓事：本講記第 14 輯出版前因 平實導師諸事繁忙，未將之重新閱讀而只改正校對時發現的錯別字，故未能發覺十年前所說法義有部分錯誤，於第 15 輯付印前重閱時才發覺第 14 輯中有部分錯誤尚未改正。今已重新審閱修改並已重印完成，煩請所有讀者將以前所購第 14 輯初版首刷本，寄回本公司免費換新（初版二刷本無錯誤），本公司將於寄回新書時同時附上您寄書來換新時的郵資，並在此向所有讀者致上最誠懇的歉意。

《心經密意》初版書免費調換二版新書啓事：本書係演講錄音整理成書，講時因時間所限，省略部分段落未講。後於再版時補寫增加 13 頁，維持原價流通之。茲爲顧及初版讀者權益，自 2003/9/30 開始免費調換新書，原有初版一刷、二刷書籍，皆可寄來本公司換書。

《宗門法眼》已經增寫改版爲 464 頁新書，2008 年 6 月中旬出版。讀者原有初版之第一刷、第二刷書本，都可以寄回本公司免費調換改版新書。改版後之公案及錯悟事例維持不變，但將內容加以增說，較改版前更具有廣度與深度，將更能助益讀者參究實相。

換書者**免附回郵**，亦無截止期限；舊書請寄：111 台北郵政 73-151 號信箱 或 103 台北市承德路三段 267 號 10 樓 正智出版社有限公司。舊書若有塗鴨、殘缺、破損者，仍可換取新書；但缺頁之舊書至少應仍有五分之三頁數，方可換書。所有讀者不必顧念本公司是否有盈餘之問題，都請踴躍寄來換書；本公司成立之目的不是營利，只要能眞實利益學人，即已達到成立及運作之目的。若以郵寄方式換書者，免附回郵；並於寄回新書時，由本公司附上您寄來書籍時耗用的郵資。造成您不便之處，再次致上萬分的歉意。

正智出版社有限公司 啓

換書及道歉公告

《法華經講義》第十三輯，因謄稿、印製等相關人員作業疏失，導致該書中的經文及內文用字將「**親近**」誤植成「清淨」。茲爲顧及讀者權益，自 2017/8/30 開始免費調換新書；敬請所有讀者將以前所購第十三輯初版首刷及二刷本，攜回或寄回本社免費換新，或請自行更正其中的錯誤之處；郵寄者之回郵由本社負擔，不需寄來郵票。同時對因此而造成讀者閱讀、以及換書的困擾及不便，在此向所有讀者致上最誠懇的歉意，祈請讀者大眾見諒！錯誤更正說明如下：

一、第 256 頁第 10 行~第 14 行：【就是先要具備「**法親近處**」、「**眾生親近處**」；法**親近**處就是在實相之法有所實證，如果在實相法上有所實證，他在二乘菩提中自然也能有所實證，以這個作爲第一個**親近**處——第一個基礎。然後還要有第二個基礎，就是瞭解應該如何善待眾生；對於眾生不要有排斥或者是貪取之心，平等觀待而攝受、親近一切有情。以這兩個**親近**處作爲基礎，來實行其他三個安樂行法。】。

二、第 268 頁第 13 行：【具足了那兩個「**親近處**」，使你能夠在末法時代，如實而圓滿的演述《法華經》時，那麼你作這個夢，它就是如理作意的，完全符合邏輯去完成這個過程，就表示你那個晚上，在那短短的一場夢中，已經度了不少眾生了。】

正智出版社有限公司 敬啓

國家圖書館出版品預行編目(CIP)資料

法華經講義 / 平實導師述. -- 初版. -
- 臺北市 : 正智, 2015.05　　面 ;　公分
ISBN 978-986-56553-0-3 (第一輯:平裝)
ISBN 978-986-56554-6-4 (第二輯:平裝)
ISBN 978-986-56555-6-3 (第三輯:平裝)
ISBN 978-986-56556-1-7 (第四輯:平裝)
ISBN 978-986-56556-9-3 (第五輯:平裝)
ISBN 978-986-56557-9-2 (第六輯:平裝)
ISBN 978-986-56558-2-2 (第七輯:平裝)
ISBN 978-986-56558-9-1 (第八輯:平裝)
ISBN 978-986-56559-8-3 (第九輯:平裝)
ISBN 978-986-93725-2-7 (第十輯:平裝)
ISBN 978-986-93725-4-1 (第十一輯:平裝)
ISBN 978-986-93725-6-5 (第十二輯:平裝)
ISBN 978-986-93725-7-2 (第十三輯:平裝)
ISBN 978-986-94970-3-9 (第十四輯:平裝)
ISBN 978-986-94970-7-7 (第十五輯:平裝)
ISBN 978-986-94970-9-1 (第十六輯:平裝)
ISBN 978-986-95830-1-5 (第十七輯:平裝)
ISBN 978-986-95830-4-6 (第十八輯:平裝)
ISBN 978-986-95830-9-1 (第十九輯:平裝)
1. 法華部
221.5　　104004638

法華經講義——第十九輯

著述者：平實導師
音文轉換：章乃鈞、高惠齡、劉惠莉、蔡正利、黃昇金
校　對：章乃鈞 陳介源 孫淑貞 傅素嫻 王美伶
出版者：正智出版社有限公司
電話：○二 28327495　28316727（白天）
傳眞：○二 28344822
111 台北郵政 73-151 號信箱
郵政劃撥帳號：一九○六八二四一
正覺講堂：總機○二 25957295（夜間）
總經銷：飛鴻國際行銷股份有限公司
231 新北市新店區中正路 501-9 號 2 樓
電話：○二 82186688（五線代表號）
傳眞：○二 82186458　82186459
初版首刷：二○一八年五月三十一日　二千冊
初版三刷：二○一八年六月　二千冊
定　價：三○○元